대학 교양 강의의 재발견!
최고의 명강의를 만나다!

전혀 새로운 모습의 교양 강의서를 만난다!
완벽한 구성과 화려한 비주얼의 명품 교재!

① 한 학기 분량의 교양 강좌 컨텐츠!
② 생생한 정보를 전하는 최신 자료들!
③ 완벽한 강의 지원을 위한 자료와 문헌!
④ 대학 교재를 넘어서는 글로벌 인문 교양서!

cours de culture française à l'université

프랑스 문화 교양 강의 18

1판 1쇄 발행 2008. 2. 10.
1판 12쇄 발행 2022. 10. 4.

지은이 한택수

발행인 고세규
발행처 김영사
등록 1979년 5월 17일(제406-2003-036호)
주소 경기도 파주시 문발로 197(문발동) 우편번호 10881
전화 마케팅부 031)955-3100, 편집부 031)955-3200 | 팩스 031)955-3111

이 책의 저작권법에 의해 보호를 받는 저작물이므로 저자와 출판사의 허락 없이
내용의 일부를 인용하거나 발췌하는 것을 금합니다.

값은 뒤표지에 있습니다.
ISBN 978-89-349-2838-6 14760

홈페이지 www.gimmyoung.com   블로그 blog.naver.com/gybook
인스타그램 instagram.com/gimmyoung   이메일 bestbook@gimmyoung.com

좋은 독자가 좋은 책을 만듭니다.
김영사는 독자 여러분의 의견에 항상 귀 기울이고 있습니다.

LA CULTURE,
C'EST PARTAGER

cours de culture française à l'université

cours de culture française à l'université

013 p.160

더불어 함께 하는 사회
la société qui partage avec les autres

cours de culture française à l'université

책머리에

프랑스 문화와 예술에 대한 강의는 여행에의 초대이다. 그리고 그것은 아름다움에 대한 환상을 불러일으키며, 과거 시간으로의 회귀를 가능하게 한다. 에펠탑과 몽 생 미셸 그리고 루아르 강의 성들을 담은 멀티미디어 자료와 사진들을 통해 우리는 앞으로 있을 여행을 계획하고, 샤넬의 의상과 뽈 보뀌즈의 요리를 통해 프랑스의 멋과 맛을 느끼며, 환상의 세계를 경험한다. 그리고 프랑스는 현재보다는 과거로 우리에게 다가온다. 19세기에 만들어진 파리의 거리와 건물들, 루브르, 노틀담성당이 그러하고, 베르사유를 비롯한 수많은 유적지와 기념물들이 그러하다.

하지만 최근의 프랑스 문화와 예술에 대한 강의는 몇 가지 측면에서 새로운 특성을 띤다. 과거와 현재가 함께 하는 프랑스 문화의 공간, 신화의 세계와 미래를 연결시키는 건축물은 과거를 향해 찾아갔던 우리를 새로운 비전이 가득한 세계로 인도한다. 루브르박물관은 단순한 과거의 건축물과 예술품의 집성소가 아니다. 그것은 피라미드와 새로운 공간의 배치를 통해 자연의 빛이 작품을 조명하고, 죽음과 생명이 공존하며, 벽과 층이 소멸된 개방형 공간으로 미래형 박물관의 모형을 제시한다. 2006년 새롭게 지어진 께브랑리박물관 또한 아프리카의 주거양식이 건물의 외형적 모티프를 제공한다면, 내부의 전시장 배치는 산책하듯이 오르고 내리며, 원하는 방향으로 자유롭게 작품을 구경할 수 있는 또 다른 개념의 전시장을 보여준다. 식물학자이고, 고고학자이며, 예술가인 파트릭 블랑이 께브랑리박물관 행정관과 까르띠에 재단 건물에 만든 식물이 자라는 벽과 EDF 전시장에 설치한 천장에서 거꾸로 자라는 식물들은, 호메로스의 신화에서 오뒷세우스를 풀어주라는 제우스의 명령을 받은 헤르메스가 칼립소의 동굴에 찾아갔을 때 보았던, 그리고 16세기 네덜란드 화가 피터 브뤼겔이 재현한 신화적 풍경의 현대적 재현이다. 박물관, 고급호텔 뿐만 아니라 언젠가 우리는 파리와 서울의 지하철과 학교, 그리고 가정의 벽과 천장에서 아름다운 식물과 꽃이 자라는 것을 볼 것이다.

프랑스 문화공간을 방문하면서 우리는 눈에 보이는 것만을 보고, 말하지 않는다. 눈에 보이지 않는 것, 프랑스를 찾는 이들의 가슴에 각인된 것을 또한 말한다. 크리스토 자바체프가 노란 단색의 천으로 감쌌던, 그리고 몇 년 후, 디자이너 겐조가 다시 국화로 감쌌던 뽕 네프를 떠올리며 우리는 시처럼 아름답게 피어나는 뽕 네프를 기억할 수 있다. 꽁꼬르드 광장의 오벨리스크는 인류 문명의 상징으로 우뚝 솟아 있지만, 콘돔으로 씌워졌던 오벨리스크는 연약하고 다치기 쉬운 소수의 다른 성적인 정체성을 가진 사람과 에이즈 환자들에 대한 파리 시민들의 사랑과 관용을 또한 표현한다.

이 책은 프랑스인들이 문화와 예술을 통해 어떻게 경제적 이익을 창출하는지를 말하고 있다. 망뚱의 축제를 비롯한 많은 도시와 지방의 축제는 시민들의 만남의 공간으로서 역할을 하는 동시에, 지역경제를 활성화하는 수단으로 사용된다. 그리고 축제는 지방의 작은 도시들을 세계적 도시로 거듭나게 한다. 스트라스부르가 20% 이상의 시 재정을 문화 분야에 투자하며 문화의 도시로 거듭나고자 하는 것은 현대 도시가 지향해야 할 바를 잘 말해준다.

프랑스 문화와 예술은 먼 나라에 대한 간접적 경험만을 말하지 않는다. 2006년 프랑스와 한국의 수교 120주년 기념은 이 땅에서 우리가 얼마나 많은 프랑스 문화와 예술을 경험할 수 있는지를 보여주었다. 일상적으로 이용하는 KTX가 프랑스 고속기차 TGV를 통해 가능했던 것이라면, 지속적으로 이어지는 루브르전, 오르쎄전, 뒤뷔페전, 고호전과 같은 수많은 미술전시회와 가나아트센터, 대림미술관, 예술의 전당 앞 육교, 이화여대 건물의 일부와 같이 프랑스 건축가들에 의해 설계된 건물들은 프랑스 문화가 우리와 얼마나 가까운지를 보여준다.
위와 같은 내용상의 특징 외에도 이 책은 특히 대학교 프랑스 문화와 예술 수업에 적합하도록 몇 가지 보조적인 내용을 첨가하여 만들어졌다. 무엇보다도 각 과의 마지막에 시청각 자료에 대해 상세히 기술해놓았다. 특히 방송사에서 방영된 자료들은 수업시간에 인터넷으로 직접 접속해서 볼 수 있으며, 그렇지 않은 것들은 비디오 형태로 구입하여 사용할 수 있을 것이다. 그리고 수업이 교수의 일방적 강의가 되는 것을 피하기 위해 각 과에 몇 가지 토론 주제들을 마련하였다. 선생님들은 학생들에게 내용의 일부를 미리 예습하게 할 수도 있고, 수업시간에 함께 토론할 수도 있으며, 리포트로 요구할 수도 있을 것이다. 마지막으로 각 과에 간단한 프랑스어 표현을 올려놓았다. 주로 교양으로 이루어지는 수업이니만큼 학생들의 문화에 대한 수업은 언어에 대한 관심으로 확장될 수 있을 것이다. 호기심을 만족시키는 정도에서 5분 이내로 언어 수업이 병행된다면 아주 바람직할 것이다. 책은 전체적으로 18장으로 나뉘었다. 선생님들은 1학기 수업에 맞게 그 중에서 12~13장을 선택하여 수업하실 수 있을 것이다.

미술, 건축, 정치, 경제 등 전공이 무엇이든지 간에 프랑스 문화와 예술 수업과 이 교재를 통해 많은 학생들이 삶과 문화에 대한 새로운 해석과 비전을 얻고, 그리고 한 국가, 한 도시 또는 한 개인이 어떻게 새롭게 거듭나고 풍요로워질 수 있는지를 배울 수 있으면 좋겠다.

지은이 한택수

paris à mille facettes

cours de culture française à l'université

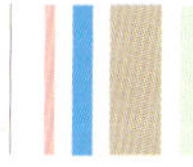

001

千의 얼굴을 가진 도시, 파리

paris à mille facettes

영화 속의 파리

많은 영화들이 파리에 대해 말하거나, 파리를 그리고 있다. 〈악마는 프라다를 입는다, 2006〉에서 파리는 패션의 도시로, 〈파리는 불타고 있는가, 1966〉에서는 역사의 현장으로, 〈파리 프랑스, 1993〉에서는 사랑의 공간으로 묘사된다.

우리 영화 중에서 대표적인 것으로 임상수 감독의 〈처녀들의 저녁식사, 1998〉가 있다. 간통죄로 기소되었던 호정은 자신의 아랫도리를 감시하는 경찰, 판검사를 피해 파리로 '정치적 망명' 을 하고자 한다. 간통죄가 없는 곳, **자유스럽게 사랑을 나눌 수 있는 곳**, 파리는 우리에게, 그리고 많은 동양인들에게 그러한 곳으로 인식된다. 그런데 이러한 인식은 동양인에게만 있는 것은 아니다. 독일이나, 영국, 또는 이탈리아의 젊은이들에게도 파리는 그 어떤 도시보다 성적으로 자유로운 도시로 간주된다. 독일 빔 벤더스(**E. W. Wenders**) 감독의 〈파리 텍사스 *Paris, Texas*, 1984〉에서도 파리는 〈처녀들의 저녁식사〉에서처럼 보여지지 않고 언급될 뿐이다. 텍사스의 작은 마을 '파리' 를 제목에 넣음으로써 감독은 관객들로 하여금 프랑스의 파리를 기대하게 한다. 텍사스의 황량한 배경과 느린 음악 속에서 텍사스의 파리라는 마을은 주인공 트래비스의 부모님이 만나 사랑을 나누고, 주인공을 낳았으며, 이름을 붙여준 곳이다. 가정이 깨지고, 삶의 의미를 잃은 텍사스가 상징하는 미국 속에서 조그만 마을 파리는 프랑스의 파리가 그렇듯이 미국인의 고향과 같은 곳이며, 잃어버린 낙원 같은 곳으로 묘사된다. 유럽문화에 대한 애착과 우월감이 독일 감독에 의해 표현되었다고 말할 수 있을 것이다. 베르나르도 베르톨루치(**B. Bertolluchi**) 감독의 〈파리의 마지막 탱고 *Le Dernier Tango à Paris*, 1972〉에서 **파리는 모든 금기가 깨질 수 있는 곳**이다. 인간의 가장 원초적 욕망과 가치가 성립되기 이전의 상태로 회귀를 추구하는 충동, 어쩌면 이러한 것들이 예술의 도시 파리를 낳았는지도 모른다. 파리를 거쳐 간, 미래의 신부님이 될 독일의 신학교 학생들 중에 절반(?) 정도가 자신들의 소명을 포기한다는 것을 보면 **관습과 기존의 가치를 뒤집는 파리의 힘**은 결코 작지 않은 듯하다.

파리는 '파리지' 에서

씨떼섬에서 시작된 파리, 그곳에 거주하던 **켈트족 원주민들을 파리지(les Parisii)**라고 불렀고, 로마인들은 **진창인 이곳을 루테치애(lutecia)라고 불렀다. 파리의 명칭은 '파리지' 에서 나온 것이다.** 끌로비스(**Clovis**)는 508년 씨떼를 왕국의 수도로 삼았고, 위그 까뻬(**Hugues Capet**)는 987년 파리에 왕궁을 짓는다. 뽕 네프를 완공시킨 앙리 4세를 비롯한 역대 왕들은 샹젤리제(**les Champs-Elysées**)와 군신의 광장(샹 드 마르스 **le Champs de mars**) 그리고 레쟁발리드(**Les Invalides**) 등과 여러 광장들을 만들어 점차 파리의 윤곽을 형성해간다. 특히 나폴레옹 3세는 오스만(**Haussman**)남작으로 하여금 커다란 대로들을 건설하고, 불로뉴 숲(**Bois de Boulogne**)과 벵센느 숲(**Bois de Vincennes**)을 비롯한 공원들을 만들게 함으로써 지금의 파리 모습을 완성했으며, 이때부터 파리는 20개의 구로 나뉜다. 각 구는 우리의 구청장에 해당하는 시장이 있고, 파리 전체를 대표하는 시장이 별도로 선출된다. 80㎢ 넓이의 파리, 순환도로로 싸여 있는 행정구역상의 파리는 서울과 비교할 때 605㎢인 서울 크기의 1/7.50이다. 그 안에 220만 명 정도의 파리지앵들이 거주하고 있고, 14개의 지하철과 5개의 광역고속철도인 **RER**, 프랑스 각 지방으로 가는 **TGV**를 비롯한 기차가 출발하는 6개의 기차역, 남쪽에 일부 개통된 순환 전철이 파리교통의 중추를 이루고 있다.

파리 문화의 축   Grand Axe de Paris

파리를 만든 것은 역대 왕들과 쎈강(la Seine)이라고 말한다. 그만큼 역대 왕들과 공화국의 대통령들은 파리에 자신들의 자취를 남기기를 원했고, 파리를 하나의 정원처럼 아름답게 가꾸려했다. 프랑수아 1세의 루브르궁에서부터 퐁피두 대통령의 퐁피두센터까지, 루이 15세의 빵떼옹으로부터 미테랑 대통령의 프랑스국립도서관까지 역사 속의 건축물들은 오늘날 세워진 그것들과 함께 시간적 괴리에도 불구하고 아름다운 파리를 형성한다. 쎈강 또한 우리의 한강이 그러하듯이 도시의 형성과 발달에서 결정적인 역할을 한다. 노틀담성당과 루브르, 에펠탑 등을 비롯한 많은 문화 유적들이 쎈 강변에 자리 잡은 것만 봐도 파리와 쎈강의 밀접한 관계를 짐작할 수 있다. 계란이 누워있는 형태의 파리 가운데를 쎈강이 지난다. 그리고 쎈강의 한 가운데는 우리의 여의도가 그러하듯이 씨떼섬(**l'île de la Cité**)이 있다. 파리의 모태가 된 곳이고, 중세까지만 해도 파리는 이 씨떼섬을 가리켰다. 그렇기 때문에 파리의 발전에 있어서 씨떼섬은 출발점, 근원지의 역할을 한다. 오늘날까지도 파리를 중심으로 한 거리의 기준점이 씨떼섬의 노틀담성당 앞에서 시작되는 것을 보면 잘 알 수 있다. 씨떼섬, 좀 더 정확히 노틀담성당을 중심으로 파리의 척추라 할 수 있는 가장 커다란 **문화적 간선도로**가 형성된다. **동남쪽의 바스띠유 오페라하우스부터 서북쪽의 멀리 라데팡스의 인간개선문까지 파리는 점차적으로, 과거를 품에 안고 미래를 향해 넓혀 갔다.**

콘돔이 씌워진 오벨리스크

Obélisque

노틀담성당에서 쎈강 우안을 따라 걷다 보면 루브르를 지난다. 루브르가 끝나는 곳에서 아름다운 자줏빛 대리석으로 된 까루셀(**Caroussel**)개선문을 만난다. 샹젤리제 샤를르 드골광장(**Place de Charles - de - Gaulle**)의 나폴레옹개선문과 함께 나폴레옹의 오스트릴리츠 전투 승리를 기념하기 위해 1805년에 짓기 시작했는데 2년만(나폴레옹개선문은 여러 차례에 걸친 설계도의 변화로 20년 이상이 걸림)에 완성된다. 까루셀개선문을 지나면 예전에 뜀르리궁전(파리 꼬뮌 당시 불타버린 후 재건하지 않음)이 있었던 곳에 뜀르리(**Jardin des Tuileries**)정원이 길게 펼쳐진다. 까루셀개선문에서 샹젤리제 쪽을 바라보면 뜀르리정원을 통해 오벨리스크와 샹젤리제, 나폴레옹개선문이 일직선으로 보인다. 그리고 뜀르리공원을 지나 꽁꼬르드광장 가운데 오벨리스끄 밑에서 다시 샹제리제 쪽을 바라보면 나폴레옹개선문과 더 멀리 라데팡스의 인간개선문이 같이 보인다. 노틀담성당에서부터 라데팡스의 인간개선문까지 800년이 넘는 시간이 한 개인에 의해 설계되고 만들어진 것처럼 조화를 이룬다. 뜀르리공원과 샹젤리제 사이에 자리 잡은 꽁꼬르드광장(**Place de la Concorde**)은 루이 15세의 쾌유를 축하하기 위해 파리의 관료들에 의해 만들어졌고, 초기에는 루이 15세의 기마상이 가운데 있었다. **꽁꼬르드광장은 무엇보다도 혁명의 상징적인 장소이다.** 남쪽으로, 광장과 국회의사당인 부르봉궁을 잇는 다리가, 프랑스혁명 후 바스띠유감옥을 헐고 생긴 돌로 만들어진 것이어서 그렇기도 하고, 바로 이 광장에서 루이 16세와 마리 앙뚜아네뜨를 포함한 수많은 구체제(앙시앙 레짐)의 인물들과 혁명을 주도했던 인물들이 꼬리를 물고 단두대 위에서 목이 잘렸기 때문이기도 하다. 이 광장 가운데는 루이 필립이 이집트에서 선물로 받았다는 상형문자가 새겨진 오벨리스크탑이 있다. 하늘로 치솟은 어두운 빛의 육중한 돌은 광장의 네 귀퉁이에 세워진, 프랑스 8대 도시를 상징하는 왕비의 상들을 거느린 힘센 수컷의 모습이다. 다른 한 편으로 왕권의 상징인 파리와 지방 도시와의 긴밀한 유대를 표현하고 있는지도 모른다. 왕권과 혁명, 고대문화의 상징, 검고 육중한 돌만큼이나 무거운 상징들, 배타적인 영혼불멸의 기원 등의 의미들을 담고 있는 오벨리스크에 1993년 겨울, 전혀 새로운 의미가 첨가된다. 8명의 여인을 거느린 오벨리스크에 어쩌면 당연한 우려인지 모르지만, 베네통과 결연한 동성연애 단체(**Act Up-Paris**)가 에이즈 퇴치운동의 일환으로 이 오벨리스크에 비닐로 된 콘돔을 씌웠다. 에로틱한 분위기를 한껏 자아내는 핑크빛 콘돔, 바람에 펄럭이는 우윳빛 콘돔을 번갈아가며 씌운 것이다. **배타적 영혼불멸을 기원하는, 인류문화의 상징물인 오벨리스크를 이용해 파리는 소외된 현재의 소수들을 위한 사랑의 메시지를 전한다.** 수 천 년의 시간에도 변함없이 견디어 온 육중한 돌 위에 파리는 가볍고 쉽게 찢길 것 같은 약한 비닐을 씌운 것이다. 나약한 현대인들이 그렇듯이 문명의 변화 속에서 비닐은 사라질 것이다. 하지만 그 사랑의 메시지만큼은 돌 위에 새겨진 상형문자보다 더 강하게 우리의 가슴에 각인될 것이다.

예술의 공간, 라데팡스   La Défense

파리의 전경 중에서 사진에 담을 때, 아니 보기만 하여도 정말 아름다운 곳이 몇 군데 있다. 뒤쪽 다리 위에서 바라보는 노틀담성당의 뒷모습, 쎈강 위에 떠 있는 듯한 노틀담성당의 뒷모습은 돌로 표현한 예술의 섬세함의 극치를 보여준다. 2번 선 앙베르(**Anvers**) 지하철역에서 걸어 올라, 회전목마가 있는 몽마르트르 언덕 아래 광장에서 올려다보는 잔디와 돌계단 위의 하얀 돌로 된 성심성당도 백미이다. 또한, 지금은 군사박물관이 자리한 레쟁발리드(**Les Invalides**)의 뒤쪽, 나폴레옹의 무덤이 있어서 유명한 聖루이(**ST Louis**)성당의 건축 또한 단순하고 소박한 아름다움을 한껏 드러낸다. 특히 밤에 조명 속에 보이는 모습은 파리의 그 어떤 기념물보다 결코 모자람이 없다. 그리고 까루셀개선문에서 바라보는 샹젤리제, 해가 떨어지는 시각 오벨리스크 아래에서 바라보는 나폴레옹개선문과, 겹쳐 보이는 인간개선문은 시간과 공간, 자연과 인간의 문화가 만들어낸 아름다움을 만끽하게 한다.

인간개선문(**Grande Arche**)이 자리 잡고 있는 라데팡스는 특별한 지역이다. 예전에, 군사적 요충지로서 파리를 방어하는데 적합한 지역이어서 라데팡스(**La Défense**, 방어)라 불린다. 행정구역상으로는 삐또(**Puteaux**)라는 도시에 속하며 인위적으로 만들어진 지역이다. 우선 철도와 지하철 그리고 버스와 자동차는 전부 도시의 지하에서 운행된다. 도시 위에 올라서면 상가와 사무용 빌딩들 그리고 아파트와 넓은 광장, 인간개선문, 분수대, 조각 작품들만이 눈에 띈다. 인상적인 것 중의 하나는 그 **많은 건물들이 모두 다른 형태를 띠며 예술작품처럼 도시를 형성**한다는 것이다. 원형의 건물, 타원형의 상가, 높은 빌딩, 길게 늘어선 상가 건물들 하나하나가 특이한 형태로 지어졌다. 구도시인 파리에서 멀지 않은 곳에 프랑스인들은 **미래형의 도시, 환상의 도시**를 만들어놓았다. 우선 상가와 사무실 그리고 주거지역이 구분되지 않아 기존의 도시와 다른 형태를 갖고 있다. 출퇴근 시간에 장을 보며 산책을 즐길 수 있고, 분수대 옆에서 대형 스피커를 통해 나오는 클래식 음악을 들으며 명상에 잠길 수도 있다. **도시 공간과 예술 공간이 구분되지 않기 때문에** 건물들 사이사이에는 세자르(**Cézar**)의 엄지손가락을 비롯하여, 미로(**Miró**)의 철골구조물 등 많은 조각 작품들이 배치되어 있다. 광장 가운데에서 서커스가 열릴 때에는 기존의 서커스와는 다르게 천막을 치지 않는다. 빌딩 사무실에서, 장을 보러가다가, 아이와 산책을 하며 시민들은 서커스, 예술을 즐길 수 있는 것이다. 우리의 마당놀이에서처럼 옥외에서 이루어지는 이러한 예술 행위가 서구 사람들에게는 그렇게 익숙한 것만은 아니다. 실내공간에서 이루어지는 서구 예술의 개념을 파괴하는 이러한 행위는 안과 밖의 구분, 도시 공간과 예술 공간의 구별을 넘어서는 새로운 인식론에서 출발한 것이다. 가장 눈에 띄는 인간개선문은 프랑스혁명 200년을 기념하며 1989년에 지어진 것이다. 덴마크의 건축가 오토 스프레켈센(**Johann Otto von Spreckelsen**)이 설계를 하였으며, 노틀담성당이 들어갈 수 있는 높이로 지어졌고, 까루셀개선문, 나폴레옹개선문과 열을 지으며 지어졌다. 시간이 만드는 거리를 뛰어넘으려는 건축가의 의도와 파리지앵들의 염려를 잘 읽을 수 있다. 관광성을 비롯하여 전시장이 들어서 있는 건물은 '도시의 창', 파리라는 닫힌 공간의 창의 역할을 한다. 좁은 현대의 도시에서 자연으로, 우주로 자유롭게 나아가려는 소망을 담고 있는 것이다. 과거의 시간에서 현재를 지나 미래를 꿈꾸는 공간이기도 하다. 인간개선문 가운데 빈 공간에 하얀 천과 철골로 '구름'을 만들어 놓았는데, 단순한 건축물에 미적인 요소를 더한 것이다. 하지만 조금 달리 생각하면 **언어, 종교, 피부색이 다르더라도 '세계'라는 한 지붕 밑에서 평화롭게 살아가야 하는 인류의 희망을 그려 넣은 것**임을 알 수 있다.

에펠탑, 강한 것은 아름답다　　Tour Eiffel

파리 쎈강 하류 쪽에 강을 사이에 놓고 한 쪽에는 에펠탑과 나폴레옹이 졸업한 예전의 육군사관학교가, 다른 한쪽 언덕 위에는 1930년 파리만국박람회 전시장으로 사용됐던 샤이오궁(**Palais de Chaillot**)이 아름다운 풍경을 만든다. 샤이오궁 앞에 있는 인권의 광장에서 에펠탑을 바라볼 때, 낮은 파리를 배경으로 우뚝 솟은 에펠탑의 아름다움을 만끽할 수 있다. 에펠탑은 1889년 프랑스대혁명 100주년 기념 파리만국박람회의 기념탑으로 지어진다. 많은 사람들이 공사 전부터 에펠탑을 비난하였다. 3200여 미터 높이의 건축물을 철골로 짓기 위해서 얼마나 육중하고 무거운, 그래서 파리의 미관을 해치는 추한 건축물이 나올 것인지를 사람들은 말했다. '정말 비극적인 가로등'(레옹 브루아 **L. Bloy**), '해골 탑'(뽈 베를렌느 **P. Verlaine**), '미완성의 혼잡하고 보기 흉한 돛대'(프랑수아 꼬뻬 **F. Coppée**), '철로 된 높고 가느다란 피라미드, 보기 흉한 해골, 밑은 퀴클롭스와 같이 거대한 건물을 받칠 것처럼 되어 있지만, 위는 공장 굴뚝처럼 가느다랗고 보잘 것 없는 거인'(모파상 **Guy de Maupassant**), '구멍 뚫린 좌약'(위스망스 **J. K. Huysmans**) 등의 비아냥거림에 담긴 표현과 예술가들의 면면은 비난이 얼마나 가혹했는지를 보여준다. 특히 에펠이 프랑스인들로부터 전혀 이해받지 못했다는 것은 언제나 시대를 앞서간다는 문인과 예술가들에 의해서 비난받았다는 사실에서 짐작할 수 있다. 하지만 에펠의 생각은 달랐다. '3200여 미터의 높이에서 비바람을 견뎌내고 지탱하기 위해서는 강해야 하며, **자연의 모든 강한 것은 아름답다.**' 이것이 에펠의 생각이었다. 그리고 1889년, 에펠탑을 방문한 200만 명의 관람객이 에펠이 옳았음을 증명하였다. 엄청나게 빠른 속도로 달리는 표범의 신체가 아름다운 모습을 갖는 것처럼, 빠른 공을 던지기 위해 박찬호의 투구 폼이 완벽한 아름다움을 지녀야 하는 것처럼, 시간과 자연의 변화를 견디어 낸 모든 것들이 아름다운 모습을 띠는 것처럼 자연이 주는 온갖 악조건을 견디기 위해 에펠탑은 아름다울 수밖에 없는 것이다. 실제로 1200여 년간 버티어 온 에펠탑의 모습은 아름답다. 자연의 어떤 것보다 날렵한 곡선, 바람의 저항을 줄이기 위해 사용된 철골 구조, 맨 꼭대기가 여전히 바람에 의해 6-7미터 정도 움직이고 있지만 에펠탑은 가장 안정된 모습으로 자태를 뽐내며 파리를 지키고 있다.

그래서 에펠탑의 별명이 '파리의 귀부인'이 아닐까? 정말 흥미로운 것은 **무거운 철골 구조들이 네 다리에 보내는 하중이 성인 남자1명이 의자에 앉았을 때 네 다리가 받는 하중과 차이가 없다**는 것이다. 가장 아름다운 곡선만이 힘을 분산시켜 그 무거운 무게를 견디게 하는 것이다. 에펠에게 건축은 단순한 공학이 아니다. 바람의 힘과 저항, 무게와 하중, 모두 중요하지만 더욱 중요한 것은 아무도 경험한 적이 없는 320미터 높이의 건물을 만드는 것이다. 7-8층 정도의 돌로 만들어진 건물들이 주조를 이루는 파리의 풍경에서 어떻게 100층 정도 높이의 건물을 상상할 수 있는가? **습관적인 시선의 높이를 깨뜨리고 오를 수 있는 것, 에펠에게 건축은 공학이 아니고 미학이며 상상력의 소산이다.** 파리건축학교가 예전에 파리미술학교 소속이었고, 지금도 공대에 속하지 않고 독립된 학교로 있는 것을 보면 에펠을 포함한 프랑스인들의 건축에 대한 시각을 알 수 있다. 과학 분야에서뿐만 아니라 미학에서도 미지의 길을 찾아 모험을 했다는 면에서 에펠탑은 여전히 현대적이다.

聖스러운 만큼 性스러운 곳, 몽마르트르 언덕

Butte Montmartre

파리에서 남쪽으로 멀리 여행을 하고 돌아올 때, 우리네 시골 느티나무처럼 맨 처음 눈에 들어오는 것은 몽마르트르 언덕과 그 위에 자리 잡은 하얀 성심성당이다. 파리 북쪽, 파리를 한눈에 내려다 볼 수 있는 몽마르트르 언덕은 파리에서 가장 늦게까지 전원적인 풍경을 간직하던 곳이다. 지금도 파리에서 유일한 풍차가, 화가들이 그림을 그려 유명한 식당인 물랭 드 라 갈레뜨(**Moulin de la Galette**)에 자리 잡고 있다. 영화 〈아멜리에〉의 배경이 되었던 곳이며, 영화 속에 등장하는 인물들처럼 예전부터 사회적으로 소외당하고 고독한 사람들이 머물고, 즐겨 찾던 곳이다. 가난한 화가들이 모여들어 떼르트르 광장(**Place du Tertre**)과 선술집을 중심으로 자신들의 열정을 토로했고, 가진 것 없는 삼류배우들과 사창가의 여인들은 스스럼없이 함께 어울렸다. 또한 뚤루즈 로트렉(**T. Lautrec**)이 자신의 불행을 술로 달래며 불쌍한 무희들을 그렸던 곳이고, 풍차를 비롯한 전원적인 풍경이 가장 늦게까지 화가들의 발걸음을 끌었던 곳이기도 하다. 지금도 떼르트르 광장에서 초상화나 그림을 그려주는 화가들의 모습, 레스토랑 '라뺑 아질 **Lapin agile**'의 바깥벽 위에 그려진 그림, 그리고 몇 개의 갤러리들은 이곳이 19세기 말과 20세기 초에 걸쳐 프랑스뿐만 아니라 세계적인 회화의 명소였다는 것을 잘 말해주고 있다.

몽마르트르 언덕의 명성은 회화로 인한 그것보다 훨씬 옛날부터 시작된다. 아직 기독교가 공인되기 이전인 3세기 말에 **파리 최초의 주교인 드니 성인(Saint Denis)을 비롯한 성직자들이 파리에 포교를 하다가 잡혀서 순교를 당한 곳이 이곳 몽마르트르 언덕**이다. '몽 **mont**'이 프랑스어로 '언덕, 산'이라는 뜻이고, '마르트르 **martyrs**'는 '순교자'를 의미하는 단어이다. 머리가 잘린 드니 성인은 곧바로 순교하지 않고, 잘려 떨어진 자신의 머리를 주워들고 북쪽으로 하나님을 찬양하는 노래를 부르며 가다 지금은 월드컵 경기장이 있어 유명한 생드니라는 도시에서 순교하였다고 한다. 파리8대학이 있고, 생드니 바질리끄(**Basilique de Saint-Denis**)라 불리는 성당으로 유명한 도시이기도 하다. 몽마르트르 언덕 위에서 파리를 내려다보고 있는 비잔틴 양식의 성심성당(**Sacré-Coeur**)은 보불전쟁에서 패한 프랑스 국민들의 사기를 진작시키기 위해 **국민의 헌금으로 지어진 호국성당**이다. 알렉상드르 르 장띠(**A. Legentil**)와 위베르 로오 드 플레리(**H. L. de Fleury**)는 프랑스의 불행이 정치적이기보다 정신적인 원인으로부터 기인했다고 판단하고, 회개하는 의미에서 그리스도의 聖心에 바치는 성당을 세우기를 서원한다. 성당 앞에 놓인 잔 다끄(**Jeanne d'Arc**)의 상과 샤를마뉴(**Charlemagne**) 대제의 상이 이 성당이 갖는 특이한 성격을 잘 말해주고 있다. 건축가는 폴 아바디(**P. Abadie**)이고, 1875년 옹벽이 쌓아지고 1919년 봉헌되는데, 성당이 완공될 때까지 6명의 건축가가 뒤를 잇는다. **양식은 로마네스크 · 비잔틴 양식으로 고딕양식의 파리 노틀담성당과 같은**

중세성당들과 대조를 이룬다. 이러한 양식은 콘스탄티노플의 성 소피아성당이나 베네치아의 성 마르코성당과 같은 모델에서 영감을 받는다. 몽마르트르 언덕이 수많은 관광객들을 끄는 이유는 예술적이고 종교적인 이유 외에도 여러 가지 다른 이유들이 있다. 몽마르트르 언덕 아래 자리 잡은 유럽의 최대 홍등가 중에 하나인 삐깔(**Pigall**) 거리와 100년이 넘는 쇼 공연장인 물랭 루즈(**Moulin rouge**)를 포함한 섹스숍들, **聖스러운 만큼 性스러운 요인들이 몽마르트르 언덕을 형성**하고 있다. 홍등가가 주택가, 유적지에 자연스럽게 이웃하고 있는 것은 우리의 성에 대한 시각, 또는 편견과 무척 다른 것 같다. 그리고 몽마르트르 언덕에는 파리 동쪽의 뻬르 라 셰즈(**Père-Lachaise**)와 남쪽의 몽빠르나스(**Montparnasse**) 공동묘지와 더불어 파리의 3대 공동묘지를 이루는 몽마르트르 공동묘지가 위치한다. 뿐만 아니라 이곳, 몽마르트르 언덕 뒤편에 파리의 유일한 포도밭이 있다. 가을 포도 수확기에는 얼마 되지 않는 이 포도밭의 수확을 핑계 삼아 전국의 포도밭에서 포도 농사꾼들이 몰려와 축제를 벌이기도 한다. 앞쪽 회전목마와 계단을 거쳐 성심성당을 구경하고, 테르트르 광장을 지나 뒤쪽으로 한가롭게 산책을 하며, 작은 식당에 들어가 가볍게 차를 마시거나 식사를 하는 것도 파리가 주는 가장 커다란 즐거움 중에 하나이다.

마레 지역, 코끝을 바람에 　　　　Marais

20개의 행정구역으로 나뉘어진 파리는 몇 개의 자연스럽게 형성된 지역으로 나뉘어진다. 개선문으로부터 꽁꼬르드 광장에 이르는 샹젤리제 거리는 세계에서 가장 아름답고 화려한 샹젤리제 지역을 만든다. 소르본느와 빵떼옹을 중심으로 서점과 학교들이 즐비한 라틴가(**Quartier latin**)는 젊은이들이 즐길 수 있는 값싸고 독특한 문화지역이다. 씨떼 역시 노틀담성당을 중심으로 꽁씨에르주(**La Concierge**)와 라 샤뻴(**La Chapelle**), 꽃시장 등 파리의 풍경을 잘 느낄 수 있는 지역이다. 몽빠르나스 지역 또한 거대한 상권을 형성하면서, 20세기 초반 예술가들이 활동한 지역으로서의 자취를 찾아볼 수 있다. 대부분 잘 알려져 있는 이들 지역에 비해, 많이 알려져 있지 않으면서 파리의 색다른 모습을 볼 수 있게 하는 곳이 바로 마레 지역이다. 마레 지역은 쎈강 우안, 3구와 4구에 걸쳐 있는, 뽕삐두센터를 조금 지나 땅쁠(**Temple**)街로부터 바스띠유 광장(**Place de la Bastille**) 직전의 보마르셰(**Beaumarchais**)街에 이르는 지역을 말한다. 프랑스어 표현 중에 '코끝을 바람에 맡기고' 라는 표현이 있다. '바람 따라' 또는 '발길 닿는 대로' 걷는다는 말을 할 때 쓰는 표현이다. 정말 이렇게 발길 닿는 대로 걸으며 즐길 수 있는 가장 대표적인 지역이 마레 지역이다. 피카소박물관(**Musée Picasso**), 까르나발레박물관(**Musée Carnavalet**)을 비롯한 많은 박물관들, 예전에 왕들이 머물렀던 건물들, 작고 구부러진 골목길들, 파리에서 가장 큰 광장 등 마레 지역은 잘 알려진 건물들을 방문하는 것만큼이나, **예기치 않은 곳에서 느닷없이 새로운 모습의 파리를 발견할 수 있는 곳**이다.

이곳은 예전에 늪지였기에 지금도 '마레' 라고 불린다. 13세기에 늪지대가 메워지고, 수도원이 들어서며 경작이 시작된다. 샤를르 5세는 왕가의 저택인 생뿔(**Hôtel St-Paul**)에 머물고, 뒤를 잇는 왕들은 뚜르넬(**Hôtel des Tournelles**)에 머문다. 앙리 2세가 바로 이곳 뚜르넬 저택에서 경기 도중 몽고메리(**Montgomery**) 백작에게 부상을 당하여 사망하므로 까뜰린 드 메디치 여왕은 뚜르넬 저택을 파괴시킨다. 앙리 4세에 의해 시작된 보주광장(**Place des Vosges**)이 1612년에 완공되고, 프랑스풍의 화려한 저택들이 들어서면서 이 지역은 인기를 끌고, 귀족들의 사교 장소 역할을 하는 많은 살롱들이 문을 연다. 앙리 4세가 살해되었다는 이유로 루이 13세는 이 지역을 멀리한다. 그 뒤로 장인들과 제조업자들이 이 지역을 차지한다.

가장 대표적인 건물은 피카소박물관이 있는 저택 살레(**Hôtel Salé**)이다. 소유주였던 삐에르 오베르 드 퐁뜨네(**P. A. de Fontenay**)가 소금에 대한 세금징수를 하였기에 붙여진 이름(**Salé**는 우리말로 '소금 뿌린', 또는 '짠' 이란 뜻임)이다. 피카소의 딸인 자끌린 피카소가 국가에 증여한 3,500여 점의 피카소 작품을 가지고 1985년부터 피카소박물관으로 문을 열었다. 피카소박물관으로부터 멀지 않은 곳에 까르나발레박물관이 있다. 고고학적 자료와 모형도, 그림과 조각 그리고 가구들을 통해 선사시대부터 오늘날까지 파리의 역사를 시대 순으로 보여주고 있다. 귀족과 문인들이 선호한 지역이어서 세비네부인(**Madame de Sévigné**)과 빅또르 위고, 떼오필 고띠에(**T. Gautier**), 알퐁스 도데(**A. Daudet**) 등이 보주광장을 둘러싼 아파트에 살았다. 보주(**Vosges**)라는 이름은

맨 처음 세금을 낸 도(道)의 이름을 따서 나폴레옹 1세가 붙인 이름이다. 빅또르 위고(**Victor Hugo**)는 이 광장 6번지에서 1832년부터 1848년까지 살았다. 1903년부터 빅또르 위고 박물관이 문을 열어 원고, 그림, 사진, 가구 등을 통해 그의 삶을 보여주고 있다. 이 밖에도 국립고문서보관소, 유대교 예술 및 역사박물관, 사냥 및 자연박물관, 꼬냑 제조박물관, 마술박물관 등이 있으며, 상스(**Sens**)의 주교를 위해 15세기 말 또는 16세기 초에 지어진 상스 저택과 루이 14세의 재정담당이었던 쉴리(**Sully**)의 이름을 딴 쉴리 저택, 생뽈성당 등이 있다. 로지에(**Rosiers**)街에서 루아 드 시실(**Roi de Sicile**)街에 이르는 옛 거리들은 12세기 초, 19세기와 20세기 초에 유태인 공동체가 들어선 곳이다. **시나고그와 동양적인 레스토랑 그리고 제과점들이 거리를 장식하며, 지역에 특성과 매력을 더한다.** 특히 빌라주 생뽈(**Village Saint Paul**, 생뽈 마을)은 중세풍의 작은 골목들로 둘러싸인 광장을 중심으로 골동품 상들이 들어서있다. 생뽈 정원이 있는 주변에, 12세기 말 필립 오귀스뜨(**Philippe Auguste**)에 의해 만들어진 담의 잔해들을 볼 수 있다.

cours de culture française à l'université   liberté égalité fraternité

프랑스어 회화 표현 :	**Tu t'appelles comment?** - **Je m'appelle Michel. Et toi?** **Je m'appelle Arie. Enchantée!** - **Enchanté!**
과제 또는 토론 :	❶ 파리를 소재로 한 영화를 한 편 소개하시오. ❷ 파리에 20개의 구를 표시하고, 대표적인 기념물들의 위치를 표시하시오. ❸ 몽빠르나스 지역의 특성에 대해 알아보시오.
참고자료 :	〈유럽 여행 1번지 - 프랑스 파리〉, KBS 1TV, 세상은 넓다, 2006. 05. 08. 〈천의 얼굴을 지닌 도시 - 프랑스 파리〉, KBS 1TV, 세상은 넓다, 2005. 12. 12. 〈파리의 강변 풍경〉, KBS 1TV, 세상은 넓다, 2002. 05. 07. 〈최고의 도시 파리〉, KBS 1TV, 일요스페셜, 1998. 06. 28. 〈아멜리에〉, 장 삐에르 주네 감독, 2001. 〈파리 텍사스〉, 빔 벤더스 감독, 1984. www.paris.fr www.sacre-coeur-montmartre.com www.tour-eiffel.fr

002.

회화의 도시, 파리

paris, ville de la peinture

'루오전' (대전시립미술관), '고호에서 피카소까지' (예술의 전당), '뒤뷔페전' (덕수궁근대미술관), '루브르전' (국립박물관), '공간의 시학' (환기미술관) 등 한불수교 120주년을 맞는 2006년에는 헤아릴 수 없이 많은 전시회들이 서울을 비롯하여 전국의 크고 작은 미술관에서 열렸었다. 2007년에는 '오르쎄전' (예술의 전당), '빛의 화가 : 모네' (서울시립미술관) 등의 전시회가 열렸으며 2008년에도 '고호전' (서울시립미술관)이 열렸다. 프랑스에 가지 않고도 세계적으로 유명한 작품 또는 꼭 보고 싶었던 작품들을 볼 수 있는 기회를 갖게 된 것이다. 하지만 프랑스, 특히 파리는 그림을 사랑하는 사람들에게 여전히 꿈과 환상의 도시이다.

프랑스국립박물관협회

RMN, Réunion des musées nationaux

프랑스국립박물관협회는 1895년 국립박물관 소장을 위한 예술작품의 구입을 목적으로 설립되었다. 예술품의 구입은 지금도 협회의 가장 중요한 업무 중의 하나이다. 하지만 본래의 목적 외에 3가지 목적이 추가되어, 4가지 업무를 수행하고 있다. 첫째는 국립박물관에 관람객을 받아들이는 것이고, 둘째는 임시 전시회를 계획 및 구성하는 것이며, 셋째는 국립박물관 소장품과 전시회를 홍보하는 것이다. 특히, 예술품 구입과 관련하여 개인이나 화상 또는 경매 등을 통해 예술품을 매입하는 것이 중요한 일이기도 하지만, 많은 작품들을 증여받기도 한다. 예술품의 증여는 다시 두 가지로 나누어진다. 단순증여나, 조건이 첨부된 증여 또는 **유서를 통해 국가에 예술품을 증여하는 유증(도나씨옹 donation)** 등이 하나이고, **상속세나 양도세 등을 대신하여 예술품을 국가에 증여하는 것(다씨옹 dation)**이 다른 하나이다. 피카소박물관(**Musée Picasso**)의 대부분의 작품과, 베르메르(**J. Vermer**)의 〈천문학자 *L'Astronome*〉, 꾸르베(**G. Courbet**)의 〈만물의 근원 *L'Origine du monde*〉, 모네의 〈풀밭 위의 식사 *Le Déjeuner sur l'herbe*〉 등이 후자에 의해 국립박물관에 전시되게 된 것이다. 특히 꾸르베의 〈만물의 근원〉의 경우 많은 미술 애호가나 국가마저 미국이나 일본 등 외국이나, 개인에게 팔려가는 것을 우려했었다. 하지만 꾸르베의 자손은 상속세를 대신해 작품을 국가에 증여한 것이다.

프랑스국립박물관협회는 프랑스 전국에 있는 34개의 국립박물관을 찾는 관람객들을 위한 매표, 예약, 컨퍼런스 조직 등을 책임지며, 매년 크기와 예산, 주제 등이 각기 다르지만 평균 20여 개의 임시전시회를 조직한다. 초기에 국립박물관협회는 조각 작품을 중심으로 아뜰리에에서 만들어진 복제품을 판매함으로써 수익사업에 참여했다. 1930년부터 엽서와 카탈로그 등이 추가되기 시작하였고, 이러한 출판과 관계된 사업들은 90년대에는 시청각 자료와 멀티미디어 분야로 확장되었다. 문화가 좀 더 본격적인 수익사업으로 변모하게 되는 계기가 된 것이다.

루브르박물관

Musée du Louvre

쎈강 우안 40헥타르의 넓이에 자리 잡고 있는 루브르는 60,000㎡의 실내 전시장을 갖고 있으며, **11,000년에 걸친 인류 문화와 문명의 상징물들이 전시된 세계 최대의 박물관 중의 하나**이다. 1190년 필립 오귀스뜨가 지은 방어용 성을 무너뜨리고 프랑수아 1세가 르네상스 양식의 왕궁을 건축하기 시작하였으며, 그 뒤를 이어 앙리 2세와 샤를르 9세에 의해 확장되었다. 루브르 대계획(**Le Grand projet du Louvre**) 공사 중 발견된 방어용 성은 술리관 초입에서 그 흔적을 볼 수 있고, 모형으로 제작된 예전의 방어용 성을 볼 수 있다. 프랑스대혁명이 일어나 왕가가 문을 닫자 루브르는 왕궁으로서의 기능을 상실하고 공화국 관공서로 사용된다. 그리고 1783년, 일부가 그림을 전시할 수 있는 공간으로 할애된다. 그로부터 200년 후인 1993년, 건물 전체가 100% 박물관으로서의 기능만을 갖게 된다. 1981년 미떼랑 대통령에 의해 시작되고, 1998년 완성된 루브르 대계획은 초기 중국계 미국인 건축가인 이오 맹 페이(**Io Ming Pei**)가 주도하며, 루브르 전체가 단일한 하나의 박물관으로 새롭게 탄생하는 계기가 되었다. 지금은 루브르의 로고가 된 투명한 유리 피라미드가 루브르 대계획의 일환으로 루브르의 나폴레옹 안뜰에 설치됐다.

1983년에 시작되어 1998년에 완공된 유리 피라미드는 초기 엄청난 반대에 부딪힌다. 하지만 지금은 루브르 하면 피라미드라고 할 만큼 루브르의 상징이 되었다. 유리를 소재로 한 투명한 피라미드는 무엇보다도 돌로 된 육중한 루브르에 무게를 더하지 않는다. **함께 설치된 분수와 함께 피라미드는 루브르에 유동성과 가벼움을 갖게 한다.** 또 다른 특징은 유리의 투명성 때문에 건물 전체를 단절 없이 한눈에 볼 수 있다는 것이다. 이렇듯 피라미드는 루브르의 아름다움을 전혀 훼손하지 않고 새로운 기능과 가치를 부여한다. 내부에서 밖을 볼 수 있다는 점도 간과할 수 없다. 내부에 소장된 인류의 과거 문화유산이 외부의 현실과 분리되지 않는다는 상징적인 의미를 띠게 되고, 중세 왕정의 음모와 비밀 등으로 얼룩진 무겁고, 음산한 건물은 **유리라는 소재를 통해 투명성과 현대성을 얻는다.** 피라미드는 관객들이 입장할 수 있는 문의 역할뿐만 아니라, 피라미드를 중심으로 쉴리(**Sully**), 리슐리유 (**Richelieu**), 드농(**Denon**) 등 각기 다른 전시실들이 모두 한 곳으로 모이는 루브르의 심장을 형성한다. 마지막 으로 이집트 기자(**Giza**)의 피라미드가 갖는 배타적인 성향, 홀로 영원성을 얻으려는 건축물의 용도는 **커뮤니케이 션이라는 현대적 특성**으로 대체된다.

리슐리유관의 프랑스 조각 전시실

루브르대계획 이후 변모된 루브르의 모습 중에서 가장 인상적인 것은 리슐리유관 지하에 새롭게 꾸며진 프랑스 조각전시실이다. 빨레 화이알(**Palais-Royal**)쪽에서 루브르 안쪽으로 들어오면서 통로 좌측 유리벽을 통해 아래 로 보이는 곳이다. 작은 전시실 4개 정도를 합치고, 지하로부터 지상까지 2층 정도의 높이를 하나로 만든 이 공간 은 무엇보다도 기존의 박물관과 다르게 벽과 층을 없애고 새로운 박물관의 구도를 창조했다. 이곳은 공간 배치를 높이에 따라 달리했다. 통로쪽 유리를 통해 바라볼 때 전체의 1/2에 해당하는 앞쪽은 지하 2층 높이이고, 작품들이 전시되어 있다. 뒤쪽 나머지 1/2 중 다시 가운데의 1/2은 지하 1층 높이로 작품이 전시되어 있고, 가운데 1/2를 제 외한 양쪽의 1/4, 전체 공간의 1/8은 지상 높이로 복도처럼 위에서 아래 작품들을 조망할 수 있게 되어 있다. 기존 의 박물관 전시실들이 갖는 폐쇄성, 공간적 시대 구분, 단절 등에 **개방성을 부여**하고, 동시에 비교하며 감상할 수 있게 만들어놓았다. 이 공간이 갖는 또 다른 특징은 천장을 유리로 만들었다는 것이다. 기존의 박물관처럼 인공조 명이 아니라 **자연채광을 통해 작품을 감상**할 수 있는 장점이 있다. 뿐만 아니라 1층 높이의 통로쪽은 밖에서 유리 를 통해 내부 작품을 무료로 감상할 수 있도록 되어있다. 마지막으로 몇 그루 안 되지만 살아있는 나무들이 함께 전시됨으로써 **박물관을 살아 숨쉬는 공간으로 변화**시키고자 하였다.

Pyramide du Louvre

루브르의 그림들

회화와 관련하여 루브르는 13세기 중엽부터 19세기 중엽까지 유럽의 회화작품들을 소장하고 있다. 크게 세 분야로 나눌 수 있는데, 하나는 대부분의 작품을 포함하는 프랑스 회화이고, 두 번째는 이탈리아와 스페인 회화 그리고 세 번째는 독일, 플랑드르, 네덜란드 회화이다. 17세기부터 19세기에 이르는 프랑스 회화의 대부분의 작품들은 술리(**Sully**)관 3층에 자리잡고 있고, 다비드의 그림 〈나폴레옹 대관식 *Le Sacré de Napoléon*〉과 제리꼬(**T. Géricault**)의 〈메두사 뗏목 *Le Radeau de la Méduse*〉, 들라크루아의 〈민중을 이끄는 자유의 여인 *La Liberté guidant le peuple*〉을 포함한 대형 작품들은 드농(**Denon**)관 2층에 자리잡고 있다.

앵그르의 〈누워있는 오달리스크〉(1819)
La Grande Odalisque

1819년 루브르박물관 살롱전에 〈누워있는 오달리스크〉가 전시되었을 때, 한 의사는 그림을 관찰한 후, '여인의 척추에 세 마디 뼈가 더 있다.' 는 결론을 내렸다고 한다. 39살 장 도미니끄 앵그르에 의해 **해부학의 불문율이 깨어지는 순간**이다. 들라크루아에서 꾸르베로, 마네에서 인상파로 그리고 고갱과 세잔으로 이어지는 회화사의 스캔들 기원에는 아름다운 오달리스크가, 그리고 덤으로 그려진 세 마디 척추 뼈가 있었다. 이 그림을 그리기 전에 앵그르는 1805년 〈리비에르嬢 *Mademoiselle Rivière*〉과 〈마담 리비에르 *Madame Rivière*〉를 통해 길게 늘어진 신체의 일부를 실험한다. 그 뒤를 이어, 세잔의 〈빨간 조끼를 입은 청년 *Le Jeune homme au gilet rouge*〉의 그림이나, 모딜리아니 그림 속의 여인들, 그리고 자코메티의 조각상에서 우리는 변형된 인체의 모습을 쉽게 발견할 수 있다. 앵그르가 〈누워있는 오달리스크〉의 등을 길게 그리게 된 데는 적어도 세 가지 이유가 있다. 첫째는, **새로운 것을 발견할 필요성 때문**이다. 다비드를 매혹시켰던 지겨운 그리스와 로마시대 작품들과 르네상스로부터 벗어나고 싶었기 때문이다. 둘째로, 그가 등을 길게 그린 것은 그가 본 등이 정말 길어서가 아니라, **등에 대한 그의 관심이 등을 점차 길고 아름다운 형태로 변형시키게 만든 것**이다. 중요한 것은 아름다운 것을 대상으로 그리는 것이 아니라, 대상을 아름답게 보는 것이다. 셋째로, 앵그르가 대상을 실제보다 길게 그린 최초의 화가는 아니다. 14-5세기, 르네상스 이전의 **원초주의 작품 속에서 발견하고, 감탄에 빠졌던 형태들에 대한 기억**이 그로 하여금 〈누워있는 오달리스크〉의 등을 길게 그리게 한 것이다.

척추 뼈를 세 개 더 갖은 것만이 앵그르가 원초회화로부터 배운 것은 아니다. 〈누워있는 오달리스크〉에 표현된 입체감의 결핍 또한 동시대인들에게는 이해되지 않았을지 모르지만, 훗날 화가들의 **평면채색기법을 예고**한다. 특히 1833년에 그린 〈베르뗑씨의 초상 *Le Portrait de M. Bertin*〉에 표현된 이마와, 같은 색조의 복장은 많은 이들로부터 비난을 받았지만, 오늘날 프랑스 회화사에서 가장 빼어난 작품 중의 하나로 평가받고 있다. 고갱과 마티스뿐만 아니라 입체파, 특히 피카소도 단일색조를 자주 사용했으며, 몬드리안(**Mondrian**)과 에르뱅(**Herbin**) 같은 기하학적 추상화가들 또한 단일색조기법을 즐겨 사용했다. 1867년 죽기 얼마 전, 모짜르트와 베토벤을 바이올린으로 연주를 마친 앵그르는 원초회화의 전사에 열중한다. 그리고 사흘 후에 죽는다. 그때 앵그르가 마지막으로 전사한 작품이 지오토(**Giotto**)의 작품이었다. 단일 색조나 인체의 변형을 통해 앵그르가 미술사에 직접적으로 기여한 바는 갑작스런 변화의 의미로 혁명적이라고 말할 수는 없을 것이다. 하지만 헤로도토스가 말하였듯이, 변화와 혁명은 비둘기 걸음처럼 아주 조금씩 천천히 다가온다.

들라크루아의 〈민중을 이끄는 자유의 여신〉 (1830)

1819년 루브르 살롱전에서 〈누워있는 오달리스크〉 외에 젊은 들라크루아의 관심을 끄는 또 한 점의 그림이 전시되었다. 제리꼬의 〈메두사호의 뗏목〉이다. 1816년 프랑스와 세네갈을 오가던 '메두사호'란 이름을 가진 배가 바다에서 좌초되자 급히 뗏목이 만들어졌고, 처음에는 49명의 선원이 배에 탔으나 구조되었을 때는 15명만이 살아남는다. 제리꼬는 당시 뗏목에 탔던 이들이 느꼈을 절망과 인육을 먹고 살아남은 사람들의 이야기를 소재로 그림을 그렸다. 인간의 절망적인 감정을 표현한 어두운 색채, 화면 전체가 주는 강한 움직임 등으로 제리꼬의 이 그림은 낭만주의 회화의 시작을 알린다. 앵그르의 데생과 단일색채, 그리고 제리꼬의 입체감 중에서 들라크루아는 데생이 없는 색채만의 그림을 택한다. 그리고 들라크루아는 초기 낭만파 화가들처럼 비극적인 역사의 현장을 생각한다. 그가 선택한 초기의 주제들, 〈사르다나팔로스의 죽음 *La Mort de Sardanapale*〉(1827)이나 〈키오스섬의 학살 *Scènes des massacres de Scio*〉(1824) 등이 그러하다. 그리고 이러한 그림들 속에서 **비극성은 색채를 통해 극복**된다. 정확한 데생을 포기하면서 들라크루아는 인상파 화가들의 정신적인 아버지가 되고, 보나르와 점묘파를 예견케 한다. 뒤뷔페, 따삐에스(**Tapiès**) 등 회화에서 물질을 강조한 이들 또한 들라크루아로부터 얼마만큼의 영향을 받았다고 말할 수 있다.

가슴을 드러낸 자유의 여신이 권위적인 시선으로 혁명에 참여한 사람들을 바라보며 이끌고 있다. 화가 자신이라고도 말하는 정장 차림의 신사, 뒤쪽에 삼각모를 쓴 파리이공과대학의 학생, 왼쪽의 노동자, 빅또르 위고의 「레미제라블(1862)」에 등장할 가브로슈(Gavroche)를 닮은 파리의 부랑아, 전면에 깔린 왕당파 군사들, 오른쪽 멀리 보이는 먼지에 싸인 듯한 노틀담성당, 하늘에 펄럭이는 삼색기... 〈민중을 이끄는 자유의 여신〉은 노도와 같은 1830년 7월 혁명의 긴박감을 그린 작품이다.

들라크루아의 이 작품은 두 가지 측면에서 내용만큼이나 혁명적이다. 하나는 시간과 관련된 문제이다. 제리꼬의 〈메두사호의 뗏목〉이 회화의 움직임을 강렬하게 표현한 최초의 작품이라면, 〈민중을 이끄는 자유의 여신〉은 **회화에서 시간을 표현한 최초의 작품**으로 여겨진다. 이 그림 어디에서 시간을 찾을 수 있을 것인가? 7월 혁명이 끝나자마자 곧바로 작품을 완성한 들라크루아는 이 작품을 통해 무엇보다도 혁명의 긴박감을 표현하고자 했다. 하지만 어떻게 표현할 것인가? 들라크루아는 혁명의 현장을 사진처럼 표현했다. 데모대의 움직임을 빠르게 찍는 사진사처럼, 그래서 빠른 움직임 때문에 대상의 일부가 잘린 채 찍힌 사진처럼, 이 그림 속의 깃발은 일부가 잘린 채로 표현되었다. 그 무엇도 화가의 재빠른 손놀림, 혁명의 빠른 진행과 그것을 순간적으로 포착하려는 화가의 노력을 잘린 깃발보다 잘 표현할 수 없다. 두 번째는 **거리감의 상실**이다. 르네상스 이후 회화의 불문율인 원급법이 이 그림에서는 문제시되고 있다. 전면에 누워있는 왕당파, 중간 단계의 자유의 여신과 혁명군들, 멀리 보이는 노틀담성당. 일견 작품은 원근법에 충실해 보인다. 그런데 구름에 싸인 듯한 작은 노틀담성당이 구름이 아니라 혁명군이 일으키는 먼지에 싸인 것이라면, 노틀담성당이 멀리 있기 때문에 작아 보이는 것이 아니라, 바로 가까이에서 혁명군이 일으킨 먼지에 싸인 장난감 크기의 모형이라면... 여기서 노틀담성당을 싸고 있는 것이 구름이냐, 먼지이냐에 따라서 성당의 크기는 달라진다. 또 하나, 자유의 여신이 들고 있는 깃발은 언뜻 보아 여신의 바로 위에 있는 듯하다. 하지만 깃발의 일부가 구름에 싸인 것을 보면 깃발은 가까이 머리 위에 있는 작은 깃발이 아니라, 멀리 온 하늘을 덮고 있는 아주 커다란 깃발이다. 이러한 불분명함을 통해 들라크루아는 회화 속에서의 거리를 또한 문제 삼는다. 들라크루아의 이러한 의도는 〈조르주 상드의 초상 *Portrait de Georges Sand*〉에서 더욱 명확해진다. 그림 속에서 조르주 상드의 검은 머리와 왼쪽의 가구는 벽보다 짙은 색으로 되어 있어서, 벽 앞에 있는 것이 아니라 벽 뒤쪽으로 들어가 보인다. 그리고 이러한 원근법에 대한 문제 제기는 피카소를 비롯한 입체파 화가들에 의해 작품 속에서 보다 명확하고 구체적으로 다루어진다.

오르쎄박물관

Musée d' Orsay

1900년 파리만국박람회를 계기로 빅또르 랄루(V. Raloux)에 의해 역으로 지어진 오르쎄박물관이 현재의 박물관으로서의 기능을 갖게 된 것은 1986년부터이다. 오르쎄박물관은 2월 혁명으로 **프랑스의 제2공화정이 시작되는 1848년부터 아르누보(Art Nouveau)가 막을 내리는 제1차 세계대전 직전인 1914년 사이에 창작된 다양한 예술작품들을 전시**하고 있다. 오르쎄의 소장품은 주로 세 곳의 박물관에서 들여왔다. 우선, 루브르박물관이 소장하고 있던 작품들 중에서 1820년 이후에 태어난 예술가들의 작품과 제2공화정 시기에 생산된 작품들이 오르쎄박물관으로 옮겨졌다. 그리고 1847년부터 인상주의까지의 작품들을 소장하고 있던 쥬드뽐박물관(**Musée du Jeu de paumes**) 작품들이 옮겨왔고, 퐁피두센터에 자리 잡고 있는, 1870년 이후에 탄생한 예술가들의 작품을 소장하고 있던 국립현대박물관의 작품들이 일부 옮겨왔다. 1818년 이후 출생한 예술가들에게 헌정되었던 예전의 뤽상부르박물관처럼, 본래는 생존해 있는 작가들의 작품을 수집하는 것을 목적으로 하는 국립현대미술관과 다르게, 오르쎄박물관은 특정한 시기의 작품들을 소장하고 있으며, 회화와 조각 그리고 판화와 공예품 이외에도 사진, 건축, 가구 등으로 소장의 대상을 넓히고 있다.

1층, 한 편에 앵그르와 들라크루아의 후기 작품으로부터 시작된 회화는 까바넬(**A. Cabanel**)을 중심으로 한 관학 풍의 작품들과 샤반느(**Chavannes**)와 모로 등의 상징주의로 이어진다. 다른 한편으로 밀레와 꼬로(**C. Corot**) 등의 바르비종 유파(**École de Barbizon**)는 꾸르베를 중심으로 한 사실주의 회화와 초기인상파 그림으로 이어진 다. 2층은 팡땡 라뚜르(**Fantin-Latour**)의 그림으로 시작되며, 인상파 화가들의 절정기 그림들이 전시되어 있다. 그리고 드가, 모네, 르누아르 등의 그림 뒤로 세잔과 반 고흐 등의 그림이 이어진다. 3층은 혁신적인 경향의 그림 들이 전시되어 있다. 르동(**O. Redon**)과 고갱, 뽕따방(**Pont-Aven**)의 화가들, 시냑(**P. Signac**)과 쇠라(**G. Seurat**)를 중심으로 한 신인상파 화가들, 나비파(**les Nabis**), 뚤루즈 로트렉(**Toulouse Lautrec**) 등의 그림들 이 이어진다.

꾸르베의 〈만물의 근원〉 (1866)
L' Origine du monde

실물 크기의 여성의 성기를 중심으로 그려진 여자의 나체 그림인 〈만물의 근원〉이 오르쎄 박물관에 소장 및 전시 되기 전까지 관객들의 관심을 끈 그림은 〈오르낭의 장례식 *Un Enterrement à Ornans*〉이나 〈화가의 아뜰리에 *L' Atelier du peintre*〉 등의 대작들이었다. 1988년 처음으로 꾸르베 작품 전시회를 통해 일반관객들에게 소개된 〈만물의 근원〉의 역사는 그림의 내용만큼이나 흥미롭다. 1866년 터키 외교관을 위해 그려진 〈만물의 근원〉은 드러 내기 위한 작품의 소명에도 불구하고, 화장실에서 커튼으로 가려진 채 걸려있었거나, 다른 그림 밑에 감춰져 있었 다고 한다. 제2차 세계대전이 일어날 때까지만 해도 부다페스트미술관에 소장되었던 이 그림은 나찌에 의해 파괴 되었을 거라는 추측 등 무성한 소문과 함께 사라진다. 그리고는 1955년 이래, 라깡(**J. Lacan**)의 시골 별장에서 몇 몇 사람들에 의해 목격된다. 라깡의 딸에 의해 상속세를 대신하여 국가에 기증된 〈만물의 근원〉은 오르쎄가 소장 하고 있는 가장 빼어난 작품 중의 하나가 된다. 〈만물의 근원〉은 모델의 얼굴과 팔, 다리, 가슴 등을 보여주지 않 는다는 점에서 여타의 나체 그림과 다르다. 신화적 소재로 시작하여 여성을 이상화한 까바넬의 〈비너스 탄생 *La Naissance de Vénus*〉으로부터, 꾸르베에 의해 앞서 그려진 〈여인과 앵무새 *La Femme au perroquet*〉 또는 〈잠 *Le Sommeil*〉까지, 여성의 나체는 기존의 시각에서 벗어나지 못한다. 무대 위의 배우들처럼 전신으로 그려진 여성들은 관객들로부터 일정한 거리만큼 떨어져 있다. 재현된 내용이 어떠할지라도 관객들은 내용과 연루되지 않 을 만큼의 일정한 거리를 확보하고 있다. 더군다나 그려진 여인들이 과장되리 만큼 이상적인, 비현실적인 여성의 몸을 보이고 있으니 더욱 그러하다.

하지만 마네의 그림 〈풀밭 위의 식사 *Le Déjeuner sur l' herbe*〉나 〈올림피아 *L' Olympia*〉에서의 여성은 약간 다르다. 다른 문제들은 차치하고라도, 나체의 여인들이 관객에게 보내는 시선은 관객으로 하여금 그림으로부터 완 전히 벗어날 수 없게 만든다. 그림 속의 여인은 시선을 통해 관객을 그림으로 초대하며, 그림과 좀 더 밀접히 관 계하게 한다. 꾸르베의 〈만물의 근원〉은 한발 더 나아가 관객과 그림 사이의 거리를 완전히 없애버린다. 사랑하는 연인들이 사랑을 나누는 순간 너무 가까이에서는 서로의 모습을 확인할 수 없는 것처럼, 그렇게 대상을 소유하려 는 것처럼 꾸르베는 회화에 가장 가까이 다가가기를 원한다. 아니 회화를 송두리째 소유하기를 원한다. 이 그림에 서 충격적이고, 외설적인 것은 성기를 중심으로 그린 실물 크기의 여성의 나체를 그렸기 때문이 아니다. 이 그림 에서 우리가 **외설적인 느낌을 받는 것은 소재 때문이 아니라 그림을 바라보는 관객의 시선과 대상 사이의 거리의 부재 때문**이다. 내용으로부터 관객을 안전하게 지켜주던, 무대와 관객 사이에 있던 거리가 없어진 것이다. 외설은 소재에 있는 것이 아니라 거리에 있다. 이것이 꾸르베가 〈만물의 근원〉을 통해 가져온 새로운 인식 중의 하나이 다.

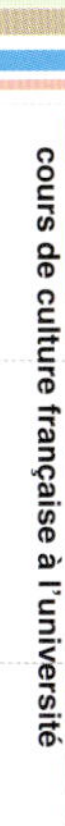

퐁피두센터

예술의 도시로서 파리의 위상을 회복하고, **각기 다른 예술들을 한 자리에 모음**으로써 새로운 형태의 예술창작을 지향하며, 더 많은 **대중들이 예술과 접촉**하고, **20세기 프랑스 문화의 상징적인 건물을 짓는 것**, 이러한 목적으로 퐁피두센터는 태어난다. 많은 논쟁에도 불구하고 20세기 후반에 들어 예술은 더 이상 엘리트의 전유물이 아니라, 일반 대중에 의해 누려지고, 소비된다. 그리고 예술은 이웃한 다른 예술과의 밀접한 관계를 통해 새롭게 태어나기 때문에, 조형예술품과 더불어 음악, 영화, 건축, 서적 등이 함께 공존하는 것이 더 이상 낯설지 않다. 렌조 피아노 (**R. Piano**)와 리차드 로저(**R. Rogers**)에 의해 설계된 퐁피두센터 건물은 전통적으로 감춰졌던 건축의 요소들, 예컨대 철골 구조와 전기, 배수, 통풍 등을 위한 관들을 모두 밖으로 드러냄으로 인해 초기에 엄청난 비난을 받는다. '파이프로 된 노틀담', '예술 창고', '가스 공장', '정유 공장', '예술의 헛간' 등의 별명을 얻은 퐁피두센터는 파리의 한 가운데, 레알(**Les Halles**)과 마레지역 사이, 사창가와 멀지 않은 곳, 지하철이나 버스로 쉽게 접근할 수 있는 곳에 자리 잡는다. 건물의 색채 또한 미적 장식을 위한 것이기보다는 기능적이다. 물은 초록색, 공기는 파란색, 전기는 노란색, 계단과 엘리베이터는 빨간색 등으로 칠해졌다. 가장 현대적인 도서관이 자리 잡고 있고, 시네마테크가 있으며, 음향과 음악 탐구 및 조정 연구소가 있고, 건축 및 공예 전시장으로 쓰이며, 국립현대미술관이 위치한다. 퐁피두센터 안에 조형예술과 관련된 전시장은 여러 곳이다. 1,100점의 작품을 통해 20세기의 예술창작을 파노라마처럼 볼 수 있는 국립근대미술관은 매년 두 차례 전시장의 모습을 바꾼다. 20세기 초의 회화부터 오늘날까지의 작품들은 연대순으로 전시되어 있고, 회화, 조각, 판화, 건축, 디자인, 영상 등 다양한 장르가 포함되어 있다. 6층 전시실에는 마티스(**Matisse**), 피카소(**Picasso**), 브라크(**Braque**), 뒤샹(**Duchamp**), 칸딘스키 (**Kandinsky**), 레제(**Léger**), 미로(**Miró**), 에른스트(**Ernst**), 자코메티(**Giacometti**), 폴록(**Pollock**) 등이 전시되어 있고, 일반인에게 공개되지 않는 5층 전시실에는 팝 아트(**Pop Art**), 누보 리얼리즘(**Nouveau Réalisme**), 개념예술(**Art Conceptuel**) 등 현대 창작예술품들이 전시되어 있다. 7층 전시장은 임시전시장인데, 때에 따라 한 예술가를 선택해 전시회를 연다. 2006년 말부터 2007년 초까지 이브 클라인(**Yves Klein**)의 작품 전시와 생애에 대한 소개가 있었다. 퐁피두센터 광장 왼쪽에는 브랑쿠지(**Brancusi**)의 아뜰리에가 마련되어 있다. 렌조 피아노가 설계한 이 작업실에는 부랑쿠지의 작품과 친숙한 오브제, 그리고 도구들이 전시되어 있다. 이곳은 부랑쿠지 자신이 모든 것을 국가에 증여함으로써 이루어진 아뜰리에이다.

마티스의 〈이카루스〉 (1943)   *Icarus*

오비디우스는 「변신」에서 날개를 만들어 달고, 라비린토스(**Labyrintos**)를 빠져나와 하늘을 나는 다이달로스(**Daedalus**)와 이카루스에 대해 자세히 그리고 있다. 어부와 목동 그리고 농부는 하늘을 나는 두 부자를 보고 신이 아닌가 하고 경이로워한다. 아버지의 주의에도 불구하고 하늘 높이 날아 태양에 가까이 다가간 이카루스의 날개에 촛농이 녹아 이카루스는 추락하게 된다. 벨기에의 화가 브뤼겔(**P. Bruegel**)이 이 장면을 아주 자세히 묘사하고 있다. 그런데 「재즈 *Jazz*」라는 잡지의 표지로 쓰기 위해 마티스에 의해 그려진 〈이카루스〉는, 제목을 보지 않으면 신화를 연상하지 못할 만큼 조금 색다르게 그려졌다. 한낮 태양의 작열 때문에 일어난 비극인데도 불구하고 마티스는 비극의 무대를 낮이 아닌 밤으로 설정한 듯하다. 이것은 그림이 그려진 시기의 암울함, 또는 낮에는 유화로 작업하고 밤에는 구아쉬(**gouache**)로 작업하던 마티스의 작업 시간 때문인지도 모른다. 파란색과 검은색의 사람 형태는 한편으로 밤하늘에 떠 있는 사람의 형상이기도 하고, 다른 한편으로는 파란 바다로 떨어지는 사람의 형상을 그린 것 같기도 하다. 전자인 경우, 이카루스는 더 이상 아래로 추락하지 않는다. 두 팔을 벌리고 공중에서 부유하거나 춤을 추는 듯하다. 들라크루아가 붉은색을 통해 역사의 비극을 극복하고 싶어 했듯이, 마티스는 **음악(재즈)에 맞추어 춤을 추는 이카루스의 형태로 신화적 비극을, 또는 역사적 암울함을 극복**하려 했는지 모른다. 이카루스의 찢겨진 날개의 일부인 듯한 노란색의 형태들은 한편으론 밤하늘의 별빛 같기도 하고, 다른 한편으론 하늘로 쏘아 올린 축포인 것 같기도 하다. **축제적 분위기**는 한결 더해진다. 가슴의 붉은 원형은 이 축제에 에너지를, 부유하며 춤을 추는 인간에게 에너지를 제공하는 원천처럼 보인다. 그럼 빨간 심장을 가진 검은 형태의 이 모습은 정말 사람일까? 이카루스의 형태를 만드는 검은색은 한편으로 사람을 환기시키지만, 그것은 파란색보다 진한 진짜 검은 밤의 시간을 말해준다. 신토불이, 몸과 땅이 또는 공간이 결코 둘로 나뉠 수 없음을 마티스는 자신의 그림을 통해 잘 드러낸다. 우리들의 이성적 사고로 설명할 수 없는 몸과 세계와의 관계, 마티스는 **그림을 통해 현대 철학이 제기하는 인식의 가장 기본적인 주제를 표현**하고 있다.

오랑주리박물관   **Musée de l' Orangerie**

2006년 3월에, 뛸르리공원(**Jardin des Tuileries**) 서쪽, 쎈 강변 쪽에 자리 잡은 오랑주리박물관이 100여 년간의 공사를 마치고 새롭게 문을 열었다. 건물의 외형은 그대로이지만, 내부에는 엄청난 변화가 있었다. 무엇보다도 모네의 〈수련 *les Nymphéas*〉 연작의 전시실 두 곳을 중심으로 꾸며진 1층이 본래의 모습을 찾았다. 1960년 기욤-월터(**Guillaume-Walter**)의 소장품을 전시하기 위해 마련된 2층은 사라지고 본래의 모습대로 환원되어, **모네의 〈수련〉 연작을 자연의 빛을 통해 감상할 수 있도록 설계**되었다. 더 큰 변화를 가져온 것은 지하의 전시실이다. 기욤-월터의 소장품 전시실과, 오랑주리박물관이 가졌던 임시전시장으로서의 기능, 시청각실 등을 수용할 수 있는 공간이 지하에 마련된 것이다. 오랑주리박물관은 자연의 빛을 통해 〈수련〉을 감상하게 함으로써 모네의 지베르니(**Giverny**) 정원에 와있는 듯한 느낌을 갖게 하였다. 또한 19세기 말부터 20세기 초에 이르는 세계적인 화가들의 그림을 한눈에 볼 수 있게 만듬으로써, 그림 애호가들이 가장 즐겨 찾는 세계적인 박물관으로 다시 태어났다.

오랑주리(**l' Orangerie**)는 1853년 나폴레옹 3세의 주문으로 뛸르리정원의 수석건축가인 피르맹 부르주아(**Firmin Bourgeois**)에 의하여 건축되었다. 건물의 용도는 물론 뛸르리정원의 많은 식물들이 겨울철을 나기 위한 온실로 지어진 것이다. 1873년부터 오랑주리는 개(犬) 전시, 화려한 향연, 그랑제꼴 시험 등의 온갖 행사를 유치하였다. 오랑주리가 1862년에 리볼리街 쪽에 똑같은 형태로 지어진 건물 쥬드뽐(**le Jeu de Paume**)과 함께 국립박물관에 편입된 것은 1921년이다. 그리고 건축가 까미으 르페브르(**C. Lefèvre**)는 1922년 모네가 국가에 기증한 〈수련〉 시리즈, 19점으로 된 10개의 구성을 전시할 수 있도록 1층에 두 개의 전시장을 마련한다. 그리고 오랑주리의 나머지 서쪽 편 절반은 임시전시장으로 사용된다. 1960년, 오랑주리박물관은 기욤 · 월터 수집품의 전시를 위해 커다란 변화를 겪는다.

① *L'Olympia*

② *Le Déjeuner surl'herbe*

장 월터(**J. Walter**)와 재혼한, 파리의 그림상 뽈 기욤(**P. Guillaume**)의 미망인 도미니카 월터(**D. Walter**)는 145점의 수집품이 한곳에 함께 전시되기를 원한다. 건축가 올리비에 라알(**O. Lahall**)은 〈수련〉의 전시장 위에 기욤·월터 수집품을 위한 2층 전시장을 만들었고, 기욤·월터 수집품은 1966년 전반기 동안 일반인에게 공개되었다. 1977년 도미니카 월터의 사망으로 완전히 오랑주리박물관으로 귀속된 기욤·월터 소장품은 1984년부터 다시 일반인들에게 공개되었다. 그리고 1998년, 모네의 수련과 기욤·월터 수집품을 좀 더 일관성 있게 전시하고, 박물관의 부대시설을 확장하기 위하여 새로운 공사가 시작된다.

cours de culture française à l'université

liberté égalité fraternité

프랑스어 회화 표현:	**C'est qui?** — **C'est Sylvie ma copine.**

과제 또는 토론:

❶ 현재 우리나라에서 전시 중(또는 올해 전시되었던)인 프랑스 회화전시회를 감상하고 느낀 소감에 대해 말해보시오.
❷ 루브르 내부의 쇼핑몰 공간인 '까루셀 뒤 루브르(Caroussel du Louvre)'를 예로 들어 문화의 상업성에 대해 토론하시오.
❸ 로댕박물관과 피카소박물관에 대해 알아보시오.

참고자료:

〈루브르박물관 - 루브르를 만든 사람들〉, EBS, 다큐10, 2007. 08. 08.
〈루브르박물관 - 현대 미술의 요람, 파리〉, EBS, 다큐10, 2007. 08. 07.
〈루브르박물관 - 꿈의 궁전 루브르〉, EBS, 다큐10, 2007. 08. 06.
〈평화를 외친 화가 피카소〉, KBS 1TV, TV문화기행, 2005. 06. 28.
〈고귀한 야만인 폴 고갱〉, KBS 1TV, TV문화기행, 2005. 06. 07.
〈파리는 지금 세잔느 열풍〉, KBS 1TV, 세계는 지금, 1995. 11. 02.
www.centrepompidou.com
www.louvre.fr
www.musee-orangerie.fr
www.musee-orsay.fr
www.musee-picasso.fr
www.musee-rodin.fr
www.rmn.fr

003.
파리, 멋과 아름다움의 명소
paris, haut lieu de la mode et de l'élégance

'페루의 금광이 스페인의 소유인 것처럼 패션은 프랑스의 것이다.' 라고 루이 14세의 재상 꼴베르 (**J.-B. Colbert**)가 말했을 때, 그것은 경제적 측면 외에 예술에 대한 프랑스의 독창성, 자부심을 표현했다고 볼 수 있다. 문예의 수호자임을 자처했던, 프랑수아 1세로부터 나폴레옹 3세, 프랑수아 미테랑, 자끄 시락에 이르는 프랑스의 역대 왕들과 황제들 그리고 공화국의 대통령들은 프랑스 예술의 특성인 패션의 발달에 많은 기여를 했다. 칙령을 통해 프랑스의 패션을 처음 공식적으로 인정한 왕은 루이 13세였다. 루이 14세 치하에서 패션은 예술과 요리에 대한 취향, 독서와 연극처럼 베르사유라는 작은 공간 안에서 탄생된 사회, 문화적 산물이었다. 그래서일까? 바로 루이 14세 말기부터 루이 18세 초기까지, 패션에서 아름다운 모든 것은 파리풍이라고 불리었다.

오늘날 패션은 향수, **TGV**, 인권선언, 에펠탑 그리고 프랑스의 특별한 사상을 담고 있는 다른 많은 현상들처럼 프랑스의 자부심을 드러내는 요소 중에 하나라고 말할 수 있다. 요즘 우리들이 인식하고 있는 최초의 고급의상실들이 생겨나고, 수가 늘어난 것은 19세기 말, 제2제정 치하에서이다. 그때부터 파리의 고급의상(오뜨 꾸뛰르 **haute couture**)의 명성은 프랑스와 외국에서 점점 커져갔고, **파리를 멋과 아름다움의 명소로** 만들어갔다.

코코 샤넬 (1883-1971)
Coco Chanel

샤넬을 말할 때 그녀의 탄생보다 1954년 디자이너로서의 그녀의 재기(再起), 그것도 72세의 고령의 나이에 행해진 디자이너로서의 재기로부터 말하고 싶은 충동을 느끼는 것은 그것이 워낙 예외적인 사건이기 때문이며, 샤넬을 너무나도 명확히 특징짓기 때문이다. 1953년, 친구들도 하나둘씩 떠나가고 이제는 회고록을 준비해야 할 나이에, 그녀는 스위스에서 새로운 도전을 꿈꾼다. '메종 샤넬 **Maison Chanel**'을 문 닫은 지 15년, '허무에 빠져있기보다는 실패하는 편이 낫기에', 그리고 의상에 대한 자신의 생각에 확신을 갖고 있기 때문에 그녀는 다시 '메종 샤넬'을 열려고 하였다. 그녀는 전후 새롭게 등장한 크리스띠앙 디오르(**Christian Dior**)의 '뉴 룩 **New Look**' 패션에 결코 익숙해지지 않았다. 아니 오히려 여성의 허리를 조이고, 코르셋을 채우고, 고래 뼈 받침살대가 여성을 괴롭히는 것을 참을 수 없었다. **그녀에게 여성의 의상은 남성의 욕망을 채우는 수단이 아니라, 여성의 삶의 현실을 반영해야 하고, 여성을 자유롭게 해야 하는 것**이었다. 그녀의 열정에도 불구하고 1954년 2월, 파리에서 그녀의 재기를 위한 작품 발표회는 참담한 실패로 끝난다. 하지만 놀랍게도 그녀는 포기하지 않고, 손님들이 찾지 않는 조용한 시간에 더욱 작업에 몰두한다. 그런 샤넬의 재기를 가능하게 한 것은 프랑스나 영국이 아니라, 미국인들이었다. 탐미주의에 입각한 개인적인 만족을 위해서가 아니라, 여성의 아름다움과 편리함을 위해 만들어진 샤넬의 의상이 미국인들의 취향과 잘 맞아떨어진 것이다.

샤넬의 패션, 즉 그녀의 디자인과 소재 그리고 색상은 자신의 내면이나 출신, 과거에 의해 그리고 무엇보다도 자신의 신체조건에 맞게 선택되고 만들어진다. 불행했던 어린 시절, 자신이 머물렀던 오바진(**Aubazine**) 수녀원의 수녀들이 착용했던 수녀복의 검은색은 가슴 속에 남아있는 그녀들에 대한 부정적 감정에도 불구하고 탁월한 검은색으로 새롭게 태어나, 그녀의 의상에서 흑백의 대비로 자주 사용되었다. 그녀는 초기부터 자신을 위한 의상을 만들었다. 그렇기 때문에 대부분은 실용적이었고 파격적이었다. 지나치게 장식이 많은 모자와는 달리 단순하면서도 독특한 디자인의 모자들이 그러했고, 남성과 같은 바지 차림의 승마복이 그러했다. 1916년, 남성용 내의를 만드는 데 사용되는 저지(**jersey**) 천, 주름이 생기고 구김이 가는, 전쟁으로 남아도는 저지 천을 이용해 허리를 조이지 않는 수도복처럼 단순한 디자인의 앙상블을 만들었다. 그리고 1차 세계대전과 함께 새로운 유형의 생활을 하게 되는 여성들에게 허리를 조이지 않게 하고, 코르셋을 착용할 필요가 없게 했으며, 스커트의 길이를 짧게 했고, 여성들로 하여금 바지를 입을 수 있도록 했다. 샤넬은 자신이 표현했듯이 '**여성의 몸에 자유를 주었다.**' 그녀는 평생의 유일한 친구라고 말했던 미시아 쎄르(**Missia Sert**)의 조언에 따라 모스크바 태생의 그라스 향수전문가 에르네스트 보(**Ernest Beaux**)와 함께 '샤넬 N°5'를 만들었다. 샤넬의 향수는 '밤에 잠자기 위해 나는 파자마를 입지 않아요. 단지 샤넬 N°5 한 방울이면 돼요.'라고 고백한 마릴린 먼로(**Marlin Monroe**) 때문에 세계적으로 유명해지며, **토털패션(Total Fashion)**을 가능하게 하였다. 자신이 만든 의상을 대중적인 옷으로 보급할 수 있게 단순하게 만든 샤넬은 '복제는 사랑이다.'라고 말하며 다른 디자이너들과 상반된 견해를 가지고 있었다. 패션이 개인적 환상의 표현이라기보다는 많은 여성들의 자유로운 생활을 위한 도구라는 그녀만의 확신을 잘 보여준다. 그녀의 이러한 대중에 대한 사랑은 인조 보석을 통해서도 나타난다. 특권층의 여인들만이 배타적으로 점유할 수 있는 **값비싼 보석을 인조 보석을 통해 값싸게 만들어 보급함으로써, 일반 여성들의 꿈과 환상을 만족시켜준 샤넬에게는 보통의 여인들에 대한 사랑**이 있다. '너무나 상심해 있는 날, 이제는 그 무엇도 그 누구도 없다고 생각될 때 언제든 문을 두드릴 수 있는 당신의 친구... 그건 바로 일이라는 것을 잊지 말아요!'라며 아버지를 잃은 친구이며 구두 제조업자인 레이몽 마사로(**R. Massaro**)를 위로하던 샤넬은 그 자신이 깡봉(**Cambon**)街 31번지 작업실에서 언제나 새로운 창작을 위해 장시간 일에 몰두하곤 하였다. 동시대를 살며 그녀를 잘 이해하였던 동명의(가브리엘) 여류작가 가브리엘 시도니 꼴레뜨(**G. S. Colette**)가 샤넬을 누구보다 잘 묘사하고 있다. '샤넬은 열 손가락, 손톱, 새끼손가락, 손바닥, 핀과 가위를 사용하여 직접 옷을 만들었다. 이따금 그녀는 자신의 작품 앞에 무릎을 꿇고 있다가 꺼안았다. 그 작품을 숭배해서가 아니라 약간 늘어난 망사를 손보기 위한 것이었다. 자기가 좋아하는 일 앞에서 얼마나 지순한 태도인가! 무릎을 꿇은 채 허리를 펴고 일하는 샤넬은 마치 빨래하는 세탁부, 고된 가사 노동을 하는 주부, 기도하는 수녀와도 같았다.' **가브리엘 샤넬은 그 누구보다 예술가와 문인들의 친구**였다. 디아길레프(**S. Diaghilev**), 막스 자콥(**Max Jacob**), 장 꼭또, 에릭 사티, 브라끄(**G. Braque**), 요한 그리(**J. Gris**), 피카소, 모딜리아니(**A. Modigliani**)... 훗날 유명해진 이 예술가들은 20년대 초만 해도 전혀 그렇지 못했다. 그들은 그 시대의 무용, 음악, 회화, 연극 등을 뒤흔드는 중이었다. 1924년, 디아길레프가 현대 발레를 무대에 올리고 싶어 하자, 꼭또는 파리와 꼬뜨 다 쥐르(**Côte d' Azur**)를 잇는 특급열차의 이름에서 영감을 얻어 〈파란 기차 *Train bleu*〉를 쓰고, 샤넬은 다시 한 번 저지 천을 사용한 스포츠 의상을 만들고, 피카소는 무대의 막을 담당하며, 니진스키의 여동생(**B. Nijinska**)이 안무를, 다리우스 밀로(**D. Milhaud**)는 음악을, 무대장치는 입체파 조각가인 앙리 로랑스(**H. Laurens**)가 맡는다. 그녀는 특히 그녀와 아내 사이를 오가는 시인인 르베르디(**p. Reverdy**)를 사랑하였으며, 헤어진 후에도 아직 무명이었던 시인을 물질적으로 돕는다.

새로운 세대

80년대 이후, 프랑스 패션계에는 고급 맞춤복(오뜨 꾸뛰르 **Haute couture**)과 별도로 기성복(프레따 쁘르떼 **Prêt-à-porter**) 컬렉션을 전문으로 하는 젊은 디자이너들이 등장한다. 이 새로운 세대는 침체되었던 패션계에 새로운 활력을 불어넣는다. 새로운 비전과 감각을 가진 젊은 디자이너의 등장과 함께 패션계는 다양화되고, 독점적이며 배타적이었던 오뜨 꾸뛰르는 더 이상 패션계를 지배하지 못하게 된다. 소비자들은 새로운 디자이너들의 상상력으로부터 탄생한 다양한 스타일 중에서 선택하여 원하는 대로 옷을 입게 된다. 몇 가지 특징이 이후 프랑스 패션을 구분짓는다. 우선, **스타일의 다양화와 전통의 거부**이다. 펑크족을 포함한 새로운 세대는 파격적인 의상을 통해 기성세대에 대한 자신들의 불만을 노골적으로 표현한다. 찢겨진 슈미즈와 못이 박힌 검은 가죽옷, 그들의 옷차림은 거리의 일반인뿐만 아니라, 오뜨 꾸뛰르에도 영향을 미친다. 다음은, 더 이상 **지배적인 스타일이 존재하지 않는다**는 것이다. 하지만 록, 랩, 테크노 등의 음악과 스포츠가 강력한 영향력을 미친다. 옷은 무엇보다도 편하고, 표현의 자유를 허락해야 한다. 그리고 디자이너는 단순히 선과 색채만을 제안하는 것이 아니라, 자신이 살고 있는 시대를 해석하고 싶어 한다. 그는 사회의 환상을 드러내고, 싹트고 있는 미래를 상상한다. 마지막으로, **문화의 뒤섞임과 패션의 민주화**이다. 거리의 사람들과 디자이너는 서로에게 영향을 미친다. 디자이너들은 상류층만을 위해 창작하는 것이 아니라, 저가의 의류를 구입하는 일반서민들을 위해 또한 창작한다. 그리고 새로운 소재의 개발은 디자이너에게 새로운 지평을 열어주고, 세계 여러 나라로의 여행은 그들의 영감에 커다란 원천이 된다.

cours de culture française à l'université
Christian Lacroix
cours de culture française à l'université 39

크리스띠앙 라크루아

Christian Lacroix

패션은 언어이다. 나무를 긁은 흔적, 배설물 등으로 짐승들의 출현을 읽어내는 것처럼, 패션 역시 읽어야 할 거리이다. 색채, 라인, 소재뿐만 아니라 단추, 액세서리 그리고 시간의 변화까지 한 모델이 등장하여 사라지는 순간까지 우리는 수많은 기호들을 읽고 해석한다. 1986년 파리에서 크리스티앙 라크루아 의상실의 개업은 점차 사장되어가고 있는 오뜨 꾸뛰르에 커다란 충격이었으며, 젊은 디자이너의 출현은 패션업계에 생기를 불어넣었다. 사람들은 그를 2차 세계대전 이후 '뉴 룩(**New Look**)'으로 오뜨 꾸뛰르에 커다란 변화를 가져온 크리스띠앙 디오르와 비교하였다. 라크루아의 스타일은 **여러 개의 천들을 이어붙이는 패치워크에 바탕**을 두고 있다. 그는 재료, 주제, 색채들을 탁월하게 결합시킬 뿐만 아니라, 시대와 스타일 그리고 여러 표현 장르마저도 연결시킨다. 1987년 그의 첫 번째 컬렉션에서 드레스 '매미 **Cigale**'는 고래 뼈 받침살대를 짧은 패션에 적용시킴으로써 예전의 의상을 상기시켰다. 단지 라크루아의 작업에서 치마는 예전처럼 길지 않고, 무릎 위에 멈추었다. 레이스로 된 넉넉한 소매 역시 예전의 스타일을 떠오르게 한다.

라크루아의 영감의 원천은 남부의 까마르그(**la Camargue**), 1951년 자신이 태어난 아를르(**Arles**) 지방 전통문화, 런던, 서커스, 뮤지컬, 영화, 투우 등 매우 다양하다. **다채로운 색채의 그의 스타일은 스페인, 위대한 화가들, 카르멘 신화, 헤밍웨이의 소설, 투우사 복장의 영향을 받았다.** 그는 1992년 성령강림일 축제 때 님므(**Nîmes**)의 원형경기장에서 차마코(**Chamaco**)가 입은 의상을 디자인하였다. 세비야 집시들의 수호신인 마카레나(**la Macarena**)처럼 안달루시아의 성모마리아들은 무거운 보석들과 풍요롭고 다채로운 외투로, 그에게 웨딩드레스에 대한 영감을 주었다. 크리스띠앙 라크루아의 성공은 그룹 집시 킹(**Gipsy Kings**)의 성공과 연결된다. 그와 같은 아를르 출신의 집시 음악가들로 구성된 그룹은 1987년 여름 파리로 올라와서, 라크루아 패션쇼의 첫 번째 워킹이 끝날 때 사람들로 하여금 춤을 추게 만들었다. 그 이후 크리스띠앙 라크루아가 컬렉션을 거듭할수록, 그들은 계속해서 더욱 많은 사람들을 춤추게 했다. 라크루아는 자신의 오뜨 꾸뛰르를 계속 발전시키면서, 다른 한 편으로 1988년 프레따 뽀르떼 컬렉션을 처음으로 선보였고, 1994년 스포츠 웨어 컬렉션인 '바자 **Bazar**'를 선보였다. 라크루아의 오뜨 꾸뛰르는 연극과 오페라와 매우 밀접하다. 어린 시절, 액스(**Aix**), 아비뇽(**Avignon**), 오랑주(**Orange**)의 페스티발을 체험한 그는 무대에 대한 열정을 간직했다. 공연이 끝나고 돌아오면, 그는 무대의상들을 다시 그려보곤 하였다. 1995년, '떼아트르 14 **Théâtre 14**'에서 무대에 오른 〈오델로 *Othello*〉의 의상과 '꼬메디 프랑세즈'에서 공연된 라씬느(**J. Racine**)의 〈페드르 *Phèdre*〉의 의상을 그리면서 그는 자신의 열정들을 한데 모을 수 있었다.

JEAN PAUL GAULTIER

장 뽈 고띠에

J.- P. Gaultier

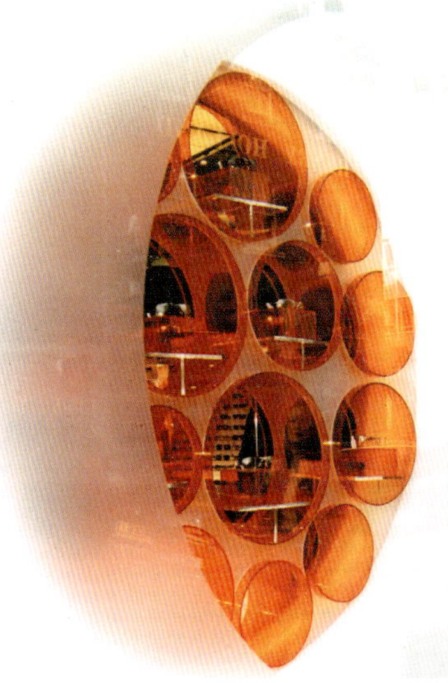

젊고 전위적이며 섹시한 의상이 주조를 이루는 장 뽈 고띠에는 프랑스 디자이너 중에 가장 독특한 인물이며, 가장 창의적인 디자이너로 평가받고 있다. 어려서 할머니와 보내는 시간 동안, 스케치와 옷 만들기를 즐긴 그는 정식 패션수업을 받지 않았으며, 「엘 *Elle*」과 같은 여성잡지를 통해 패션에 대한 감각을 키워갔다. 그가 보낸 작품 스케치로부터 영감을 받은 삐에르 까르댕(**Pierre Cardin**)이 1970년 그를 조수로 채용했으며, 1976년 자신의 이름으로 첫 컬렉션을 선보이기 전까지 자끄 에스떼렐(**J. Estérel**), 장 빠뚜(**J. Patou**), 미셀 고메즈(**M. Gomez**), 안젤로 타를라치(**A. Tarlazzi**) 등 많은 파리의 고급 의상실에서 일했다. 프랑스가 경제 위기를 맞던 시기에, 오뜨 꾸뛰르의 유산, 거리에서 배운 것, 벼룩시장 등을 결합시킨 그의 첫 번째 컬렉션은 사람들로부터 외면당한다. 경제 위기 때문에 선택의 여지가 없던 고띠에는 쓰다 버린 것들을 활용하여 자신의 독특한 작품을 만든다. '땅바닥에서 주운 천으로 신발 한 켤레는 충분히 만든다.' 라고 그는 말하곤 했다.

영국으로부터 펑크문화의 영향을 받은 고띠에는 자신만의 독특한 터치로 패션을 새롭게 탄생시킨다. 또한, 기존의 고정관념을 깨뜨리는 과감한 시도를 통해 고띠에는 우아한 것과 천박한 것, 아름다움과 추함을 구분 짓는 경계를 끊임없이 뒤흔든다. 예컨대, 그는 옷을 뒤집는 짓궂은 짓을 서슴지 않는데, 안감과 박음질이 있는 의상의 안쪽은 바깥쪽이 되고, 밖은 안으로 변화된다. **미와 추, 안과 밖, 육체와 정신, 남성과 여성, 모든 기존의 이분법적 사유는 고띠에의 작업을 통해 구체적으로 파괴된다.** 고띠에가 무엇보다도 좋아하는 것은 그러한 사회의 정신적, 문화적 변화를 고찰하는 것이다. 1983년, 그는 자신의 새로운 컬렉션을 신체의 특이함 때문에 선택된 거리의 사람들로 하여금 선보이게 했다. 흑인, 살찐 나이든 여성, 성도착자, 문신과 피어싱을 한 젊은이들… 고띠에는 그러한 방식으로 **아름다움이 어디든지 존재한다**는 것을 보이려 했다. 미의 개념의 한계는 고띠에에게서 여지없이 무너지고, 새로운 지평을 찾는다. 여성의 자유를 위한 투쟁은 요원해 보이고, 게이 운동이 마침내 인정된 80년대에, 고띠에는 문화의 혼합으로 특징지어지는 자웅동체의 스타일을 선보인다. 1985년 로제 바딤(**R. Vadim**) 감독, 브리지뜨 바르도 주연의 영화 〈그리고 마침내 신은 여자를 창조했다 *Et Dieu créa la femme*〉에서 영감을 얻은 자신의 컬렉션 '그리고 마침내 신은 남자를 창조했다' 에서 그는 남성을 위한 치마를 선보였고, 아시아 여행에서 영향을 받아 말레이시아풍의 긴 치마를 프랑스에 소개했다. 자신이 직접 퀼트 스커트를 입고 **TV**에 출연하기도 한 고띠에는 이렇듯 남성의 의상을 새롭게 하기를 원했다. 1990년 그는 마돈나의 '블론드 앰비션 투어 **Blond Ambition Tour**' 를 위하여 극단적인 전위성과 관능미를 보이는 원뿔형 브래지어가 달린, 콘 코르셋을 디자인하였다. 그리고 여성적인 연어 빛 코르셋 위에 각진 어깨의 재킷을 걸치게 함으로써 강렬한 남성미를 갖게 하였다. 마돈나의 충격적인 차림은 무대에서 그녀의 행동과 함께 관객들을 흥분시켰다. 이러한 마돈나의 의상은 여성성과 남성성을 혼합시켜서 기존의 성의 구분에 질문을 제기하고, 속옷을 겉옷화한 작업과 더불어 서구의 모든 가치와 인식론마저도 문제 삼게 한다. 하지만 고띠에에게 의상은 무엇보다도 편안함이 우선시 되었고, 의상은 입는 사람에게 제2의 피부와 같아야 했다. 그리고 1997년 고띠에는 오뜨 꾸뛰르의 첫 번째 컬렉션을 선보였다.

패션과 영화

데이빗 프랭클(**D. Frankel**) 감독의 〈악마는 프라다를 입는다 *The Devil Wears Prada*, 2006〉에서 안드레아 색스(**A. Sachs**)역의 앤 해서웨이(**A. Hathaway**)는 유명패션잡지인 「런웨이 *the Runway*」의 편집장인 미란다 프레슬리(**M. Priestly**)의 비서로 일하는 동안, 유명한 오뜨 꾸뛰르를 입고 등장한다. 샤넬의 재킷, 부츠, 모자 그리고 캘빈 클라인(**C. Klein**)을 비롯한 세계적 디자이너의 작품들, 영화는 제목이 보여주듯이 패션과 패션계를 다루고 있다. 현대 표현예술이 더 이상 장르들 사이의 차이에 주목하지 않고, 다른 장르와의 결합을 통해 새롭게 태어난다면, 패션은 그러한 표현예술 중에 가장 대표적이라고 할 수 있다. 그리고 **패션은 음악과 율동, 의상과 헤어 그리고 메이크업의 결합으로 종합예술화 되어가고 있다.** 패션은 더 이상 영화의 장식물의 일부가 아니다. 패션은 영화를 통해 자신의 존재를 더욱 강하게 부각시키고, 영화가 갖는 시각적 효과를 한층 극대화시킨다. 이 분야에서 가장 두각을 나타낸 디자이너가 또한 장 뽈 고띠에일 것이다. 〈요리사, 도둑, 그의 아내 그리고 그녀의 정부 *Le Cuisinier, le voleur, sa femme et son amant*, 1989〉, 〈키카 *Kika*, 1994〉, 〈잃어버린 아이들의 도시 *La Cité des enfants perdus*, 1994〉, 〈제5원소 *Le Cinquième Elément*, 1997〉 등에서 고띠에는 단순이 영화가 요구하는 의상을 제공하지 않는다. **시대에 얽매이지 않는 환상적 분위기와 공상과학 영화 속에서, 고띠에는 자유롭게 하이패션과 영화의 조화를 탁월하게 이루어낸다.** 음식문화를 통해 인간의 잔혹성을 나타낸 영국 감독 피터 그리너웨이(**P. Greenaway**)의 〈요리사, 도둑, 그의 아내 그리고 그녀의 정부〉에서 도둑의 아내 조지나(**Josina**)의 화려함은 공간의 변화에 따라 색상이 변화하는 의상을 통해 잘 표현된다. 영화의 마지막을 장식하는 새장 드레스는 드라마틱한 분위기를 연출하며, 남편의 억압적인 체제를 뒤집으려는 순간의 긴장감과 여성의 권위를 잘 표현한다. 화려한 바로크식 의상과 액세서리를 통해 부와 권력을 상징하는 식당 주인이며 도둑인 알버트(**Albert**) 역시 **의상의 색채변화를 통해 공간의 이동을 주목**하게 한다.

언제나 예외적인 의상을 통해 인물들의 성격을 표현해온 알모도바르(**P. Almodovar**) 감독은 〈키카〉를 통해 현대인의 광적인 욕망과 위선, 미디어의 허구성을 비판한다. 현란한 색채감각과 매혹적인 장면을 보여주는 영화에서, 고티에는 빅토리아 아브릴(**V. Abril**)이 연기하는 여주인공의 성격을 그로테스크하고 관능적인 의상으로 잘 표현하고 있다. 특히 두 번째 등장하는 리포터인 여주인공의 취재용 의상은 다양한 첨단기능과 전위적인 디자인이 조화를 이루며 고티에의 상상력을 돋보이게 한다. 장 삐에르 주네(**J. P. Jeunet**)와 마르끄 까로(**M. Caro**)가 공동 제작한 〈잃어버린 아이들의 도시〉에서 그로테스크한 공간적 이미지와 안젤로 바달라멘티(**A. Badalamenti**)의 몽환적 음악 그리고 고티에의 영화 미술과 의상 디자인은 '잃어버린 순수와 상실된 현실'을 상징적으로 잘 표현한다. 특히 뤽 베송(**L. Besson**) 감독이 10대에 쓴 소설을 영화화 한 〈제5원소〉에서 고띠에는 에릭 세라(**E. Serra**)의 음악과 더불어 영화가 그리는 **전위적 미래와 시각적 환상에 크게 기여**한다. 특히, 붕대 같은 흰색의 밴드로 몸을 최소한으로 감고 등장하는 릴루(**Leeloo**, 밀라 요보비치 M. Jovovich粉)는 관능적 매력과 함께 고띠에의 전위적 성향을 잘 표현한다. 미래적 분위기를 풍기는 무기거래상 조르그(**Zorg**)의 의상 또한 과장된 실루엣을 통해 악역의 강하고 다중적인 캐릭터를 잘 표현한다. 남성인 루비(**Ruby**)가 여성스런 의상과 액세서리로 여성성을 표현함으로써 끊임없이 성의 차이에 질문을 제기한다면, 우주선 승무원들의 브래지어를 응용한 디자인은 속옷과 겉옷의 이분법적 구도를 깨뜨린다. 특히 파라다이스 콘서트에서 노래를 부르는 외계인 가수 디바(**La Diva**)의 모습은 얇은 고무의상으로 몸의 선을 그대로 살리고 있으며, 전위적인 고띠에의 디자인 특성을 잘 보여주고 있다.

프랑스어 회화표현 : **Où est la Chanel boutique? - Elle est à l'avenue Montaigne.**

과제 또는 토론 :

❶ 영화 <악마는 프라다를 입는다>에 나오는 의상의 특징에 대해 말해보시오.
❷ 샤넬이 의상을 통해 여성을 자유롭게 만든 것에 대해 이야기해보시오.
❸ 세계적인 디자이너를 중심으로 올해 패션의 특징을 알아보시오.
❹ 영화 <향수, 어느 살인자의 이야기, 2006>를 보고 토론해보시오.

참고자료 :

<세계 최고의 패션, 파리 오뜨꾸뛰르의 비결>, KBS1TV, 신세계견문록, 2003. 07. 18.
<패션혁명가 - 가브리엘 샤넬>, KBS 1TV, TV문화기행, 1999. 03. 17.
<세계 최고 프랑스 향수의 비결>, KBS 1TV, 세계는 지금, 1995. 09. 20.
<파리의 패션>, KBS 1TV, 세계는 지금, 1994. 11. 29.
<향수, 어느 살인자의 이야기>, 톰 위크베어 감독, 2006.
<악마는 프라다를 입는다>, 데이빗 프랭클 감독, 2006.
<제5원소>, 뤽 베송 감독, 1997.
<키카>, P. 알모도마르 감독, 1994.
<잃어버린 아이들의 도시>, 장 삐에르 주네, 마르끄 까로 감독, 1994.
<요리사, 도둑, 그의 아내 그리고 그녀의 정부>, 피터 그리너웨이 감독, 1989.
www.chanel.com
www.christian-lacroix.fr
www.jpgaultier.fr

FESTIVAL DE CANNES

004.
프랑스 영화, 또 다른 정신으로
le cinéma français avec un autre esprit

1995년 프랑스는 영화 탄생 100주년을 기념하기 위한 많은 행사와 축제를 벌였다. 100년 전인 1895년 12월 28일, 뤼미에르 형제(**Auguste et Louis Lumière**)는 파리의 까퓌신(**Capucine**)街 그랑 까페(**Salon indien du Grand Café**)에서 〈리용 뤼미에르 공장의 퇴근 *la Sortie de l'usine Lumière à Lyon*〉을 최초로 유료 상영하여, 영화의 시작을 알린다. **제 7예술의 탄생지인 프랑스**는 여전히 영화가 가장 사랑받는 나라 중의 하나이며, 할리우드에 저항하며 자신들의 문화적 자산으로서의 영화를 지키고자 노력한다. 그리고 프랑스는 천재적인 선구자 멜리에스(**G. Méliès**)로부터 30년대 시적 사실주의의 르누아르(**J. Renoir**), 까르네(**M. Carné**), 프레베르(**J. Prévert**)를 거쳐, 60년대 누벨바그의 트뤼포(**F. Truffaut**), 고다르(**J. L. Godard**), 로메르(**E. Rohmer**), 샤브롤(**C. Chabrol**)에 이르기까지 오랜 기간에 영화사의 전설적인 감독들뿐만 아니라, 브리지뜨 바르도(**B. Bardot**), 잔 모로(**J. Moreau**), 이브 몽땅(**Y. Montand**), 제라르 드 빠르디유(**G. Depardieu**) 또는 까뜨린 드뇌브(**C. Deneuve**)와 같은 빼어난 배우들을 배출하였다.

누벨바그
Nouvelle vague

프랑스어가 언어교육기관인 알리앙스 프랑세즈나 프랑스문화원을 통해 외국에 소개될 때, 가장 먼저 그리고 가장 많이 함께 소개되는 두 개의 영화 포스터가 있다. 하나는 카뜨린(**Catherine**, 잔 모로粉)이 쥘(**Jules**) 그리고 짐(**Jim**)과 함께 다리 위를 달리는 장면을 정면에서 찍은 포스터이고, 다른 하나는 미셸(**Michel**, 장 뽈 벨몽도 **J.-P. Belmondo**粉)이 신문 「뉴욕 헤럴드 트리뷴」을 판매하는 미국 여대생 빠트리샤와 함께 샹젤리제를 걸어내려 오는 장면을 담은 포스터이다. 앞의 것은 트뤼포의 〈쥘과 짐 *Jules et Jim*〉의 한 장면이고, 뒤의 것은 장 뤽 고다르의 〈네 멋대로 해라 *À bout de souffle*〉의 한 장면이다. 프랑스어와 관계된 곳이면 학교든, 학원이든, 어디서든지 벽에 붙어 있는 것을 볼 수 있는 포스터이고, 지금도 프랑스인들의 머릿속에서 가장 먼저 떠올릴 수 있는 프랑스 영화의 두 장면일 것이다. 그만큼 두 영화 〈쥘과 짐〉, 〈네 멋대로 해라〉와 그것을 만든 두 감독 트뤼포와 고다르, 그리고 그들로 상징되는 누벨바그는 프랑스 영화를 가장 잘 대표한다고 말할 수 있다.

누벨바그
탄생의 배경

1958년 프랑스는 두 가지 중요한 사건을 겪게 된다. 하나는 정치적인 것으로 드골이 다시 권좌에 오른 것이고, 다른 하나는 문화적인 것으로 영화를 다르게 만들려고 마음 먹은 새로운 세대가 출현하는 것이다. 1958년 주간지 「엑스프레스 *l'Express*」지의 여기자 프랑수아 지루(**F. Girou**)는 이들을 '뉴 웨이브 **New wave**', 즉 '누벨바그'라 칭한다. 이 시대는 모든 것이 새로웠다. 소설에서 로브 그리에(**A. Robbe-Grillet**)와 미셸 뷔또르(**M. Butor**)의 누보로망(**Nouveau Roman**)이 그렇고, 미술에서 아르망(**Arman**), 세자르(**César**), 클라인(**Y. Klein**) 등의 네오 레알리즘(**Néo Réalisme**)이 그러하며, 프랑스인들이 여전히 적응하지 못하는 새로운 화폐 프랑(**franc**)이 그러했고, 새롭게 태어난 제5공화국이 그러했다.

그렇다고 누벨바그가 어느 날 갑자기 아무런 기반도 없이 태어난 것은 아니다. 누벨바그는 영화가 전적으로 하나의 예술이라는 것을 보여준 씨네 클럽과, 감독들의 특별한 미학을 분석한 영화잡지들의 노력의 결과이다. 특히 무엇보다도 **앙리 랑글루아(H. Langlois)는 1936년에 영화관 겸 박물관인 씨네마떼끄 프랑세즈(Cinémathèque française)를 설립**하여 새로운 미학을 만들 수 있는 재료를 제공한다. 훗날 자신들을 '씨네마떼끄의 아이들' 이라고 자칭한 자끄 리베뜨(**J. Rivette**), 프랑수아 트뤼포, 장 뤽 고다르, 끌로드 샤브롤, 에릭 로메르 등이 이 씨네마떼끄를 출입하며 서로 알게 되고 가까워진다. 40년대 말 50년대 초, 10대 후반 또는 20대 초반의 나이에 이들은 영화에 대한 감성을 '영화를 보면서' 키워나간다. 50년대를 통해 광고사 에이전트 또는 조감독으로 일을 하며 영화에 대한 연구를 계속적으로 한 이들은, **앙드레 바쟁이 1950년에 창간한 「까이에 뒤 씨네마 Cahiers du cinéma」에 영화에 대한 글을 기고하며 비판적인 시각과 미학을 발전**시킨다. 이 젊은 비평가들은 감독이야말로 영화의 진정한 주인이라는 앙드레 바쟁(**A. Bazin**)의 주장을 설명하려 애를 썼으며, 프랑수아 트뤼포는 「까이에 뒤 씨네마」에 기고한 '프랑스 영화의 어떤 경향' 이란 글을 통해 **'작가주의(Auteurisme)'** 라는 개념을 만들어낸다. 그리고 이보다 앞선 1948년, 젊은 소설가이자 비평가이며 영화작가인 알렉상드르 아스트뤽(**Alexandre Astruc**)은 「에크랑 프랑세 L' Écran français」誌에 영화사에 이정표가 된 '새로운 아방가르드의 탄생' 을 발표한다. 오늘날 고전이 된 이 글에서 그는 **'카메라 스띨로(caméra-stylo)'** 라는 표현을 처음 사용한다. 그리고 그 표현을 통해 영화가 '문학만큼이나 유연하고 섬세한 표현수단' 이 될 수 있다고 말하고, 영화가 지닌 그러한 힘을 깨달아야 한다고 조언한다. 아스트뤽이 소명을 역설했다면, 랑글루아는 재료를 주었고, 바쟁은 기초적인 지식체계를 세웠다고 말할 수 있다.

누벨바그의 미학

'다른 것을, 다른 정신과 다른 방법으로 찍자.' 라는 표현으로 트뤼포는 새로운 미학을 정의하였다. 우선 30대의 감독들은 경험부족으로 인해 스폰서를 잡기가 힘들었고, 당연히 재정적인 어려움을 겪었다. 그래서 그들은 '스타 시스템' 을 벗어나 적은 예산으로 빠르게 영화를 만들고자 했다. 이러한 경제적 이유는 이탈리아의 네오 레알리즘(**Néo Réalisme**)과 맞물려 그들로 하여금 실내가 아닌 거리에서, 그리고 자연광과 자연음 속에서 촬영하게 했다. 스튜디오와 기술적 제약으로부터 벗어날 수 있는 이러한 미학은 물론 새로운 고감도 필름의 발명으로 가능했다. 당시에 유행했던 실존주의 철학 또한 영화에 지대한 영향을 미쳐서, 영화 속의 주인공들은 부조리에 과감히 맞서며, 전통적인 가정을 벗어나 거리를 헤맨다. 누벨바그 감독들은 특히 문학과 시각예술에 대한 깊은 조예를 갖고 있었고, 이것을 작품을 통해 구체적으로 표현하였다.

프랑수아 트뤼포

프랑수아 트뤼포의 삶은 그의 영화 속의 주인공들(꼭 전기적이라고 할 수는 없지만)의 삶과 매우 흡사하다. 특히 〈400대의 구타 **Les 400 coups**〉와 '앙뚜완 두아넬 **Antoine Doinel**의 모험' 시리즈는 자신의 직접적인 체험과 개인적인 강박관념으로부터 많은 영감을 받는다. 반항적이고 힘든 청소년기를 보낸 트뤼포는 앙드레 바쟁의 자상함과 지속적인 도움으로 영화에 대한 글을 쓰고, 영화를 만들게 된다. 알랭 르네(**Alain Resnais**)의 〈내 사랑 히로시마 **Hiroshima mon amour**〉와 함께 1959년 깐느 영화제에서 수상하게 되는 〈400대의 구타〉는 내용과 형식면에서 프랑스 영화에 커다란 충격을 주며, 누벨바그의 효시가 된다. 패닝 숏(**panning shot**)과 트래킹 숏(**tracking shot**)의 오프닝 씬을 통해 보이는 우울한 파리의 모습은 〈400대의 구타〉의 주제를 미리 암시하는데, 트뤼포는 영화 속에서 청소년의 시각을 통해 가정과 학교 그리고 교도소 등, 당시의 위선적이고 권위적인 사회를 고발한다.

샤를르 아즈나부르(**C. Aznavour**)가 열연하는 〈피아니스트를 쏴라 *Tirez sur le pianiste,* 1960〉가 트뤼포로 하여금 범죄영화라는 장르와 운명의 구조를 깨뜨리는 실험을 가능하게 한다면, 한 여성(잔 모로粉의 까뜨린)과 두 남자 사이의 사랑과 갈등을 아름답게 그리는 〈쥘과 짐, 1961〉은 그의 문학적 감성을 잘 드러내준다. 이 영화 〈쥘과 짐〉은 트뤼포에게 형식적인 동시에 도덕적이고, 시각적인 동시에 지적인 영감들을 불어넣는 창조적 모험을 하게 한다. 특히 '화면 밖의 목소리 **voix off**', 인물을 사진처럼 포착하는 카메라 효과, 핸드 헬드 카메라(**Hand held camera**)로 360도 회전하며 찍는 숏 등은 **영화의 기술적 문법에 대한 그의 끝없는 탐구 의식**을 잘 보여주며, **영화의 형식과 주제를 긴밀히 결부시키려는 트뤼포의 의도**를 잘 보여준다.

〈쥘과 짐, 1961〉

프랑수아 트뤼포는 1953년에 출판된 앙리 삐에르 로쉐(**H.-P. Roché**)의 소설 「쥘과 짐」을 통해 '사랑에 대한 완벽한 찬가'를 듣는다. 그것은 영화 속에서 잔 모로粉의 까뜨린이 부르는 노래인 '삶의 소용돌이 *Le Tourbillon de la vie*'가 의미하듯 '삶에 대한 찬가'이기도 하다. 20대 초반 평론가 시절에 소설을 접한 트뤼프는 73세의 늙은 노인이 쓴 소설에 압도되었고, 그 작품으로 **비극적이면서 희극적이고, 순수한 듯하며 열정적인, 사랑과 인생에 대한 찬가인 영화 〈쥘과 짐〉**을 만든다. 제목이 그렇듯이 언뜻 보기에 두 남자 사이의 우정을 다룬 듯한 이 영화는, 오히려 제목에는 나타나지 않는 또 다른 주인공인 여성 까뜨린을 중심으로 전개된다. 제1차 세계대전 전, 문학과 예술, 철학적 토론과 스포츠를 좋아하고 자유롭게 여성을 섭렵하며 보헤미안의 삶을 사는 독일인 쥘과 프랑스인 짐은 동시에 같은 여성을, 자신들의 이상적인 여성인 까뜨린을 사랑한다. 까뜨린이 등장하기에 앞서 두 남성의 이상적인 여성은 쥘이 카페 테이블 위에 그린 그림으로, 얼마 후 아드리아틱 섬으로 찾아가는 여인의 조각상으로 표현된다. 그리고 어느 날 조각상을 닮은 실재 여인인 까뜨린이 꿈처럼 그들 앞에 나타난다. 하지만 실생활 속에서 그들, 남성들의 여성에 대한 편견은 가혹하다. 셋이 연극을 보고 쎈 강변을 걸을 때,

쥘은 보들레르를 인용하며 여성을 '자연스러워서 가증스럽다.'고 표현하며, '허수아비', '괴물', '예술의 파괴자', '작은 바보', '작은 요부' 등의 표현을 들어 비난한다. 제목 속에 여성의 자리가 없는 것처럼 남성들은 여성들로 하여금 자신들을 실현할 수 있는 공간을 주지 않는 것인지도 모른다.

영화 속에서 여성은 '여왕', '젊은 나폴레옹' 또는 삐에로로 분장한 까뜨린처럼 남성을 압도하기도 하고, 때로는 떼레즈(**Thérèse**)처럼 수다스럽고 무정부주의적이며 아무 곳에서나 잠잘 수 있고, 때로는 드니즈(**Denise**)처럼 머릿속이 빈 성(性) 자체일 수도 있다. 질베르뜨(**Giberte**)처럼 순종적이며 남성을 잘 보살피기도 하고, 까뜨린처럼 남성을 파멸로 몰아갈 수도 있다. 여성은 영화 속에서 '황산'이라는 메타포를 통해 표현된다. 물이면서 불인 것, 자신이 타면서 태울 수 있는 것, 여성은 어느 하나로 정의할 수 없는, 모든 것이다. 조금은 외설적이기도 한 주제를 바탕으로 트뤼프는 매우 도덕적이고, 우아한 작품을 성공적으로 만든다. 〈쥘과 짐〉에서 주인공들은 서로에 대한 세밀함, 부드러움, 수줍음을 잃지 않는다. 그들 사이에서는 눈물마저도 우정의 부드러움을 갖는 듯하다.

장 뤽 고다르

장 뤽 고다르는 아마도 프랑스 영화사에서 가장 복잡하고 혁신적인 영화감독일 것이다. 그는 실험적이고 진보적이며, 대사와 영상에 있어서 모두 형이상학적이며, 다작의 감독이다. 소르본느 대학에서 민속학을 전공한 고다르는 씨네 클럽과 라틴가의 영화관들을 열심히 드나든다. 씨네마떼끄 프랑세즈에서 「까이에 뒤 씨네마」의 설립자인 앙드레 바쟁을 만난 그는 한스 루카스(**Hans Lucas**)라는 가명으로 영화에 대한 평론을 쓴다. 그리고 리베뜨, 로메르 등과 영화잡지 「가제뜨 뒤 씨네마 *Gazette du cinéma*」를 만든다. 단편으로 초기작품을 시작한 고다르는 1959년 누벨바그의 등대가 될 장편 영화 〈네 멋대로 해라〉를 감독한다. 〈네 멋대로 해라〉와 함께 고다르는 등장인물, 줄거리, 연기, 시간, 공간, 소리 등 모든 것을 다르게 재건축하기 위해 기존의 것을 부숴버린다. 50년대가 그에게 단편영화의 시기라면, 60년대는 그에게 낭만주의의 시기이다. 그의 영화는 안나 까리나, 브리지뜨 바르도, 장 삐에르 레오, 장 뽈 벨몽도 등을 중심으로 만들어진다. 이 시기에 고다르는 영화를 서사적 형식으로 생각하며 〈작은 병사 *Le Petit soldat*, 1961〉, 〈기관총 부대 *Les Carabiniers*, 1963〉, 〈경멸 *Le Mépris*, 1963〉, 〈미치광이 삐에로 *Pierrot le fou*, 1965〉, 〈알파빌 *Alphaville*, 1965〉 등 일련의 영화들을 만든다. 특히 그의 〈작은 병사, 1961〉는 당시 오랫동안 금기시되었던 알제리 전쟁을 공개적으로 접근하였기 때문에 상영이 금지된다. 1968년 5월, 고다르는 적극적으로 투쟁하며, 프랑수아 트뤼포와 함께 깐느 영화제를 비난한다. 그의 영화는 〈중국 여인 *La Chinoise*, 1967〉, 〈주말 *Week-end*, 1967〉에서처럼 체제에 대한 투쟁의 수단이 된다. 1973년부터 고다르는 커뮤니케이션과 기술에 관심을 갖는다. 비디오는 그로 하여금 창작과 제작의 모든 단계를 홀로 작업할 수 있게 하고, 그를 위한 탁월한 매체가 된다. 파리를 떠나 그르노블(**Grenoble**)에서 아내인 안 마리 미에빌(**A. M. Miéville**)과 비디오와 영화가 결합된 작업을 하던 그는 스위스로 옮겨간다. 80년대에 그는 일반대중을 위한 영화로 다시 돌아와 유명 배우들과 함께 작업한다. 〈할 수 있는 자가 구하라(인생) *Sauve qui peut(la vie)*, 1979〉, 〈열정 *Passion*, 1981〉, 〈탐정 *Détective*, 1984〉으로 깐느 영화제에 3번이나 초청되고, 〈카르멘이라는 이름 *Prénom Carmen*, 1983〉으로 베네치아 영화제에서 황금사자상을 받기도 하지만 그의 영화는 계속해서 스캔들을 일으킨다. 특히 〈마리아에게 경배를 *Je Vous salue, Marie*, 1985〉은 프랑스와 전 세계에서 상영이 금지된다. 90년대에 고다르는 〈고다르 자서전 *Gld/Gld*, 1994〉, 〈영화의 역사 I, II *Histore(s) du cinéma français*, 1988, 1994〉, 〈사랑의 찬가 *Éloge de l'amour*, 2000〉를 통해 실험정신을 가지고 다시 돌아온다. 2003년, 지옥과 연옥 그리고 천국에 대한 3부작 〈우리들의 음악 *Notre musique*〉은 좀 더 고전적이고 투쟁적인 면을 보여주며, 깐느 영화제 비경쟁부분에 초청된다. 어떠한 시기이든 고다르의 작업은 **영화에 대한 탐구, 영화가 보여주는 것 너머에 도달하기 위한 예술로서의 탐구**를 계속한다.

Jean - Luc Godard

험프리 보가트(**H. Bogart**)를 흉내 내며 차를 훔치고, 별 다른 이유 없이 경찰을 쏘고 쫓기는 건달 미셸(**Michel**, 장 뽈 벨몽도粉)과 샹젤리제를 오르내리며 「뉴욕 헤럴드 트리뷴」 신문을 팔고, 기자가 되기를 꿈꾸는 소르본느 대학에 재학 중인 미국 여대생 빠트리샤(**Patricia**, 진 세버그 **Jean Seberg**粉). 그들은 자유와 젊음을 상징하고, 누벨바그와 함께 부르주아의 도덕성을 뒤흔들며 '조용한 혁명'을 일으키는 신화적 커플을 형성한다.

영화 〈네 멋대로 해라〉는 당시 영화의 평균 제작비의 절반으로 만들어진다. 하지만 경제적 어려움은 상상력을 자극하고, 새로운 것을 만들어내게 한다. 먼저 고다르는 핸드 핼드 카메라를 사용한다. 경제적 이유로 시작된 이러한 방식이 주인공의 심리적 불안이나 장면의 긴박감을 묘사하는데 탁월하게 사용되었다. 사진용 필름의 사용 또한 경제적 이유 때문이었다. 〈네 멋대로 해라〉에 나타나는 시퀀스 숏의 리듬, 짧게 잡힌 장면들, 실내 장면의 영상배치, 몽따주로 처리된 몇몇 인물들은 사진용 필름의 사용이 만들어낸 효과이다. 제작비의 부족은 촬영장소의 선택에 또한 영향을 미친다. 고다르는 스튜디오가 아닌 도시, 시골, 거리, 방, 사무실 등 있는 그대로의 삶을 촬영한다. 물론 〈네 멋대로 해라〉가 스튜디오 밖에서 촬영된 최초의 픽션 영화는 아니다. 하지만 고다르는 자신의 이러한 의도를 영화 속에서 명확히 밝히고 있다.

영화 초반, 니스에서 차를 훔쳐 파리로 올라가던 중 미셸은 관객을 바라보며 직접적으로 말한다. '바다를 좋아하지 않으신다면, 산을 좋아하지 않으신다면, 도시를 좋아하지 않으신다면… 꺼져버리세요!' 영화 밖, 관객들을 향한 미셸의 시선과 말 때문에 관객들은 당황해 할 수 있다. 마찬가지로 미셸과 빠트리샤가 경찰들을 따돌리고 영화관을 빠져나올 때, 길거리의 행인들은 영화를 찍는 장면을 구경하고 있다. 영화의 '옥에 티'라 할 만한 이러한 터무니없는 장면 또한 관객을 웃게 만든다. 하지만 이러한 장면들은 숏 사이의 불일치로 관객들을 당혹스럽게 만드는 점프 컷이나, 단일한 숏을 오래 지속시켜 지루한 감정을 갖게 하는 시퀀스 숏처럼 관객들로 하여금 영화 속으로 빠져드는 것을 방해한다. 브레히트 '서사극 이론'으로부터 영향을 받은 고다르는 **관객들이 영화가 주입시키는 부르주아적 이데올로기에 수동적이며, 감성적으로 빠져들지 않고, 보다 적극적이며, 비판적이고, 객관적으로 영화를 보길 원한다.**

〈네 멋대로 해라〉는 많은 영화를 다양한 방식으로 언급한다. 험프리 보가트의 마지막 영화 〈비정의 링, 1955〉의 포스터나 보가트의 사진, 미셸이 반복하는 엄지를 입술에 대는 보가트의 제스처, 영화관, 파뷜레스꼬역을 맡아 출현한 프랑스 범죄 영화의 대가 멜빌(**H. Melville**)감독, 무성영화 이후 사라진 조리개 열기와 닫기 방식, 다른 영화에서의 직접적인 차용, 영화잡지 「까이에 뒤 씨네마」에 대한 언급 등은 경의, 차용, 암시, 설명 등의 다양한 방식을 통해 영화 속에서 표현된다. 영화애호가로서 감독이 첫 번째 영화를 만들면서 그 이전에 자신이 겪었던 영화에 대한 생생한 체험과 기억들을 영화를 통해 담아내는 것이 그리 놀랄만한 일은 아닐 것이다.

깐느 영화제

Festival de Cannes

1930년대 말 베네치아 영화제에서, 파시즘 정권이 영화의 선택에 개입하는 것을 보고 경악을 금치 못한 프랑스 문화부장관 장 제(**J. Zay**)는 필립 에를랑제(**P. Erlanger**)의 제안으로 국제적인 영화제를 만들 것을 결정하고, 온화한 기후와 아름다운 지중해를 배경으로 하는 깐느를 개최지로 선택한다. 1939년 6월, 루이 뤼미에르는 그 해 9월 1일부터 30일 사이에 열릴 예정인 깐느 영화제의 심사위원장직을 수락하고, 8월부터 미국을 비롯한 세계 각국의 스타들이 깐느를 찾는다. 하지만 9월 1일 독일은 폴란드를 침공하고, 9월 3일 독일과 프랑스, 영국 사이의 전쟁이 선포된다. 그래서 갓 태어난 깐느 영화제는 곧바로 중단된다. 전후 진정한 의미의 제1회 깐느 영화제가 옛 카지노에서 열린다. 1948년과 1950년 재정적인 문제로 깐느 영화제는 개최되지 않았다. 그리고 1968년에는 프랑수아 트뤼포, 끌로드 베리(**C. Berri**), 끌로드 르루쉬(**C. Lelouch**), 로만 폴란스키(**R. Polanski**), 장 뤽 고다르 등이 데모 중인 학생, 노동자들과의 연대로 시사회를 중지할 것을 요구하며 항의하자 영화제는 중간에 중단되었다.

FESTIVAL DE CANNES

깐느 영화제에서 공식부문은 5개의 부문으로 나뉘며, 가장 중요한 것은 **장편경쟁 및 비경쟁 부문**이다. 매년 20여 편의 장편이 경쟁부문에 초대되어 배우, 감독을 포함한 영화계의 저명인사들로 구성된 심사위원들에 의해 평가받는다. 그리고 폐막식 때, 선정된 우수 작품들이 황금종려상, 대상, 남·여 주연상, 감독상, 시나리오상, 심사위원상을 받는다. 그리고 일련의 장편들이 비경쟁부분에 초대되어 상영된다. **주목할 만한 시선부문**은 다양한 문화와 지평으로부터 초대된 20여 편의 작품을 드뷔시관에서 상영한다. 1998년에 만들어진 **영화재단부문**은 전 세계 영화학교에서 만들어진 15편 내외의 단·중편을 소개하는데, 재능 있는 젊은 영화인을 발굴할 수 있는 계기가 된다. **단편부문**은 매년 15편 내외의 국제적 단편들을 초대하고, 최우수 작품에게 단편 황금종려상을 수상한다. 2004년 신설된 깐느 **고전부문**은 상영되지 않았던 영화에 대한 자료들과 새로운 기술로 복원된 영화들을 소개하고, 외국영화에 대한 경의를 표하는 자리를 마련한다. 그리고 공식부문과 별도로 병행부문이 있는데, 병행부문에는 **15인의 감독부문, 국제비평가주간부문, 프랑스영화부문**으로 나뉘고, 공식부문과 15인의 감독부문 그리고 국제비평가주간부문 중에서 선택된 최우수 데뷔 작품에 **황금 카메라상**을 수여한다. 깐느 영화제 역대 황금종려상 중에는 펠리니(**F. Fellini**) 감독의 〈달콤한 인생 *La Dolce vita*, 1960〉, 자끄 데미(**J. Demy**)의 〈셰르부르의 우산 *Le Parapluie de Cherbourg*, 1964〉, 롤랑 조페(**R. Joffé**) 감독의 〈미션 *Mission*, 1986〉, 첸 카이거 감독의 〈패왕별희, 1993〉 등이 있다.

깐느 영화제에 처음 초대된 우리나라 영화는 1984년 주목할 만한 시선부문에 초청된 이두용 감독의 〈물레야 물레야〉이다. 그 뒤로 배용균 감독의 〈달마가 동쪽으로 떠난 까닭은, 1989〉, 전수일 감독의 〈내 안에 우는 바람, 1997〉, 홍상수 감독의 〈강원도의 힘, 1998〉 등이 역시 주목할 만한 시선에 초대받는다. 2000년 임권택 감독의 〈춘향뎐〉이 처음으로 장편경쟁부문에 초청되고, 2002년 임권택 감독의 〈취화선〉이 장편경쟁부문에 초청되어, 우리나라 작품으로는 처음으로 깐느 영화제에서 상(감독상)을 수상하게 된다. 우리나라 영화가 깐느 영화제에서 가장 풍성한 수확을 거둔 것은 2004년과 2007년이다. 2004년, 박찬욱 감독의 〈올드 보이〉와 홍상수 감독의 〈여자는 남자의 미래다〉 두 편이 장편경쟁부문에, 김의석 감독의 〈청풍명월〉이 주목할 만한 시선부문에, 김윤성 감독의 〈웃음을 참으면서〉가 15인의 감독부문에, 서해영 감독의 〈날개〉가 영화재단부문에 초청되었으며, 〈올드 보이〉가 심사위원대상을 수상하였다. 특히 두 번에 걸친 주목할 만한 시선부문과 한 번의 장편경쟁부문에 초청된 홍상수 감독에 대한 프랑스 영화인들의 애정은 대단하다. 상업성이 있는 영화들이 더욱 평가 받는 최근의 깐느 영화제의 풍조에서 홍상수 감독의 영화는 높은 작품성을 지향하며, 영화의 미래를 여는 작품으로 높이 평가받고 있다. 2007년 60회를 맞은 깐느 영화제에서 이창동 감독의 〈밀양〉이 장편경쟁부문에 올랐으며, 주인공 전도연은 여우주연상을 받았다.

깐느 영화제는 단순한 영화제로 끝나지 않는다. **영화제 못지않게 커다란 영화시장이 영화제를 중심으로 형성**된다. 많은 영화배급회사와 수입상들이 각국의 코너를 만들어놓고 영화를 소개하며, 영화의 상품적 가치에 대해 평가하게 된다.

영화학교 페미스

FÉMIS

프랑스 영화를 말할 때, 빼놓을 수 없는 것이 프랑스에서 가장 유명한 영화학교 중의 하나인 페미스이다. 프랑스 영화 사관학교라 불릴 만큼 국가의 각별한 관심과 지원을 받으며, 프랑스 및 세계의 영화를 첨단에서 이끌 인재들이 이곳에서 교육받고 있다. 프랑스 영화의 산 증인인 빠떼(**Pathé**) 영화사의 옛 스튜디오가 있던 건물에 자리 잡고 있는 국립영화학교 페미스(**Fémis**)는 '음성 및 영상 관련 직업을 위한 유럽재단'이라는 이름 아래 1986년에 설립되었으며, 전신인 고등영화학교(**IDHEC**)를 계승하고 있다. 문화부에 소속되어 있는 이 학교는 **영화 및 시청각 관련 전문직업인을 키우기 위한 기술 및 예술 교육을 담당**하고 있다. 페미스는 특수전문대학을 포함한 대학 수준의 교육기관 중에서 미래의 비행사를 양성하는 공군사관학교 다음으로 학생들에게 가장 비싼 교육비를 투자하는 학교이다. 국가가 생활비를 포함하여 매달 한 학생당 500만 원 이상의 비용을 투자한다고 하니 프랑스가 영화 산업과 영화감독을 포함한 영화인을 양성하는데 갖는 관심을 쉽게 짐작할 수 있다. 우리나라에서는 〈주홍글씨〉의 변혁 감독이 이 학교를 졸업하였다. 바깔로레아(대학입학자격시험) 이후 2-3년의 학력(우리의 경우 전문대나 대학에서 2-3년 수학 또는 졸업했을 때)이 있어야만 응시자격이 주어지는 페미스는 영화를 처음 만든 뤼미에르 형제의 이름을 딴 루이 뤼미에르학교와 더불어 프랑스에서 가장 훌륭한 영화학교 중의 하나이다. 입학 경쟁률이 보통은 25대 1이 넘고, 영화감독 지망 분야는 90대 1이 넘을 정도로 치열한 입학경쟁률을 보이고 있다. 루이 뤼미에르학교가 기술 분야에 중점적인 교육을 하고 있다면, 페미스는 다양한 분야를 교육한다. 우선 일반 전공분야(39개월의 교육과정), 기록담당 전공분야(24개월의 교육과정), 배급 및 흥행 전공분야(16개월의 교육과정) 등 세 개의 전공분야로 나눌 수 있다. 일반 전공분야에는 감독, 시나리오, 영상, 음성, 무대장치, 몽타주, 제작 등 7개 전공분야가 포함되고, 배급 및 흥행 전공은 미래의 영화 배급의 주역들을 교육시킨다. 그리고 페미스는 매년 여름 9주의 여름학교를 열어 외국의 젊은 영화전문인과 학생들에게 이론과 실기 교육을 통해 자신들의 전문분야를 완성할 수 있는 기회를 제공한다. 20여 년 동안 페미스는 600명이 넘는 전문가들을 배출했는데, 프랑스 및 세계 영화, **TV**영화, 방송, 다양한 멀티미디어 분야 등에서 재능을 펼치고 있다.

❶ FÉMIS
❷ Festival court métrage Clermont-Ferrand
❸ *Le Fabuleux destin d' Amélie Poulain*

〈아멜리에, 2001〉   *Le Fabuleux destin d' Amélie Poulain*

곡식 자루에 가게주인 몰래 손을 넣고, 태운 캐러멜 크림을 커피 스푼으로 깨뜨려 먹으며, 생 마르땡 운하에서 물수제비뜨기를 즐기는 아멜리에의 동화적인 사랑 이야기인 영화 〈아멜리에〉는 마르끄 까로(**M. Caro**) 감독과 〈델리카트슨 사람들 *Delicatessen,* 1991〉, 〈잃어버린 아이들의 도시 *La Cité des enfants perdus,* 1996〉를 공동 제작한 장 삐에르 주네(**J. P. Jeunet**) 감독의 작품이다. 프랑스에서 1,000만이 넘는 관객을 동원한 〈아멜리에〉의 매력은 오프닝 신에서 시작된다. 현대인에게 익숙한 수치, 과학, 죽음 등을 먼저 언급한 영화는 관객들을 아주 감각적이고 무의식적인 기쁨이 있는 추억의 세계로 이끌어간다. 차가운 유리창에 얼굴을 댔을 때의 느낌과 일그러진 얼굴의 형상, 빙그르르 돌던 동전이 넘어지며 나는 소리, 컵 바닥에 남은 우유를 빨아들일 때 나는 소리, 도미노 게임이 주는 경이로움, 손가락에 말라붙은 풀을 뗄 때 느껴지는 기분과 깨끗해진 손가락... 그리고 아멜리에의 아빠와 엄마를 통해 그려지는 보통 사람들의 감정들, 벽지를 뜯어낼 때의 통쾌한 기분, 풀장에서 물 밖으로 나올 때 달라붙는 수영복, 자고 난 얼굴에 남은 베게자국... 관객들은 단숨에 무장해제 당하고 영화에 대한 모든 경계심을 잃게 된다. 〈아멜리에〉가 소외된 사람들을 그리고 있지만, 이념적이거나 대립적이지 않고 훨씬 더 **감정적이고 감각적**이라는 것을 미리 예견하게 하는 부분이다.

〈아멜리에〉는 파리 몽마르트르 언덕 주변의 소외된 이들을 그리고 있다. 20세기 초, 가난한 예술가들과 거리의 여인들이 함께 머물던 장소에서 주네는 **현대 사회에서 갖가지 이유로 소외된 이들을 그리고 있다.** 자신을 버리고 애인과 남미로 달아났다가 교통사고로 죽은 남편을 잊지 못하고, 박제된 남편의 충실한 개를 바라보며 낮부터 뽀르또(포르투갈산 포도주)를 마시는 수위아주머니 마들렌 왈라스(**Madeleine Wallace**), 딱딱한 물체에 부딪히면 뼈가 유리처럼 깨지는 선천성 병을 지니고 있으며, 르누아르의 그림을 통해서만 세상을 보는 유리인간 레이몽 뒤파엘(**Raymond Dufayel**), 죽은 아내를 못 잊고 작은 무덤을 만들어 돌보며 밖으로 나가지 않은 아멜리에의 아빠, 포장용 비닐의 작은 기포 터뜨리는 것이 취미인 아주 작은 키의 조셉(**Joseph**), 상치를 새를 잡듯이 섬세하게 다루는 한 팔을 잃은 뤼시앙(**Lucien**), 제대로 된 작품을 쓰지 못하고 비아냥거림을 당하는 작가 그리고 항상 홀로 지내는 아멜리에. 등장인물들은 감정적, 육체적 또는 사회적으로 아픔을 갖고 있고, 소외된 사람들이다. 영화 〈아멜리에〉가 그리는 사회적 소외는 소재로서가 아니라, **소외를 극복하는 방식에서 독창성을 갖는다.** 아멜리에는 우선 스튜어디스인 친구에게 외국에 나갈 때마다 아빠의 난쟁이 인형을 가지고 나가게 한다. 그리고 세계적으로 유명한 유적지, 앙코르와트, 자유의 여신상 등의 사진을 찍어 아빠에게 보내게 한다. 영문도 모르고 자신의 인형이 담긴 세계적 유적지의 사진을 지속적으로 받아본 아빠는 드디어 여행을 결심한다. 이런 방식으로 아멜리에는 마들렌 왈라스에게는 죽은 남편이 죽기 전에 쓴 것 같은 편지로, 레이몽 뒤파엘에게는 경이의 순간과 삶의 기쁨을 통해 장애를 극복한 사람을 담은 비디오로, 다른 사람들을 소외에서 벗어나게 하고, 삶의 기쁨을 되찾게 한다. 사진, 비디오, 그림, 편지 등의 예술적 표현이 동원되었다는 것이 〈아멜리에〉를 소외를 다룬 다른 영화들과 구분 짓는다.

녹색과 빨간색이 아름답고 동화적인 분위기를 자아내는 영화는 애니메이션 효과를 첨가함으로써 소외의 **현실적 아픔을 동화적 분위기로 극복**할 수 있게 한다. 지하철에서 처음 니노(Nino)와 마주쳤을 때 밖으로 나와 퉁탕거리는 아멜리에의 심장이나, 카페에서 자신을 알아보지 못하고 떠나는 니노를 안타까워하며 물처럼 녹아내리는 아멜리에의 모습, 잠자는 아멜리에를 보며 대화를 나누는 액자 속의 동물들 그리고 니노와 대화하는 사진첩 속의 인물… 영화는 관객들로 하여금 어린아이들처럼 동화와 현실의 세계를 자연스럽게 오가게 만든다. 니노가 수집하는 사진 속에 반복적으로 나타나는 인물은 장르에 대한 문제를 제기하고, 아멜리에가 보는 **TV** 속의 사건들(다이아나 妃 또는 테레사 수녀의 죽음)과 모든 프랑스인들에게 익숙한 사회자 프레데릭 미테랑(**Frédéric Mitterand**)의 목소리는 허구와 다큐멘터리의 구분에 새로운 문제를 제기한다. 마지막으로 아멜리에가 극장에서 혼자 보며 옥의 티를 찾아내는 영화는 트뤼프의 〈쥘과 짐〉이다. 이 장면을 통해, 그리고 몽마르트르 언덕에서 파리를 바라보며 몇 쌍이나 오르가즘에 달했을까를 묻고, 관객들을 바라보며 '열다섯 쌍!' 이라고 말하는 아멜리에의 모습에서 장 주네가 누벨바그의 거장들, 특히 트뤼포와 고다르에게 보내는 경의를 또한 느낄 수 있다.

<table>
<tr><td colspan="2">cours de culture française à l'université   liberté égalité fraternité</td></tr>
<tr><td>프랑스어 회화 표현 :</td><td>On va au cinéma?   - C'est super.</td></tr>
<tr><td>과제 또는 토론 :</td><td>❶ 최근에 본 프랑스 영화 한 편을 소개해 보시오.
❷ 무성영화 시대의 대표적인 감독과 작품에 대해 알아보시오.
❸ 깐느 영화제와 상업성에 대해 토론해보시오.</td></tr>
<tr><td>참고자료 :</td><td>〈르네상스 한국영화 세계가 주목한다〉, KBS 1TV, KBS스페셜, 2004. 06. 06.
〈칸 영화제 - 50주년〉, KBS 1TV, 세계는 지금, 1997. 05. 26.
〈필름 위의 역사 프랑스〉, KBS 1TV, 세계영화기행, 1996.
〈아멜리에〉, 장 삐에르 주네 감독, 2001.
〈쥘과 짐〉, 프랑수아 트뤼프 감독, 1961.
〈네 멋대로 해라〉, 장 뤽 고다르 감독, 1960.
〈400대의 구타〉, 프랑수아 트뤼프 감독, 1959.
www.festival-cannes.fr
www.lafemis.fr
「프랑스 영화의 이해」, 김호영, 연극과 인간, 2003.
「뉴 웨이브 1, 2」, 제임스 모나코, 권영성–민현준 옮김, 한나래, 1996.</td></tr>
</table>

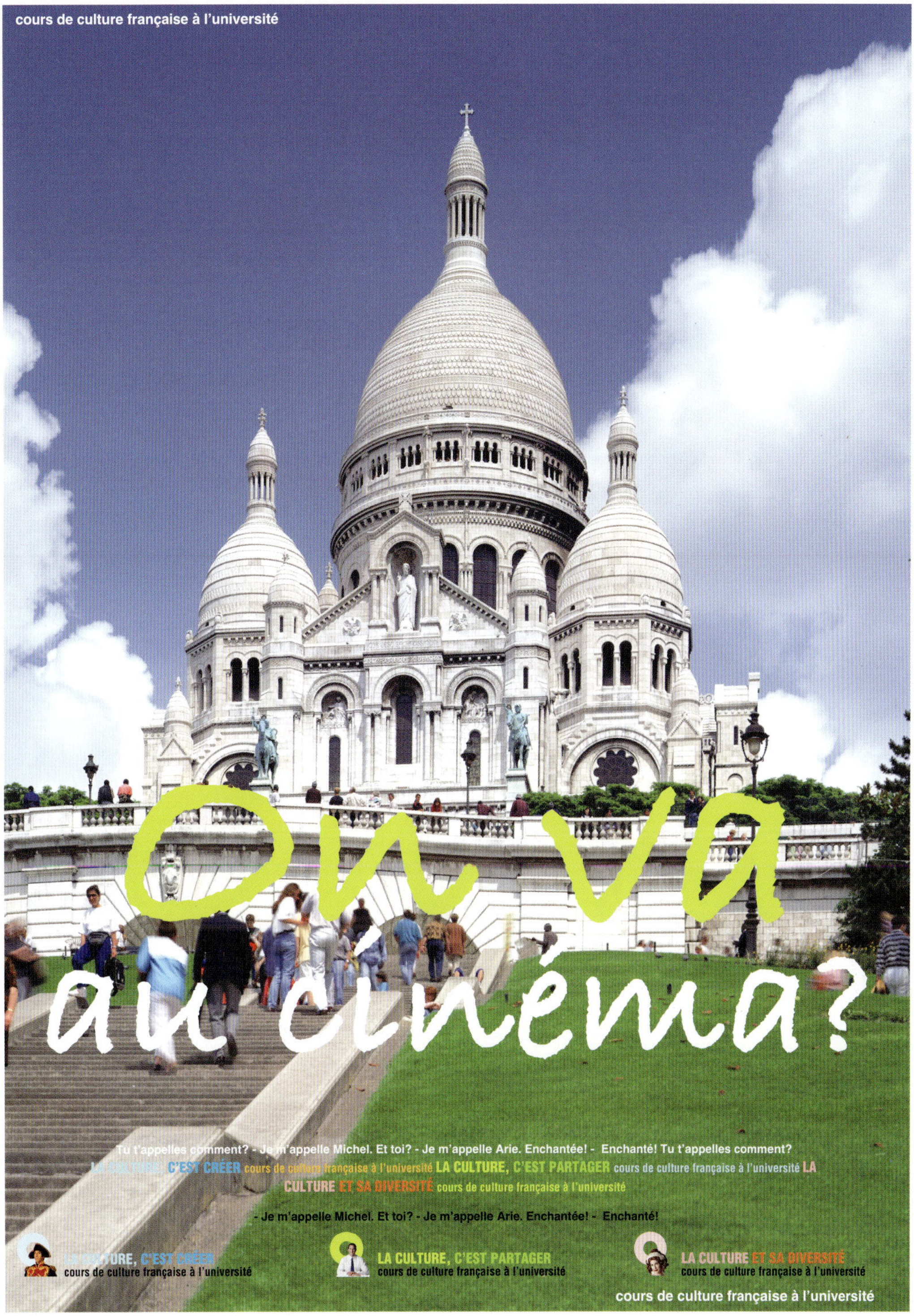

Tu t'appelles comment? - Je m'appelle Michel. Et toi? - Je m'appelle Arie. Enchantée! - Enchanté! Tu t'appelles comment? - Je m'appelle Michel. Et toi? - Je m'appelle Arie. Enchantée! - Enchanté!
Je m'appelle Michel. Et toi? - Je m'appelle Arie. Enchantée! - Enchanté! Tu t'appelles comment? - Je m'appelle Michel. Et toi? -

Le cinéma français avec un autre esprit

cours de culture française à l'université

Basilique du Sacré Coeur de Montmartre

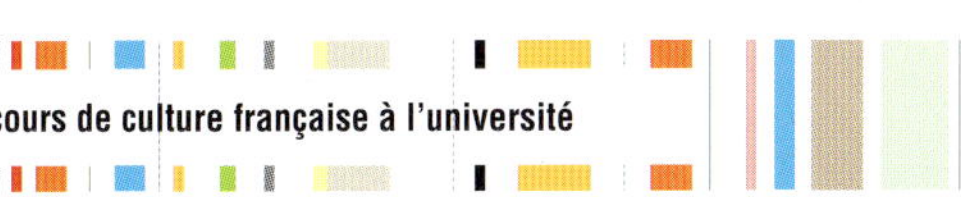

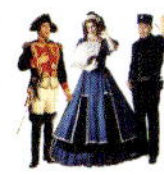

Menton 2020
la france, pays de la fête
56
cours de culture française à l'université

축제의 나라, 프랑스

005.

la france, pays de la fête

일상의 탈출

프랑스는 '축제의 나라'라고 해도 과언이 아니다. 몇몇 친구가 함께 보내는 생일파티부터 한 가족이 모여 보내는 저녁 시간, 프랑스인 모두의 축제인 새해와 성탄절, 각 지방 자치단체 별로 벌이는 문화축제, 수많은 영화와 음악축제 등 일 년 내내 축제가 끊이지 않는다. 프랑스인들에게 **축제는 사회구성원들 사이의 유대관계를 긴밀하게 만드는 강력한 연결고리**가 된다. 우리 사회에 비해 가족 구성원 사이의 관계가 긴밀하지 못하고, 학교 동창이나 반 또는 학과, 직장 등 기존의 사회 구조 속에서 구성원 간의 관계가 친밀하지 못하고 독립적인 프랑스에서, 축제는 전혀 다른 사회적 구성원들이 함께 만나고 즐길 수 있는 기회를 갖게 한다. 특히, 나이에 대한 차별이나 배타성이 없는 것이 프랑스인들 축제의 성격이다. 그러한 의미에서 축제는 축제 본래의 성격이 그러하듯이 개방적이다. **전혀 낯선 사람 또는 다른 계층과의 만남의 기회이고, 낯선 문화를 맛볼 수 있는 기회**이다. 그러한 의미에서 프랑스 사람들은 축제가 주는 모험을 즐긴다. 프랑스 축제는 어떤 의미에서 미래지향적이라 할 수 있다. 종교축제처럼 단순히 과거의 인습을 반복하는 축제가 없는 것은 아니지만, 대부분의 축제는 각 분야에서 새로움을 추구한다. 새로운 가치의 지향, 새로운 물질문명에 대한 개방, 새로운 미학에 대한 추구 등 프랑스인들에게 **축제는 일상의 탈출이며, 미래에 대한 꿈**이라고 할 수 있다. 전혀 다른 언어와 인종, 종교, 관습이 뒤섞인 사회에서 축제는 기쁨을 나누고 서로를 이해하며 하나가 될 수 있게 하는 기회이자, 필수적인 요소이다. 특히 일반시민들의 축제에 대한 참여는 1981년 사회당 정권의 탄생과 함께 더욱 일반화 된다.

음악축제

Fête de la musique

모리스 플뢰레(**M. Fleuret**)는 1981년 당시 문화부 장관이었던 자끄 랑의 요청을 받아들여 음악·무용담당 팀장이 된다. 그는 1982년에 실행된 프랑스인들의 문화습관에 대한 연구를 통해 5백만 이상의 프랑스인이 악기를 연주할 수 있다는 것을 알게 된다. 특히 그 중에 절반은 젊은이라는 것을 파악한다. 모리스 플뢰레는 이들을 거리로 나오게 할 것을 꿈꾸었고, 음악축제는 그로부터 몇 주 후인 1982년 6월 21일, 하짓날을 기해 탄생된다. 전문 음악인들과 아마추어가 함께 참여하고, 모든 음악이 관심의 대상이 된다. 무료 콘서트, 미디어의 적극적인 참여, 지방자치단체의 지원, 더욱 많은 대중들의 참여 등으로 축제는 몇 년 사이에 프랑스 대중문화행사 중에서 가장 커다란 행사 중의 하나가 된다.

일반인들은 실내에서 이루어지든, 실외에서 이루어지든 모든 행사에 참가할 수 있다. 물론 대부분의 행사는 옥외에서, 거리에서, 광장에서, 정원에서, 박물관이나 궁전의 뜰에서 이루어진다. 음악축제는 또한 고전음악이 밖으로 나올 수 있는 기회를 제공하고, 반대로 다른 모든 장르의 음악들을 받아들이는 기회를 제공한다. 1985년 '유럽음악의 해'를 맞이하여 음악축제는 외국으로 퍼져나갔고, 2000년에는 세계 100여 개 이상의 나라가 참여하였다. 세부적으로 베를린, 부다페스트, 바르셀로나, 이스탄불, 리버풀, 룩셈부르크, 로마, 나폴리, 프라하 등이 '유럽음악축제 공동헌장'에 서명함으로써 전 유럽이 축제에 적극적으로 가담했다. 대부분의 아프리카 국가, 브라질, 콜롬비아 등에서 음악축제는 온 국민이 함께 하는 축제가 되었고, 샌 프란시스코와 뉴욕, 마닐라 등에서도 성대하게 거행된다. 음악축제는 새로운 음악의 흐름을 가능하게 한다. 전통음악의 연구, 합창의 발달, 랩과 테크노의 출현, 음악 카니발의 회귀 등으로 축제는 새로운 음악을 알리고, 새롭게 해석하며, 음악을 세계적으로 퍼뜨린다. 음악축제는 거대한 광장이 있는 도심에서만 열리는 것이 아니다. 음악은 감옥의 소외된 사람들과 병원의 환자들을 위로하며, 학교 교육과 음악 교육의 거리를 좁힌다. 도심과 변두리는 음악을 통해 관계를 맺고, 서로를 알게 되며, 농촌의 삶에 관심을 보인다. 개인이나 그룹 또는 단체나 공동체의 몇 달 또는 일 년에 걸친 작업이 축제를 통해 가치평가를 받기도 한다. 축제는 어떠한 형태로든 도구화되지 않으면서도, 모든 사람에게 예술과 문화활동에 쉽게 접근할 수 있는 길을 열어준다.

음악축제는 세 가지 특성을 갖는다. 하나는, **좌파의 이념을 우파의 돈을 가지고 실현한 가장 대표적인 축제**라는 것이다. 오페라와 클래식 음악연주, 발레 등의 감상은 상류층의 전유물이다. 그렇기 때문에 우파 정권은 국가가 지원할 수 있는 문화비용 중에서 많은 양을 오페라, 클래식 음악, 무용 등에 투자한다. 하지만 일반서민층이 비싼 돈이 드는 문화행사에, 특히 음악 연주회에 참석할 수 있는 가능성은 거의 없다. 그러나 다행히도 대중들이 모이는 곳에 자본가와 기업은 많은 관심을 갖는다. 자신들의 제품을 홍보할 수 있고, 기업의 이미지를 새롭게 할 수 있는 기회를 갖기 때문이다. 자본가와 기업을 스폰서로 동원하여 행사를 위한 비용을 마련하는, 일반대중을 위한 거리의 음악축제는 이렇게 해서 가능해진 것이다. 음악 축제의 특징 중에 다른 하나는, **일반대중이 단순한 관객의 위치에서 연주자의 자리를 차지하는 것**이다. '음악은 도처에 있지만 콘서트는 어디에도 없다.'는 것이 80년대 초 프랑스 음악의 현실이다. 즉, 대중은 수동적으로 음악을 접할 뿐이지 음악연주에 직접 참여할 수 있는 기회를 갖지 못한다는 것이다. 그렇기 때문에 일반대중이 거리로 나와 프로들의 음악을 감상하고, 직접 연주할 수 있는 기회를 갖게 하려는 좌파의 꿈이 이루어진 것이다. 셋째로, **음악축제의 특징은 관(官)이 개입하여 세계적인 축제로 성장한 아주 드문 축제 중에 하나**라는 점이다. 1981년에 집권한 좌파정권은 종교축제와는 별도로 서민들이 참여할 수 있는 많은 문화행사들을 창설·주도하였고, 이러한 문화행사는 대중들의 문화에 대한 인식을 변화시키며, 성공적으로 뿌리내리고 계속 발전하였다.

영화축제

Fête du cinéma

프랑스 전국에는 깐느 영화제 이외에도 세계적으로 유명한 영화축제들이 있다. 도빌(**Deauville**)의 미국 영화제와 아시아 영화제, 낭뜨(**Nantes**)의 영화축제, 끌레르몽페랑(**Clermont-Ferrand**)의 단편 영화제 등이 있고, 파리에서도 물론 유명 감독의 회고전을 비롯한 외국 영화제 등 일 년 내내 많은 영화 행사가 끊이지 않는다. 한국을 비롯한 많은 아시아 국가와 연대를 하며 헐리우드를 상대로 영화 종주국의 자존심을 지키려는 프랑스는, 점점 쇠퇴해 가는 프랑스 영화산업을 살리기 위해, 국가적 차원에서 그리고 각종의 행사를 통해 무척 애를 쓴다. 오페라와 무용, 뮤지컬 등이 좀 더 부르주아 계층을 상대로 한 예술이라면, 영화는 대학생을 비롯한 젊은 층과 서민층을 위한 문화예술이다. 그렇기에 영화산업의 발달은 다른 어떤 예술보다 좌파 정권인 사회당 정권의 문화정책에서 커다란 관심을 끌었다. 영화축제는 1985년 6월 말에 처음 시작되었으며, 하루 동안 이루어졌다. 초기에는 처음 들어가는 영화관에서 산 티켓 한 장으로 종일 어느 영화관에서든지 영화를 볼 수 있었다. 한 장의 티켓으로 어떤 영화든지 마음대로 볼 수 있다는 가능성으로 젊은이들은 가방에 샌드위치와 물을 넣고 지하철을 바꿔 타며 영화관을 찾았다. 지금은 축제가 3일에 걸쳐 계속된다. 맨 처음 들어가는 영화관에서 티켓을 사면 수첩과 함께 모든 영화관을 3일 동안 출입할 수 있는 카드가 주어진다. 그 카드를 가지고 새로운 영화를 볼 때마다 1/4 가격인 2000원 정도를 더 지불하면 된다. 영화축제는 양적인 면에만 목적을 두지 않는다. 〈베티 블루 *37.5° Le Matin*〉나 〈감각의 제국 *L' Empire des sens*〉처럼 긴 상영시간이나, 때로는 선정적인 내용 때문에 온전히 볼 수 없었던 영화들을 이 날은 어떠한 검열도 없이 감상할 수 있다. 그리고 극장마다 영화축제에 맞추어 새로운 프로그램이나 기획전을 실시하기 때문에 마니아들에게는 그들의 취향을 충족시킬 수 있는 절호의 기회이기도 하다. 매 년 축제기간인 3일 동안 평균적으로 3-4백만 명이 영화관을 찾고, 3일 동안 1인당 3-4편의 영화를 본다고 한다. 해가 거듭될수록 영화축제에 대한 관심은 더해가고, 브루스 윌리스와 같은 영화배우들도 축제에 활기를 불어넣기 위해 참석하며, 각 극장에서는 5주 전부터 축제를 홍보하는 1분짜리 홍보영화를 영화 상영에 앞서 보여준다.

하얀 밤 축제

Nuit blanche

'밤을 하얗게 샌다.' 는 표현이 있다. 근심과 걱정으로 그러기도 하고, 때로 도박에 빠져 그러기도 한다. 밤을 새면서 우리는 건강을 잃고, 때로 우리가 가진 자산마저 잃어버린다. 하지만 파리에서 사람들은 전혀 다른 방식으로 밤을 샌다. 새로운 문화를 경험하고, 낯선 이들을 만나며, 잊었던 문화의 향수를 새롭게 경험할 수도 있다. 문화의 밤을 새우는 것이다. 파리의 '하얀 밤 축제' 는 이렇게 청소년 시절 독서를 통해 상상의 날개를 펴고 새웠던 밤을, 친구들과 모닥불을 피워놓고 미래를 이야기하며 새웠던 밤을 우리에게 돌려준다. '하얀 밤 축제' 는 2002년 파리 시장인 베르트랑 들라노에(**B. Delanoë**)에 의해 시작된 축제로, 매년 10월 첫 번째 토요일과 첫 번째 일요일 사이의 밤(보통 저녁 7시부터 아침 7시까지)에 일반인들로 하여금 여러 다른 장소들을 방문할 수 있게 하고, 다양한 문화행사에 참석할 수 있게 한다. 처음에는 50만 명 정도가 참석했으나 지금은 150만 명 정도가 참여하고 있으니 파리 시민들의 축제에 대한 관심을 짐작할 수 있다.

하루 밤 사이에 파리를 돌아보며, 현대예술을 즐기고 감상하는 파리의 '하얀 밤 축제'는 몇 가지 특징을 갖는다. 첫째는, 도시 공간 속에서 모두에게 개방된 행사이기 때문에 문화엘리트주의와는 거리가 먼, **대중 모두를 위한 문화행사**인 것이다. 생활의 공간인 파리 도심에서 열리는 행사이고, 주말에 열리는 행사이기 때문에 직장이나 비용에 대한 걱정 없이 누구든지 참여할 수 있다는 것이 가장 큰 특징 중의 하나일 것이다. 둘째는, 도시 공간 속에 현대예술작품을 설치함으로써 **도시 공간 자체가 예술의 공간으로 변화**되는 것이다. 파리는 이러한 노력을 지속적으로 해왔다. 퐁피두센터를 비롯한 많은 문화기관 주변 광장들이 그랬고, 라 데팡스(**La Défense**)라는 현대도시가 그랬다. 직장과 주거와 오락과 예술이 함께 할 수 있는 공간에 대한 꿈을, 오히려 고색창연한 옛 도시인 파리가 현대예술을 통해 실현하는 것이다. 셋째는, 시민들이 함께 할 수 있는 또 다른 시간을 예술축제를 통해 만드는 것이다. 대부분의 축제들이 그런 것처럼 프랑스인들은 **축제를 통해 낯선 이들과 기쁨을 나누고, 새로운 관계를 만들어나간다.**

2006년 '하얀 밤 축제'는 빨레 드 도쿄(**Palais de Tokyo**)의 공동책임을 맡았던 제롬 상스(**J. Sans**)와 니꼴라 부리오(**N. Bourriaud**)가 맡았고, 파리의 여섯 개 지역에서 주로 이루어졌다. 마레지역 중심부는 조각된 촛불, 갖가지 공연들, 공중에 설치된 음향에 따라 움직이는 조각물(파리 시청) 등으로 신비로운 분위기를 연출하였다. 파리의 가장 번화가인 샹젤리제는 이브 클라인의 파란색으로 장식한 오벨리스크와 분수대가 환상적인 분위기를 자아냈고, 쁘띠 빨레(**Petit Palais**)가 돋보였다. 그리고 퐁피두센터에서 이브 클라인 전시회가 열리는 동안에 이루어졌기 때문에 더욱 의미가 있었다. 구뜨 도르(**Goutte d'or**)에서는 중국 화가 얀 페 맹(**Yan Pei-Ming**)이 미르아(**Myrha**)街에 천안문에 걸린 모택동 초상 크기와 같은 크기로, 가난한 이들을 위한 '마음의 식당'의 창설자 꼴뤼쉬의 사진을 걸었다. 보그르넬(**Beaugrenelle**)에서는 앤디 워홀(**A. Warhol**)의 영화 〈제국, 1964〉을 대형 스크린에 비추었다.

망뚱의 레몬축제　　　　　　　　　**Menton**

망뚱 : '세계 어떤 도시에서도 이렇게 완벽한 행복감을 나는 맛본 적이 없다.'고 리스트(**F. Liszt**)는 말했다. 지중해를 향해 열려있으며, 이탈리아와 국경 지역에 위치한 망뚱은 '프랑스의 진주'라 불릴 만큼 아름다운 도시이다. **프랑스에서 유일한 레몬 산지이며, 한 때 유럽 최고의 레몬 산지였던 망뚱**은 장 꼭또(**J. Cocteau**)가 즐겨 찾았던 도시이며, 장 꼭또 미술관이 있는 도시이기도 하다. 망뚱은 따뜻한 지중해성 기후 때문에 니스와 함께 겨울철 휴양지로 유명하다. 오래 전부터 예술가들이 즐겨 찾던 도시이고, 혁명 후 러시아 왕가의 사람들과 유럽 왕족들은 그곳의 화려한 호텔에서 머물렀고, 아름다운 빌라를 짓고 생활하였다.

축제의 기원 : 망뚱 레몬축제의 기원에는 망뚱 카니발이 있다. 1895년 호텔 주인들이 겨울철 도시를 더욱 활성화하고, 관광객들을 끌어들이기 위해 카니발 거리행진을 제안하고, 시 당국은 제안을 받아들인다. 그래서 1896년에 처음 시작된 망뚱 카니발은 겨울을 나기 위해 찾는 상류층뿐만 아니라 망뚱 시민들을 사로잡는다. 사순절을 맞이하기 전에 벌이는 전통적인 카니발 축제의 일종인 망뚱 카니발은 행진, 색종이 날리기, 꽃마차 행렬… 등 니스의 카니발과 별 다름이 없었다. 망뚱 사람들은 축제 중에 '모꼬레띠 **Moccoletti**'라 불리는, 작은 초를 손에 들고 하는 놀이에 흠뻑 빠진다. 이 놀이는 자신의 촛불은 꺼지지 않게 간직하면서 다른 사람의 촛불을 끄는 놀이이다. 특히 남자들은 여자들이 머리 위에 들고 있는 촛대의 촛불을 끄기 위해 애를 쓴다. 불을 끄는데 성공한 남자는 여자의 초 심지에 다시 불을 붙이고, 대신 고마움의 표시로 입맞춤을 받는다. 젊은 남녀들이 만나 사랑을 나눌 수 있는 절호의 기회이기도 하다.

Menton

la france, pays de la fête

1929년, 망똥이 유럽에서 여전히 최고의 레몬 산지일 때, 한 호텔 주인이 리비레라(**Riviera**) 호텔의 정원에 꽃과 감귤류 전시회를 열 것을 제안한다. 전시회는 아주 성공적이었고, 다음 해 축제는 정원에서 거리로 나오고, 오렌지와 레몬을 꽂은 나뭇가지들을 실은 마차가 아름다운 망똥의 미녀들과 함께 거리를 행진한다. 카니발에 레몬이라는 지역의 독특한 색채를 덧붙여, 관광명소로 개발하기를 원한 시 당국은 1934년 레몬축제를 탄생시킨다. 2년 후 비오베(**Biovès**) 정원에서 감귤류와 꽃의 전시회가 처음 열리고, 프랑수아 페리에(**F. Ferrié**)가 레몬과 오렌지로 된 마차의 데생과 정원 전시회의 주제에 대한 구상을 맡게 된다.

망똥과 레몬의 이미지 : 망똥 레몬축제의 특징은 생산된 농수산물, 즉 레몬을 판매하는 것이 목적이 아니라, 무엇보다도 **레몬을 사용한 축제를 즐기는데 있다.** 망똥을 찾는 30여만 명의 관광객들과 망똥 시민들은 2월 달(또는 2-3월)의 15-20여 일에 걸친 기간을 축제 속에서 보낸다. 그들은 정원에 설치된 레몬과 오렌지로 만든 조형물들을 구경하고, 거리의 퍼레이드를 감상하며, 겨울철에 한껏 축제 분위기에 빠져든다. 망똥은 레몬을 파는 것이 아니라 레몬의 이미지를 판다. 우리 역시 충주가 가장 유명한 사과 산지이기에 사과하면 충주, 충주하면 사과를 떠올리고, 금산하면 인삼, 인삼하면 금산을 떠올린다. 하지만 자연과 시간이 만들어준 이러한 연상으로는 한 철 지역의 경제를 활성화시키기에 충분하지 못하다. 망똥市에 레몬은 '가장 명확한' 그리고 '가장 강한' 상징이다. 관공서의 모든 서류에 레몬은 문장으로 사용되고, '나의 도시 망똥은 정원이다.' 라는 명구와 함께 市를 상징한다. 망똥과 관련된 모든 인터넷 사이트는 노란 레몬 색깔과 레몬의 형상을 사용하여 망똥과 레몬, 레몬축제의 연계를 더욱 확고하게 만든다. **농산물을 판매하는 것이 아니라, 그것을 이용한 축제를 즐기며 지역의 경제를 활성화한다는 것, 엄청난 패러다임의 변화**이다.

우리나라에서도 많은 지방 도시들이 농수산물의 판매를 촉진하기 위해 축제를 벌인다. 먹거리 장터가 형성되고, 미인대회가 열리고, 가수들이 초청되고... 하지만 여전히 팔기 위한 축제이다. 하지만 망똥은 레몬을 판매하는 대신에 스페인으로부터 레몬을 수입한다. 레몬 생산량이 감소되기 때문에 레몬, 오렌지 등의 경작을 권장하고, 축제를 위해 사용되는 레몬과 오렌지의 많은 양을 수입하는 것이다. 매스컴을 통해 세계적으로 알려진 망똥의 이미지는 축제의 아름다움 그것이다. 레몬과 함께 망똥은 노란색을 떠올리고, 레몬의 맛과 지중해 정원의 향기 그리고 환경에 대한 애착 등을 떠오르게 한다. 이러한 이미지는 엄청난 경제적 효과를 창출한다. **'자연과 문화'라는 개념을 도입한 관광산업은 레몬나무를 재배하는 농업과 풍경의 조성, 레몬을 이용한 다양한 음료와 요리 등의 개발을 통해 새롭게 변화**한다. 그리고 도시의 호텔과 식당, 쇼핑상가 등에 축제가 미치는 경제적 파장은 훨씬 더 크다.

독창적인 주제 : 물론 레몬을 사용한 축제를 즐긴다고 많은 관광객들이 몰려드는 것은 아니다. 많은 사람들이 해마다 반복해서 찾을 수 있게 할 만큼의 독창적이며, 구체적이고 보편적인 주제가 필요하다. 망똥은 레몬을 사용한 조형물들을 통해 동화와 이국적인 축제 분위기를 구현하여 어린이들뿐만 아니라 어른들 내에 잠재해 있는 어린 시절의 꿈을 자극하였다. 2000년대에 이어진 동화를 주제로 한 축제들, 예컨대 '라 퐁뗀의 우화', '페로의 동화', '피노키오', '이상한 나라의 앨리스' 등과, 외국의 카니발을 주제로 한 축제('망똥이 세계의 카니발을 초대한다'라는 슬로건 아래), '스페인', '브라질', '인도' 등은 모든 이들의 내부에 잠자고 있는 동화의 나라에 대한 환상과 꿈, 그리고 외국에 대한 동경 등을 잘 표현하고 있다. **해마다 주제를 달리해서 똑같은 것을 반복해서 보는데 느끼는 지루함을 없애고, 새로운 것에 대한 호기심을 자극하여 거듭 축제를 찾게 하는 것이 축제의 생명력**이기도 하다. 망똥의 축제와 관련된 노하우는 파리 디즈니랜드의 전문가들과와 결합으로 축제를 더욱 질적으로 향상시킨다. 점점 더 섬세하고 아름다운 주제와 조형물들, 그것들을 구현하는 예술적 재능은 세계적으로 알려져 플로리다주에 있는 오를랑도 디즈니월드, 튀니지아 등과 함께 프로젝트를 실현하는 단계에 이르렀다.

레몬 조형물 : 레몬축제는 몇 달 전부터 기획되고, 준비된다. 300명 이상의 인원이 동원되고, 2만 여의 시간이 소요된다. 주제에 맞는 구조물들의 설계도가 완성되면 철골구조는 망똥의 한 제철소 '봉씨뇨르 올리베따(**Bonsignore Olivetta**)'에 맡겨진다. 이 분야에서 탁월한 노하우를 가진 제철소 '봉시뇨르 올리베따'는 30년 이상 이 일을 맡아왔고, 이제 제철소 사장인 아버지 로베르 봉씨뇨르(**Robert Bonsignore**)의 뒤를 이어 아들 에릭 봉씨뇨르(**Eric Bonsignore**)가 축제의 철골구조 제작을 맡게 된다. 물론 수레 당 3-4톤의 과일의 무게를 견딜 수 있을 만큼 튼튼하고, 유연하게 움직일 수 있는 철골구조를 만든다는 것은 쉬운 일이 아니다. 주로 연강이 사용되며, 총 15톤 정도의 양이 소요된다. 제철소의 직원 3-4인이 다섯 달에 걸쳐 완성하는 작업이다. 이러한 작업에 매우 엄격한, 디즈니 팀도 찬사를 보낼 만큼의 노하우를 가지고 있으며, 그들 또한 자신들의 작업에 많은 자부심을 지니고 있다. 수레와 정원의 구조물이 완성되면 그 위에 철망이 덮여지고, 노란색과 오렌지색의 고무줄을 이용하여 오렌지와 레몬을 매단다. 처음에는 철사를 사용했지만, 고무줄의 사용으로 과일이 상하는 경우가 훨씬 줄어들었다. 보통 1㎡에 30kg의 과일, 즉 2000여 개의 오렌지와 레몬이 사용된다. 총 130여 톤의 과일이 사용되고, 지금은 대부분이 스페인으로부터 수입된다. 1월 말에 과일이 망똥에 도착하면, 2월 초부터 구조물에 설치되기 시작한다. 고무줄은 타이완으로부터 수입되는데 50만 개 정도가 쓰인다. 축제 시작 전날 상한 과일들이 모두 교체되고, 축제 동안에도 상한 과일들은 매일 교체된다. 전체 축제 기간 동안 4-5톤 정도의 과일이 교체되며, 구조물 밑에는 관객들이 과일에 손을 대지 못하도록 망을 설치해야 한다. 축제가 끝나면 상태가 좋은 과일들은 호텔 빨레 드 유럽(**Palais de l'Europe**) 앞에서 잼이나 시럽, 또는 오렌지 술을 만들려는 일반인들에게 팔려나간다.

프랑스어 회화 표현 :

Demain, c'est la fête.
C'est mon anniversaire.

- Qu'est-ce qu'il y a?

과제 또는 토론 :

❶ 종교적 성격을 띠는 프랑스 축제에는 무엇이 있나요?
❷ 우리의 전통 축제의 부활 방안을 토론해보시오.
❸ 대학축제의 문제점을 지적하고, 활성화될 수 있는 방안을 생각해보시오.

참고자료 :

<프랑스 샬롱 축제 현장 속에서>, KBS 1TV, 세상은 넓다, 2005. 11. 24.
<19세기로의 여행 - 빅토르 위고>, KBS 1TV, 세상은 넓다, 2003. 02. 10.
<거리는 무대가 되고 - 프랑스 샬롱 거리축제>, KBS 1TV, 세상은 넓다, 2003. 02. 04.
<빛으로 다시 태어나다 - 리용 빛 축제>, KBS 1TV, 세상은 넓다, 2003. 02. 03.
<프랑스에서 만나는 라틴 댄스 - 리용 댄스 비엔날레>, KBS 1TV, 세상은 넓다, 2003. 01. 29.
www.feteducinema.com
www.feteducitron.com
www.fetedelamusique.culture.fr
www.menton.com
www.nb2006.paris.fr
www.villedementon.com
「세계축제의 경영」, 김춘식-남치호, 김영사, 2002.

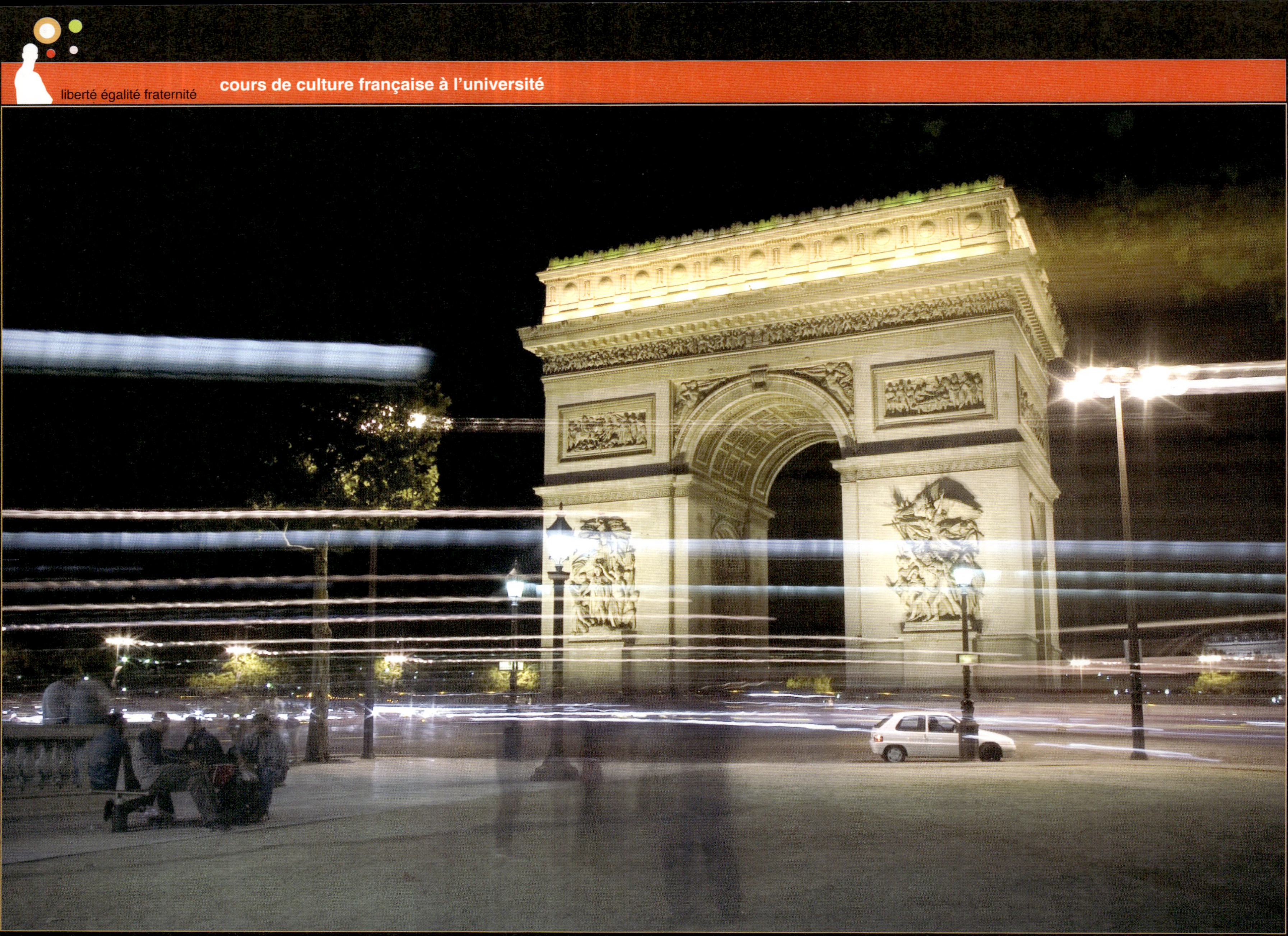

liberté égalité fraternité
cours de culture française à l'université

cours de culture française à l'université

liberté égalité fraternité

les jongleurs, les chansons et la musique française

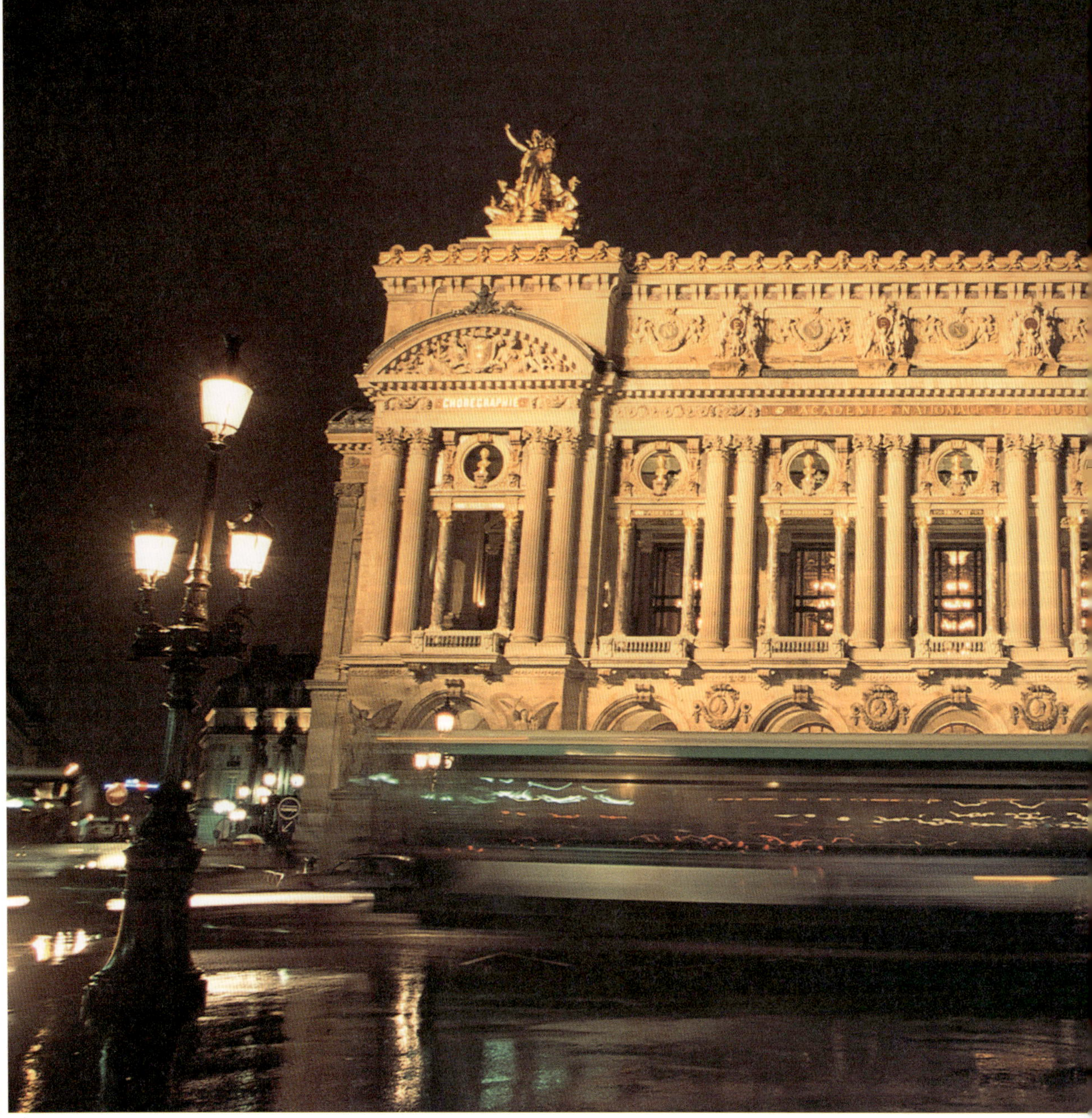

la culture, c'est créer

cours de culture française à l'université

les jongleurs, les chansons
et la musique française

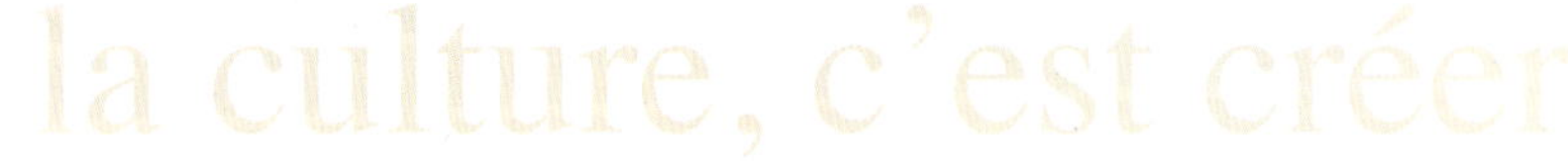

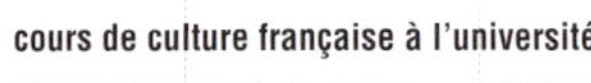

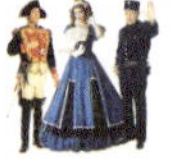

la culture, c'est créer

les jongleurs, les chansons et la musique française

음유시인, 샹송,
그리고 프랑스 음악

프랑스 음악을 말할 때 무엇보다 먼저 떠오르는 것은 장중한 클래식 음악이 아니라 지하철과 광장에서 악기를 연주하는 거리의 악사들, 그리고 에디뜨 삐아프(**E. Piaf**)의 샹송이다. 흔히 프랑스인들은 회화, 사진, 영화 등 시각예술에는 뛰어나지만, 오페라, 클래식 음악과 같은 청각예술에는 유럽의 다른 국가들에 비해 그리 빼어난 편이 아니라고 말한다. 베를리오즈(**H. Berlioz**)를 제외하고는 세계적으로 유명한 작곡가를 떠올리기가 쉽지 않고, 비제(**G. Bizet**)의 〈카르멘 *Carmen*〉 외에 유명한 프랑스 오페라가 쉽게 생각나지 않는 것을 보면 어느 정도 타당한 지적 같다. 정명훈 씨가 오페라 바스티유에서 음악을 담당하였을 때, 프랑스인들의 많은 사랑을 받은 것은 그의 빼어난 인품뿐만 아니라, 유럽에서 별로 평가받지 못하는 프랑스 오케스트라를 바스띠유 오페라하우스의 오케스트라를 통해 중상류로 올려놓았기 때문이다. 하지만 에디뜨 삐아프, 조르주 브라상스(**G. Brassens**), 미레이 마띠유(**M. Mathieu**), 세르주 갠스부르(**S. Gainsbourg**), 셀린 디옹(**C. Dion**) 등으로 이어지는 프랑스의 대중가요인 샹송은 세계적이라 할 수 있다. 그리고 그러한 프랑스 음악의 기원에는 중세의 유럽을 유랑하며 노래를 부른 음유시인들이 있다.

음유시인

중세의 음악은 교회음악만큼이나 거리에서 구술된 이야기나 노래로 불린 시에서 찾을 수 있다. 중세의 음유시인들은 성지 순례의 길이나 군대 막사 또는 저자 거리에서 비엘이라는 악기를 연주하며 노래를 불렀다. 성자의 삶과

JARHEAD
LA FIN DE L'INNOCENCE
SORTIE LE 11 JANVIER

Un artiste étranger dans le métro

Un harpiste à Montmartre

Les Jeunes musiciens de rue

기적을 노래하고, 기사들의 용맹을 그리며, 이상적이면서 때론 외설적인 사랑을 노래했다. 그들의 노래에는 서민들의 삶의 애환이 녹아났고, 지배층이나 교회에 대한 비난이 담겼다. 현대 프랑스, 특히 파리 거리에서 마주치는 거리의 악사들은 지하철에서 퇴근길에 피곤에 지친 발걸음을 위로하고, 광장에서 지나는 외국인들의 호기심을 자극하며 중세의 기사 이야기를 풀어놓는 재담꾼들이며, 현대의 음유시인들이다. 거리에서 태어난 자신의 삶을, 가난한 이들의 삶과 사랑을 노래한 에디뜨 삐아쁘나, 프랑스 사회에 대해 풍자적이고 냉소적이며 반항적인 노래를 불렀던 조르주 브라상스, 조르주 무스타키(G. Moustaki), 자끄 브렐(J. Brel) 등 또한 현대의 음유시인들이다.

우리가 통상적으로 음유시인이라고 사용하는 말은 프랑스어에서는 세 가지로 구분된다. 떠돌아다니며 노래한다는 의미에서는 공통적이지만, 자신들이 노래하는 것을 직접 만들어 부른 트루바두르(Troubadour), 트루베르(Trouvère)와 이미 만들어진 것을 단순히 노래하는 종글레르(Jongleur)로 구분할 수 있다. 트루바두르와 트루베르는 대부분 귀족가문 출신이며, 지적인 능력을 가진 사람들이다. 하지만 그들은 한 곳에 머물지 않고 왕가나 다른 귀족들, 특히 여성들의 후원을 받으며 시를 짓고 노래를 불렀다. 그중에서 트루바두르는 남프랑스 지방에서 주로 활동한 시인들을 말하고, 트루베르는 북프랑스에서 활동한 시인들을 가리킨다. 프랑스어로 트루베르가 발견하다는 의미의 동사 '트루베 trouver'와 시를 가리키는 단어 '베르vers'의 합성어인 것만 보아도 그들이 언어와 문예에 조예가 깊은 사람들을 말하는 것을 알 수 있다. 반면에 종글레르는 세상을 떠돌며 악기를 연주하고 이야기를 구술하며 시를 노래하였는데, 구전되는 시를 자신의 취향에 따라 조금씩 첨삭하며 변화시켜 부르기도 하였다. 이들은 **중세유럽 전역을 돌아다니며 중세인들의 삶과 사랑을 노래했고, 그러한 노래를 후대에까지 전할 수 있게 하였다.**

르네상스에서 낭만주의 음악까지

오늘날 부르고뉴 지방의 디종(**Dizon**)을 중심으로 발달한 르네상스 음악은 종교음악을 새롭게 발달시킨다. 그리고 중세 음유시인들에 의해 보급된 세속음악도 르네상스의 새로운 정신을 표현한다. 뽕 네프 다리 주변에 자리 잡은 거리의 가수들은 사랑에 대한 노골적인 묘사와 함께 귀족과 성직자들을 신랄하게 풍자하였다. 베르사유 궁전을 중심으로 발달한 바로크 음악은 이탈리아 음악의 영향 아래, 화려하며 균형 잡힌 프랑스 음악을 발달시킨다. 특히 장 바티스트 륄리(**J.-B. Lully**)는 몰리에르(**Molière**)와 함께 극중에 발레를 삽입한 새로운 '코메디 발레(**Comédie -Ballet**)'를 창작한다. 혁명과 더불어 음악의 주요 무대는 교회나 궁정이 아니라 극장이나 광장으로 바뀐다. 프랑스 음악이 쇠퇴하던 혁명 이후의 시기에 낭만파 음악가인 베를리오즈가 탄생하고, 구노(**C. Gounod**)는 〈파우스트 *Faust*, 1859〉를 통해 프랑스의 정서를 담은 오페라를 탄생시킨다.

베를리오즈
H. Berlioz

떼오필 고띠에(**T. Gautier**)의 표현에 따르면, **베를리오즈는 문학의 빅또르 위고, 회화의 들라크루아와 더불어 19세기 프랑스 낭만주의 예술의 삼총사**를 이룬다. 하지만 베를리오즈처럼 자신의 음악의 독창성과 외국에서 얻은 성공에도 불구하고 조국인 프랑스에서 평가받지 못하고 상대적으로 덜 알려진 음악가도 드물 것이다. 2003년, 그의 탄생 2백주년을 맞이하여 기념비적인 오페라 〈트로이 사람들 **Les Troyens**, 1858〉이 프랑스에서 처음으로 전체적으로 공연되었다. 어려서부터 문학과 음악에 남다른 재능을 보인 베를리오즈는 고전문학을 공부하며, 훗날 〈트로이 사람들〉에 영감을 부어줄 베르길리우스(**Vergilius**)를 읽고, 아버지 덕택에 기타와 플루트에 입문한다. 1821년, 의학을 공부하기 위해 파리에 올라온 베를리오즈는 고전음악에 심취되어 의학을 포기하고, 꽁세르바뚜아르 드 파리(**Conservatoire de Paris**, 파리 음악원)에서 장 프랑수아 르쉬외르(**J.-F. Lesueur**)의 지도로 음악에 전념한다. 27세의 나이로 칸타타 〈사르다나팔로스 **Sardanapale**〉를 통해 작곡 분야 로마대상을 수상한 그는 로마로 떠나 본격적인 음악가로서의 길을 걷는다. 1830년, 에르나니(**Hernani**) 사건을 통해 낭만주의의 도래가 선포된 시기에 베를리오즈는 〈환상 교향곡 **La Symphonie fantastique**〉을 통해 자신의 선언문을 발표한다. '어느 예술가의 생애와 에피소드'란 부제가 붙은 이 작품 속에서 베를리오즈는 예술가의 열정과 고통을 표현하기 위한 새로운 음악언어를 창조한다. 자신의 사랑을 담고 있는 자전적인 작품이기도 한 〈환상 교향곡〉을 통해 그는 불행한 사랑, 불안, 고통스런 꿈 등을 나타내며, **각 악장마다 주제를 함축적으로 표현하는 소제목들을 붙여 '표제음악'이라는 극적인 교향곡의 새로운 스타일을 창조**시킨다. 동시대 낭만주의 작가들이나 화가들과 같은 소재에서 자양을 얻은 베를리오즈는 셰익스피어로부터 형식의 자유, 장르의 혼합, 숭고함과 기괴함의 충돌, 복잡한 삶에 대한 충실함 등을 배운다. 그리고 괴테, 들라크루아처럼 그는 파우스트 신화를 음악으로 표현하며 〈파우스트의 저주 **La Damnation de Faust**, 1846〉를 창작한다.

벨 에뽀끄의 음악   Belle Époque

프랑스 음악을 말할 때 가장 대표적인 시기로 우리는 20세기 초반 벨 에뽀끄 시기의 음악을 말하지 않을 수 없다. 이 시기의 프랑스 음악은 문학과 회화의 이념과 같은 길을 좇는다. 문학이나 회화가 그렇듯이 음악 역시 아카데믹한 특성으로부터 자유로워진다. 수십 년 동안 이탈리아 음악과 독일 음악의 영향을 받은 프랑스 음악은 이 시기에 과감해지고, 빛과 열정이 넘쳐난다. 끌로드 드뷔시(**C. Debussy**), 모리스 라벨(**M. Ravel**)과 가브리엘 포레(**G. Fauré**)는 이 시기 프랑스의 가장 위대한 음악가들이다. 세 음악가는 상징주의 시인들, 인상파 화가들과 친구로 지내며, 카페나 카바레에서 종종 모임을 갖는다. 에릭 사띠(**E. Satie**)는 20세기 초 빠리지앵들에게 가장 유명하고, 벨 에뽀끄의 가장 특징적인 작곡가이다. 유머감각과 부조리에 대한 의식, 비순응주의로 유명한 그는 '샤 놔르(**Chat noir**, 검은 고양이)'와 같은 몽마르트르의 카바레에서 피아니스트의 경력을 쌓는다. 그곳에서 드뷔시를 만나고, 두 사람은 아주 친한 친구가 된다. 종종 카페에서 작은 음악공책에다 작곡을 하는데, 그 공책에는 지출비용뿐 아니라 삶 또는 신문기사에 대한 느낌도 기록되어 있었다고 한다. 그는 단순하고 독창적이며 감성이 풍부한 음악을 작곡한다. 짧은 곡들을 작곡한 에릭 사띠는 〈네 팔을 위한 승마복 **En habit de cheval pour quatre mains**〉, 〈자동기술 **Descriptions automatiques**〉, 〈배(梨) 모양의 곡 **Morceaux en forme de poire**〉 등 재미있고 말도 안 되는 제목들을 붙인다. 그리고 그는 모리스 라벨이나 이고르 스트라빈스키(**I. Stravinsky**)와 같은 다른 음악가들에게도 커다란 영향을 주었다.

드뷔시
C. Debussy

20세기 프랑스 모든 음악가들의 대부라 할 수 있는 드뷔시는 '인상주의 음악가', '민족 음악가' 라는 별명을 갖는다. 1884년 '로마대상'을 획득한 드뷔시는 관례대로 빌라 메디치(**Villa Médicis**)에서 3년 동안 체류하며 공부할 수 있는 기회를 얻게 되고, 그곳에서 베르디(**G. Verdi**)와 리스트(**F. Liszt**)를 알게 된다. 파리로 돌아온 그는 상징주의 시인들과 사귀며, 인상파 화가들과 동양음악을 발견한다. 1894년 교향곡 〈목신의 오후의 전주곡 *Prélude à l' après-midi d' un faune*〉을 작곡하여 커다란 성공을 거둔다. 인상주의적이라고 할 수 있는 첫 번째 시기는 오페라 〈펠레아스와 멜리장드 *Pelléas et Mélisande*, 1902〉의 창작과 그것이 불러일으킨 스캔들로 막을 내린다. 비평가들의 의견은 나뉘었지만, 드뷔시는 이 작품으로 프랑스 최고의 작곡가 반열에 오른다. 1905년에 작곡한 교향곡 〈바다 *La Mer*〉는 주류 음악계로부터 심한 공격을 받는다. 하지만 작품의 깊은 독창성은 다음 세대에 커다란 영향을 미친다. 피아노곡 〈이미지 *Images*〉를 비롯한 수많은 작품들이 창작되는 두 번째 단계에서, 드뷔시는 이전의 모든 형식적 관습으로부터 벗어난 현대적 스타일을 드러낸다. 드뷔시 음악은 당시 유럽에서 유행하던 후기낭만주의나 바그너주의와 대립적이다. 전통적인 요소는 찾아볼 수 없고, 주제마저 파편적이다. 종종 강렬한 색채와 감정이 작품을 지배한다. 그의 생각은 결코 막연하거나 희미하지 않으며, 데생은 언제나 명확하고, 음악은 강력하리 만큼 관능적이다. **드뷔시의 음악은 명확한 이미지와 인상들을 음악으로 표현하여, 청중의 내부에 특별한 감정을 일게 하는데 성공한다.** 특히 그의 음악은 동양음악에서 자유롭게 영감을 받은 멜로디의 구성으로 특징지어진다.

에디뜨 삐아프
E. Piaf

에디뜨 삐아프를 둘러싼 전설에 따르면 그녀는 1915년 파리 벨빌(**Belleville**)街 72번지 인도(人道)에서, 한 경찰의 외투에 싸여 태어났다고 한다. 실제로는 뜨농(**Tenon**) 병원에서 태어났을 것으로 짐작되지만, 그러한 전설은 에디뜨의 대중적인 이미지와 맞물려 우리들의 머리에 강하게 각인되었다. 곡예사인 아버지와 거리의 가수인 어머니 사이에 태어난 에디뜨는 예술가로서의 삶을 운명적으로 지니고 태어난 듯하다. 그녀는 어린 시절의 몇 해를 포주인 외할머니와 보낸다. 전쟁이 끝난 후, 유랑극단에 몸을 담은 아버지는 에디뜨를 자신의 극단에서 노래를 부르게 한다. 인도(人道), 극단, 상송, 사창가, 참으로 특이한 어린 시절의 삶을 그녀는 보낸다.

그 사이 사랑을 하고 아이를 잃고, 가난과 마약과 매춘의 어려운 삶을 보냈던 에디뜨는, 1935년 루이 르쁠레(**L. Leplée**)의 초대로, 제르니스(**Le Gerny' s**)에서 처음 정식으로 노래를 부르고, 삐아프란 애칭을 얻게 된다. 1937년 레이몽 아소(**R. Asso**)의 도움으로, 거리의 방탕한 생활에서 완전히 벗어난 삐아프는 일에 몰두하고, **ABC**방송은 그녀를 에디뜨 삐아프란 새로운 무대 명으로 소개한다. 2차 세계대전 이전, 삐아프는 파리에서 브르똥(**A. Breton**), 꼭또(**J. Cocteau**) 등과 만나고, 1944년 당시 알려지지 않았던 이브 몽땅을 만나 사랑을 하고, 1946년 그와의 사랑을 〈장밋빛 인생 *La Vie Rose*〉으로 노래한다. 1947년 뉴욕에서 세계적인 복서 마르셀 세르당을 만나 '세기의 연인'을 이루었던 삐아프는 1949년 비행기 사고로 세르당(**M. Cerdan**)을 잃고 절망에 빠진다. 세르당과의 사랑으로부터 〈사랑의 찬가 *L' Hymne à l' amour*〉가 만들어지지만 그녀의 삶은 결코 예전과 같을 수 없다. 그녀는 세계적인 스타가 되지만, 그녀의 삶은 실패의 연속으로 이어진다. 그녀는 남자들을 키우기를 좋아했고, 그들을 스타로 만들어주었다. 조르주 무스타키도 예외는 아니었고, 죽기 일 년 전의 결혼도 그러한 경우에 속한다. 그라스(**Grasse**) 근처에서 요양 중이던 삐아프는 1963년 10월 11일, 장 꼭또와 같은 날 사망하고, 거대한 군중들 앞에서 파리의 공동묘지 뻬르 라 셰즈(**Père-Lachaise**)에 안장된다.

새롭게 태어나는 프랑스의 코미디 뮤지컬

프랑스 현대 코미디 뮤지컬은 〈스타마니아 Stamania〉와 함께 시작되었다고 해도 과언이 아닐 것이다. 그 이전에 프랑스가 코미디 뮤지컬의 역사를 갖지 않은 것은 아니지만, 미국과 영국의 뮤지컬과 대등할 만큼의 대중적인 호응을 받는 뮤지컬이 생겨난 것이 〈스타마니아〉와 함께이기 때문이다. 모노폴리스(**Monopolis**)라 불리는 음험한 거대도시와 광적인 삶을 노래하는 〈스타마니아〉는 1978년 우선 노래로 만들어져 즉각적인 성공을 거두었다. 훗날 〈파리의 노틀담성당〉을 통해 더욱 유명세를 타게 될 퀘벡출신 뤽 쁠라몽동(**L. Plamondon**)이 가사를 만들고, 미셸 베르제(**M. Berger**)가 곡을 붙였다. 그리고 1979년, 코미디 뮤지컬로 만들어져 처음으로 빨레 데 꽁그레 (**Palais des Congrès**)의 무대에 오른다. 그 후로는 이 록 · 오페라가 파리나, 프랑스 또는 외국 어디에서인가 공연되지 않은 날이 거의 없었을 것이다.

1973년 코미디 뮤지컬 〈프랑스대혁명 *La Révolution française*〉을 무대에 올렸던 알랭 부브릴(**Alain Boublil**)과 끌로드 미셸 쇤베르(**C. M. Schönberg**)는 1980년 빅토르 위고의 소설 「레미제라블 *Les Misérables*」을 무대에 올린다. 수십만 명의 파리지엥이 작품을 감상하지만, 더욱 커다란 성공을 거두는 것은 1985년 런던에서, 그리고 1987년 뉴욕에서 무대에 오른 영어판 〈레미제라블〉이다. 어쨌든 〈레미제라블〉의 국제적인 성공은 많은 프랑스어권 작곡가들에게 프랑스에서 뮤지컬이 가능하다는 확신을 심어주었고, 모험을 가능하게 했다.

80년대 후반과 90년대 초반, 파리는 런던과 뉴욕의 뒤를 잇는 세 번째 뮤지컬 도시로 많은 작품들을 무대에 올린다. 하지만 프랑스의 코미디 뮤지컬을 다시 일으켜 세운 것은 〈파리의 노틀담성당〉이다. 1998년 파리에서 처음 공연된 후, 프랑스와 외국에서 끝없이 공연되는 〈파리의 노틀담성당〉은 21세기 프랑스 뮤지컬이 급속도로 성장하는 데 토대가 된다. 문학작품을 소재로 한 〈트리스탄과 이즈 *Tristan et Yseult*〉, 〈어린 왕자 *Le Petit Prince*〉, 〈돈 주앙 *Don Juan*〉 등 하루 저녁에도 수십 편의 코미디 뮤지컬이 쇼 비즈니스 차원에서 무대에 오르지만, 모두가 성공하는 것은 아니다. 관객들을 쉽게 동화시킬 수 있는 줄거리에, 어렵지 않은 노랫말, 그리고 금방 흥얼거리며 따라 부를 수 있는 곡조, 다양한 연출의 아름다움을 느낄 수 있는 무대 등이 갖추어져야 성공적인 뮤지컬이 탄생하는 것이다. 〈십계 *Les Dix Commandements*〉와 〈로미오와 줄리엣 *Roméo et Juliette*〉 역시 그러한 반열에 속하는 뮤지컬로, 파리 무대에서 〈파리의 노틀담성당〉과 겨루게 된다.

코미디 뮤지컬 〈파리의 노틀담성당 *Notre-Dame de Paris*〉

〈파리의 노틀담성당〉은 1998년 파리의 빨레 데 꽁그레에서 처음 상연된 코미디 뮤지컬이다. 동명의 빅토르 위고의 소설에서 영감을 받았고, 리샤르 꼬시앙뜨(**R. Cocciante**)가 작곡을, 뤽 쁠라몽동이 작사를 맡았다. 프랑스에서

cours de culture française à l'université

초연된 이후에 벨기에, 스위스, 퀘벡 등 불어권에서 공연되고, 뒤이어 라스베가스와 런던 등에서 영어버전으로 공연되었다. 2005년 파리에서 다시 공연되기 전에 이탈리아와 스페인, 그리고 아시아 국가로 한국과 중국, 타이완 등에서 공연된다. **아름다운 집시 여인 에스메랄다(Esmeralda)에 대한 세 남자의 사랑**, 즉 플뢰르 드 리스(**Fleur-de-Lys**)의 약혼자이며 근위대장인 피뷔스(**Foebus**), 부주교인 프롤로(**Frollo**)의 각기 다른 사랑과 갈등, 그리고 곱사등이 성당 종치기인 까지모도(**Quasimodo**)의 죽음을 초월한 영원한 사랑이 노틀담성당을 배경으로 펼쳐진다. 음유시인 그랭구아르(**Gringoire**)가 부르는 서시 '성당의 시대 *Le Temps des cathédrales*'를 시작으로 펼쳐지는 50여 곡의 노래와 박진감 넘치는 무용, 단순하고 현대적인 무대는 관객들을 행복감에 사로잡히게 하기에 충분하다. 뮤지컬 〈파리의 노틀담성당〉이 관객들을 사로잡은 이유 중의 하나는 현대적 메시지 때문이다. 까지모도의 추한 외모가 오히려 죽음마저 초월하게 하는 사랑을 가능하게 한다는 점에서 현대 사회에 자리 잡고 있는 배타성, 모든 인종적, 종교적, 언어적 편견 등을 비난하고 있다. 차이를 넘어서는 사랑과 관용의 메시지를 뮤지컬은 명확히 보여준다. 특히 현대적 소품과 무대장치를 통해 보여주는 과거의 집시들, 그리고 **현대의 불법 이민, 불법 체류자들에 대한 연민과 강한 연대의식**은 예술이 지향하는 가치를 잘 나타낸다. 그리고 그들을 배척하는 부르주아 윤리의 편협함을 뮤지컬은 고발하고 있다. 〈파리의 노틀담성당〉은 프랑스에서 코미디 뮤지컬을 유행시켰을 뿐만 아니라, 프랑스 코미디 뮤지컬을 전 세계적으로 새롭게 인식시키는 계기가 되었다. 20여 년 이래 그러한 성공을 가져온 뮤지컬이 없었고, 브로드웨이의 어느 뮤지컬보다 높은 수익을 창출하였다. '아름다운 여인 *Belle*'은 여론조사에서 세기의 샹송으로 지목될 정도였다. 〈파리의 노틀담성당〉의 성공은 물론 사랑을 줄거리로 한 빅토르 위고의 동명 원작의 대중성에 기인하다고 할 수 있다. 하지만 보다 직접적인 원인은 **준비된 지속적인 광고효과**로부터 나온다. 작품이 무대에 오르기 이전 해부터 라디오와 **TV**를 통해 작품 중의 일부가 관객에게 소개되었다. 특히 영어 버전의 공연에 앞서, 노래 '살다 *Vivre*'는 뮤지컬에 출현하지 않은 샹송가수 셀린 디옹에 의해 불려졌다. 그리고 처음 작품의 공연에 참여한 프랑스와 퀘벡의 가수들은 이 뮤지컬을 통해 솔로가수로 데뷔하는 계기를 맞게 되었다.

cours de culture française à l'université　　　liberté égalité fraternité

프랑스어 회화 표현 :	**Allô! Michel est là?**　　- **Qui est à l'appareil?** **C'est Arie.**　　- **Ne quitte pas. Je te le passe.**

과제 또는 토론 :

❶ 에릭 사띠의 곡들을 감상하고 이야기해보시오.
❷ 에디뜨 삐아프의 노래를 감상하고 느낌을 이야기해보시오.
❸ 소설 「노틀담의 꼽추」을 읽고 코미디 뮤지컬과의 차이점을 말해보시오.

참고자료 :

〈샹송의 여왕 - 에디트 피아프〉, KBS 1TV, TV문화기행.
〈라비앙 로즈〉, 올리비에 다한 감독, 마리온 꼬띨라르 주연, 2007.
Notre Dame de Paris, DVD, 코미디 뮤지컬.
〈노틀담의 꼽추〉, 게리 트러스데일, 커크 와이즈 감독, 애니메이션 영화, 1996.
〈노틀담의 꼽추〉, 장 들라누아 감독, 안소니퀸 주연, 1957.
http://nddparis.free.fr
「노틀담의 꼽추」, 빅토르 위고, 김영한 옮김, 2001.

꼬메디 프랑세즈
Comédie française

프랑스 연극을 생각할 때 가장 먼저 떠오르는 것은 극단 꼬메디 프랑세즈가 자리 잡고 있는 파리 1구, 루브르박물관 약간 북쪽에 있는 리슐리유관이다. 리슐리유의 주문으로 건축가 자끄 르메르시에(**J. Lemercier**)가 설계한 고전적 아름다움의 빨레 화이알(**Palais royal**) 한 쪽에 자리 잡은 건물은 **프랑스 고전극, 그리고 대중 연극의 상징적 건물**이다.

007.

몰리에르부터 므누슈킨까지

de molière à mnouchekine

유학시절, 프랑스 친구들과 꼬메디 프랑세즈에서 연극을 관람한 적이 있다. 비싼 좌석은 예매로 팔고, 6층 가장 꼭대기의 값싼 좌석만 시작 전에 줄을 서서 표를 살 수 있다. 꼭대기에 올라가면 저 아래 무대는 거의 보이지 않을 정도이지만, 프랑스의 가장 전통 있는 극장에서 고전극을 본다는 기쁨은 이루 말할 수 없다. 꼭대기 좌석에서 무대를 보기 위해서는 몸을 일으키고, 고개를 길게 빼야 한다. 그 모습이 닭장에 있는 닭이 모이를 쪼기 위해 목을 빼는 것과 비슷하다 하여, 꼭대기 좌석을 '닭장'이라는 프랑스어 단어인 '뿔라이에(**poulailler**)'라고 부른다. 프랑스의 젊은이들은 공연이 시작되면 맨 아래층 로얄석의 빈 좌석을 눈여겨 봐둔다. 그리고 중간 휴식시간에 그 좌석으로 내려가, 절반은 가장 좋은 자리에서 남은 공연을 구경할 수 있다. 극장 안내원들은 우리나라처럼 표를 확인하며 엄격하게 단속하지 않는다. 젊은이들의 객기를 눈감아주는 것이다. 물론 그렇다고 꼭대기 층의 모든 사람들이 아래 층으로 몰려가 모든 좌석을 채우지도 않는다.

중앙집권적인 성향의 루이 14세는 1680년 당시에 경쟁관계에 있던 파리의 두 극단, 몰리에르(1673년에 사망)가 이끌던 극단인 '떼아트르 드 게네고(**Théâtre de Guénégaud**)'와 비극을 주로 공연하던 '오텔 드 부르고뉴(**Hôtel de Bourgogne**)' 극단을 합하여 '꼬메디 프랑세즈'를 만들게 한다. 몰리에르가 이끌던 극단의 단원들이 꼬메디 프랑세즈의 대부분을 차지하였기 때문에, 몰리에르 작품은 극단의 공연 작품 중에서 가장 우선시된다. 그렇기에 꼬메디 프랑세즈는 그 이후로 '몰리에르의 집 **La Maison de Molière**'이라고 불리었고, 몰리에르는 꼬메디 프랑세즈의 영원한 '주인 **Patron**'으로 남게 된다. 그의 작품은 꼬메디 프랑세즈에서 3,200회 이상 공연되었다. 매년 그의 탄생일인 1월 15일에 공연이 끝나면, 단원들은 세월이 지났음에도 불구하고 영원히 사랑을 받는 그의 작품들에 대한 경의와 함께 몰리에르에게 경의를 표하는 의례를 갖는다. 오늘날 꼬메디 프랑세즈는 **상설극단과 정식단원을 가지고 있는 유일한 국립극단**이다. (꼬메디 프랑세즈는 최대 70명의 단원을 채용할 수 있으며, 2008년 현재 38명의 정식단원과 21명의 임시단원으로 구성되어있다. 20년 이상 근무한 정식단원은 은퇴 후 일정한 절차를 거쳐 명예직인 종신단원으로 임명된다.) 꼬메디 프랑세즈의 문장(紋章)인 벌들이 몰려있는 벌집의 이미지는 극단의 왕성한 창작력을 상징하고, 명구(名句) '**SIMUL ET SINGULIS**'는 '함께 하면서 자신을 지킨다'는 의미를 갖는다. 자신의 개성을 십분 발휘하면서도 전체를 위해 협력해야 한다는 의미일 것이다. 극단 꼬메디 프랑세즈는 혁명기인 1799년 리슐리유街에 있는 지금의 극장 리슐리유관에 들어가게 된다. 건축가 빅또르 루이(**V. Louis**)에 의해 지어진 이탈리아풍의 극장인 리슐리유관은 빨레 화이알과의 조화를 깨뜨리지 않도록 지어졌으며, 아마도 세계에서 가장 유명한 극장 중의 하나일 것이다. 3,000여 개의 작품 목록을 갖고 있는 꼬메디 프랑세즈는 파리에 3개의 공연장을 갖고 있다. 빨레 화이알의 부속건물인 리슐리유관(**Salle Richelieu**)과 떼아트르 드 비유 꼴롱비에(**Théâtre du Vieux-Colombier**), 스튜디오 떼아트르(**Studio-Théâtre**)가 그것들이다.

프랑스의 국립극장

꼬메디 프랑세즈는 프랑스의 다섯 개 국립극장 중에서 전술한 바처럼 유일하게 상설극단을 가지고 있고, 극작품을 통해 프랑스 문화유산을 알리는 것을 미션으로 삼는 국립극장이다. 예외적으로 현대 또는 외국의 극작품을 공연하기도 한다.

꼬메디 프랑세즈는 공연 이외에도 공연과 관련된 모든 예능 및 기술 직종을 배우고 보존하는 학교의 역할을 담당한다. 반면에, 에펠탑 맞은 편 트로까데로(**Trocadéro**)의 샤이오궁에 위치한 샤이오 국립극장(**Théâtre National de Chaillot**)은 대중을 위한 다양한 프로그램과 함께 대중국립극장으로서의 미션을 갖고 있다. 프랑스 연극의 신화적 존재인 장 빌라르(**J. Villars**)가 설립한 전신 국립민중극장(**TNT**)의 정신을 계승하고 있다. 파리 20구에 자리 잡고 있고, 가장 뒤늦게 국립극장이 된 꼴린 국립극장(**Théâtre National de Colline**)은 20세기 작가들의 작품을 무대에 올리며, 특히 생존해 있는 작가들의 작품을 공연하는 것을 임무로 한다. 명칭에서 드러나듯이 유럽 전체를 상대로 하는 극장인 오데옹 유럽극장(**L' Odéon-Théâtre de l'Europe**)은 유럽의 고전과 현대 작품을 공연하거나, 유럽의 배우들을 초빙하여 공연한다. 마지막으로, 스트라스부르 국립극장(**Théâtre National de Strasbourg**)은 지방에 있는 유일한 국립극장이며, 현대 연극의 탐구를 소명으로 한다. 그리고 배우, 극작가, 무대감독 양성을 위한 교육을 담당한다.

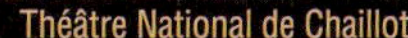

Théâtre National de Chaillot

〈왕의 춤 , 2000〉   *Le Roi danse*

제라르 꼬르비오(**G. Corbiau**) 감독의 〈왕의 춤〉에는 17세기 프랑스의 두 명의 예술가가 등장한다. 이 탈리아에서 귀화한 왕실악단 지휘자인 륄리(**Lully**)와 왕실극단 연출자인 몰리에르이다. 루이 14세는 정치적인 목적으로 음악, 발레, 연극 등 예술을 적극적으로 후원한다. 〈왕의 춤〉에서 우리는 자신의 정 치적 의도를 감추고, 발레에 몰입하는 무용수로서의 루이 14세를 만난다. 루이 14세의 후원에 힘입은 두 사람은 각기 륄리는 음악을 그리고 몰리에르는 연극을 통해, 루이 14세의 의도에 부합하며 자신들의 독특한 예술적 시각과 방식으로 음악과 연극을 발달시킨다. 두 사람은 특히 **극과 음악을 결합시킨 '꼬 메디 발레 Comédie-ballet' 라는 새로운 장르를 탄생**시킨다. 꼬메디 발레는 영화 속에서, 1664년 5월 8 일 베르사유 궁전에서 공연된 〈엘리드 공주 *La Princesse d' Élide*〉를 통해 잘 그려진다. 극 중에서 두 인물이, 하나는 대사로 다른 하나는 노래로 서로를 길들이듯이, 서로 다른 두 장르가 결합하여 새로 운 장르를 탄생시킨 것이다. 꼬메디 발레라는 새로운 표현양식을 경험한 음악가 륄리는 이탈리아 오페 라와는 전혀 다른, 서곡이 붙은 5막 구성의 프랑스 오페라의 기본적인 틀을 마련한다. 두 사람은 영화 의 뒷부분에서 나오는 〈서민귀족 *Le Bourgeois gentilhomme*〉을 1670년에 함께 만든다. 귀족이 되 기 위해 수단과 방법을 가리지 않는 당시의 세태를 터키라는 이국적 분위기와 함께 풍자한 극은 아주 성공적으로 공연되었다.

몰리에르   **Molière**

프랑스어 이름 중에서 가장 아름다운 이름 중의 하나인 몰리에르의 본명은 장 밥띠스뜨 뽀끌랭(**Jean-Baptiste Poquelin**)이다. 무용수의 이름에서 빌렸다고 말하기도 하고, 몰리에르가 프랑스 남부 마을 의 이름에서 따왔다고 전해지기도 한다. 꼴레쥬 드 끌레르몽(**Collège de Clermont**, 지금의 루이 르 그랑 고등학교 **Lycée Louis le Grand**)에서 공부를 한 몰리에르는 부르주아의 편안한 삶을 누릴 수 있었으나, 1643년 9명의 배우들과 '유명극단 **l' Illustre Théâtre**' 을 창단해 연극인으로서의 생활을 시 작한다. 초기에, 파리에서 어려운 시기를 보낸 몰리에르와 단원들은 1646년부터 1658년까지 당시 대부분 의 유랑극단들처럼 지방을 순회하며 공연한다. 몰리에르 극단은 1658년부터 궁정에서 공연을 하게 되 며, 몰리에르는 극단의 연출자로, 작가로, 배우로 자신의 역량을 발휘한다. 몰리에르의 고전 희극은 부 패한 성직자와 바람난 여인 등 전형적인 인물들이 등장하여 관객을 웃기는 15세기 소극, 고도의 표현능 력을 갖춘 배우들의 즉흥연기가 중심이 되는 16세기의 이탈리아 희극에 뿌리를 두고 있다. 30편이 넘는 그의 작품 중에서 1662년 말 초연된 〈아내 학교 *L' École des femmes*〉는 **희극이라는 작은 장르를 비 극과 동일한 위대한 장르의 위상에 오르게 한다.** 귀족들과 성직자들은 자신들이 '어릿광대' 라고 폄하했 던 극작가 몰리에르가 방탕하고, 반체제적인 작가임을 〈아내 학교〉를 통해 발견한다. 그를 상대로 성직 자들의 음모가 시작되며, 그의 경쟁자들 또한 무리지어 그를 비난한다. 몰리에르는 1664년 초연된 〈따 르뛰프 *Tartuffe ou l' imposteur*〉에서 **위선적인 신자들에 대한 조롱과 비난을 주저하지 않는다.** 이에 분노한 성직자 계층은 강력한 '성체회' 의 지원을 통해 몰리에르를 공격하고, 〈따르뛰프〉는 공연이 금지 된다. 몰리에르가 1665년 〈돈 주앙 *Don Juan*〉을 통해 성직자들의 조직적인 자신에 대한 음모를 분명 히 언급하자, 성직자들의 분노는 극에 달하고 몰리에르는 그들의 지속적인 비난과 원한의 대상이 된다. 몰리에르 작품 속에서 **웃음은 연극의 근본이며, 새로운 의미를 갖는다.** 그것은 때론 등장인물을 조롱함 으로써 도덕적 기능을 수행한다면, 때론 관객들을 즐겁게 하여 행복감에 빠지게 하는 역할을 한다. 인 간의 원죄와 타락을 주장하는 교회에 대항하여 사람들로 하여금 웃게 하는 것은 중세 때처럼 하나의 도발적 행위이다. 몰리에르에게서 등장인물은 단일한, 고정된 성격을 드러내지 않는다. 복잡한 현실이 그렇듯이 **인물의 성격은 다양한 측면을 드러낸다.**

그리고 인물은 극이 전개됨에 따라 변화한다. 희극의 전통적 개념에 대한 몰리에르의 혁신은 개념과 관습에 충실한 현학자들의 비판을 받는다. 몰리에르를 통해 희극은 비판적인 눈으로 사회를 바라보게 되었고, 이제까지 자신의 영역 밖이라고 간주되었던 문제들과 연관된다. 자신에 대한 끊임없는 음모에 시달리고, 건강과 가정문제로 약화된 몰리에르는 말년에 인물들의 개인적 습관이나 악의적인 성격 등에 관심을 갖고, 특히 꼬메디 발레의 발달에 더욱 몰두한다.

보마르세   Beaumarchais

피가로 3부작 〈세비야의 이발사 *Le Barbier de Séville ou la Précaution inutile*, 1775〉, 〈피가로의 결혼 *La Folle journée, ou la Mariage de Figaro*, 1784〉, 〈죄 있는 어머니 *L' Autre Tartuffe, ou la mère coupable*, 1792〉의 작가로서 보마르세는 18세기에 대중들의 사랑을 가장 많이 받은 극작가일 것이다. 특히 검열과 루이 16세의 무관심으로 무대에 오르지 못하던 〈피가로의 결혼〉은 마리 앙뚜와네뜨(**M. Antoinette**)의 후원으로 1784년 꼬메디 프랑세즈에 의해 무대에 올라, 극단 역사상 가장 커다란 흥행에 성공한다. 1784년 기록적인 67회의 공연을 하고, 4년 동안 100회 이상의 공연을 하게 된다. 재치 있는 대사, 유쾌한 오해, 화려한 대목, 이상적인 배역, 이 모든 것들이 작품 수가 많지 않음에도 불구하고 보마르세로 하여금 꼬메디 프랑세즈에서 가장 자주 공연된 작가 중의 한 사람으로 만들었다. 꼬메디 프랑세즈에서 1989-1991년 사이에 계속된 피가로 3부작 공연은 매우 성공적으로 이루어졌으며, 작가가 오늘날까지도 관객들에 의해 높이 평가받고 있음을 말해주고 있다. 귀족계층이 새로운 철학적 사상과의 접촉으로 흔들리는 시기에 **보마르세는 자신의 극작품들을 통해 새롭게 태어나는 부르주아와 민중의 자유를 그리고 있다.** 특히 그의 작품 속의 놀라운 정신의 자유로움은 보마르세로 하여금 모든 시대에 걸쳐 영원히 젊은 작가로 남게 한다.

〈피가로의 결혼〉

이발사의 직을 그만두고 알마비바(**Almaviva**) 백작을 섬기기 위해 들어간 피가로는 백작부인의 시녀인 수잔(**Suzanne**)과 결혼하려 한다. 그런데 아내에게서 권태를 느낀 백작은 사랑의 모험을 찾아 나선다. 수잔의 매력에 이끌린 백작은 갓 결혼한 신부의 매력을 남편보다 앞서 맛볼 수 있는 귀족의 권리(초야권)를 복원하려 한다. 백작의 노골적인 추파에 수잔은 모든 사실을 피가로와 백작부인에게 밝힌다. 백작은 자신을 상대로 연합한 아내, 피가로, 수잔과 맞서지만 함정에 빠져 무릎을 꿇고 만다. 그리고 피가로는 수잔과 결혼을 한다. 아주 단순한 줄거리를 지닌 〈피가로의 결혼〉의 독창성은 전혀 다른 곳에 있다. 웃음과 바람기, 그리고 인물들의 관계는 작품이 지니는 사회적 메시지를 겉으로 드러나지 않도록 가리고 있다. **〈피가로의 결혼〉과 함께 억압받는 사람들의 권리가 처음으로 프랑스 연극무대에서 표현된다.** 동시에 계급과 특권계층을 바탕으로 이루어진 사회가 서서히 막을 내린다. 〈피가로의 결혼〉이 갖는 저항적 힘은 제2차 세계대전 중에 비시정권으로 하여금 작품의 공연을 금지하게 만든다. 작품 가운데 가장 유명한 장면은 5막 3장에서 피가로가 긴 독백을 통해 알마비바 백작에 대해 언급하는 장면이다. '당신이 대귀족이라고 해서 아주 대단한 천재나 된다고 생각하시나요? … 귀족이라는 신분, 재산, 지위, 직책들… 이 모든 것이 무척 자랑스러운가 보죠! 그 많은 재산을 위해 당신이 한 것이 무엇입니까! 당신이 한 것이라고는 태어나느라 수고한 것, 그것 밖에는 없죠. …' 피가로의 이 독백은 프랑스대혁명 이전 오랫동안 쌓인 귀족들에 대한 민중과 부르주아의 불만을 기막히게 잘 표현하고 있으며, 보마르세를 루소, 볼테르와 더불어 프랑스 혁명의 도래를 잘 예감한 작가라고 평하는 것도 그래서일 것이다.

영화 〈쇼생크 탈출, 1994〉과 *The Shawshank Redemption* 오페라 〈피가로의 결혼〉 *Les Noces de Figaro*

앤디(**Andy**) 역의 팀 로빈슨(**T. Robbins**)이 주연으로 나와, 자유에 대한 희망을 끝까지 포기하지 않고 추구하는 영화 〈쇼생크 탈출〉 중에 정말 인상적인 장면이 있다. 앤디는 교도소로 보내온 책들을 정리하던 중 파란 커버에 '*Le nozze di Figaro*' 라고 쓰인 음반을 발견한다. 잠시 혼자 감상하던 앤디는 스피커를 통해 운동장에 있는 모두 죄수들에게 '피가로의 결혼'을 들을 수 있게 한다. **자신과 모든 것을 포기하고, 감옥 안의 삶에 적응하며 만족해하는 죄수들에게 자유, 삶, 행복이 갑자기 전파를 타고 전해지는 것이다.** 죄수들은 한순간 넋을 잃고, 아름다운 음악에, 그리고 자신들이 잊었던 그 무엇인가에 빠져든다. 꿈처럼 높은 곳에서 새가 나는 듯한 느낌을 받았다고 레드는 술회하고, 그것은 절망적 상황에서도 그들로 하여금 희망을 갖게 한다. 교도소 벽을 타고 퍼져가는 아름다운 아리아처럼 한순간 모든 죄수들은 자신들의 내부에 있는 벽을 무너뜨린다. 이 음악이 유명한 모차르트의 오페라 〈피가로의 결혼〉 3막에서 백작부인과 수잔나(수잔)가 부르는 '저녁 바람이 부드럽게' 이다. 〈피가로의 결혼〉은 오스트리아 황제 요제프 2세의 칙명으로 로렌쯔 다 폰테(**Lorenzo da ponte**)가 번안하고, 모차르트가 작곡을 하여 오페라로 새롭게 태어난다. 그리고 빈에 있는 부르크 극장에서 1786년에 초연되었다.

극작가협회
Société des auteurs et compositeurs dramatiques

보마르셰에 의해 쓰인 〈세비야의 이발사〉는 로시니(**G. Rossoni**)에 의해 1816년 오페라로 만들어져 로마에서 초연되었다. 경쾌한 선율과 작품 전편에 담긴 기지와 풍자로 유명한 오페라 〈세비야의 이발사〉는 로시니의 대표작 중의 하나이다. 〈세비야의 이발사〉의 성공과 오랜 공연에도 불구하고 보마르셰는 작품에 대한 최소한의 대가밖에는 지불받지 못한다. 그는 자신들의 독점권을 이용하여 극작가들의 권리를 남용하는 꼬메디 프랑세즈에 항거하기 위해 작가들을 규합하고, 1777년 최초의 극작가협회의 설립을 제안한다. 이렇게 탄생된 극작가협회(1777-1780)는 가장 오래된 저작권 경영자문회사이다. 그의 투쟁은 1791년 국회로부터 저작권의 법적인 승인을 얻어낸다. **작가와 그들의 권리를 보호하기 위한 세계 최초의 법률이 이렇게 탄생한다.** 법률은 '모든 소유권 중에서 가장 성스럽고, 침범할 수 없으며, 개인적인 것은 작가의 사상의 열매인 작품이다.' 라는 것을 명시하고, 지적 소유권이 '다른 소유권과는 다른 종류의 소유권' 임을 이미 밝히고 있다.

 cours de culture française à l'université

므누슈킨과 '태양극단'
Ariane Mnouchkine 'Théâtre du Soleil'

1970년, 공연을 위한 적당한 공간을 찾지 못한 아리안 므누슈킨이 이끄는 태양극단은 벵센느 숲(**Bois de Vincennes**)의 버려진 옛 탄약 창고로 들어와 새로운 작품 〈1789〉를 무대에 올린다. 나폴레옹 3세 치하에 만들어진 **까르뚜슈리(Cartoucherie, 프랑스어로 탄약 창고를 의미함)는 태양극단과 함께 현대 연극의 명소로서 새롭게 태어난다.** 그 뒤를 이어 장 마리 쎄로(**J.-M. Serreau**)의 폭풍극단(**Théâtre de la Tempête**)과 파리고등사범학교 출신의 아마추어 배우들이 만든 수족관극단 (**Théâtre de l' Aquarium**) 등이 까르뚜슈리에 자리를 잡는다. 지금은 모두 다섯 개의 극단이 자리 잡고 있으며, **기존 프랑스 연극의 엄숙주의에서 벗어나 내용과 형식 면에서 새로움과 자유를 추구**하고 있다. 1964년 소르본느 대학의 몇몇 친구들과 태양극단을 세운 므누슈킨은 초기부터 '나는 현재에 있고, 현재만이 내게 중요하다.' 라고 말하며 동시대의 커다란 문제들에 관심을 갖는다. 노동의 착취를 다룬 〈주방 *La Cuisine*, 1967〉에서부터 불법 체류자 문제를 다룬 〈그리고 갑자기 뜬 눈으로 지샌 밤들 *Et Soudain des nuits d'éveil*, 1997〉을 거쳐 망명자 문제를 다룬 〈마지막 숙소 *Le Dernier caranvansérail*, 2003〉까지, 그녀는 지로두(**J. Giraudoux**)보다는 고르끼(**M. Gorki**)에 가까웠고, 베케트(**S. Beckett**)보다는 주네(**J.-P. Genet**)에 가까웠다.

'공연을 하지 않으면 투쟁한다.' 까르뚜슈리에 있는 태양극단의 단장인 므누슈킨이 프랑스에 불법 체류하는 외국인들에게, 공연이 없는 동안 공연장을 내어주며 한 말이다. 언뜻 생각하면 태양극단이 참여적 극단이라고 생각하기 쉽다. 하지만 므누슈킨과 태양극단에게 무엇보다도 중요한 것은 연극 그 자체이다. 물론 연극이 문제되지 않고, 직접적인 투쟁이 정치적 선전에 의해 왜곡되지 않을 때, 기본권을 위한 행동에 참여할 수 있다. 연극에 대한 사랑과 중요성, 그리고 세상과 인간에 대한 비전을 잘 표현하는 말이라 할 수 있다. 셰익스피어, 몰리에르, 에우리피데스(**Euripides**), 아이스퀼로스(**Aeschylus**)를 통해서도 현대를 증언하는 일을 멈추지 않았고, 연극은 그녀에게 캄보디아로부터 인도까지 인간의 놀랍고 끔찍한 역사를 기술하는 방식이었다. 이따금 자신은 공룡이며, 모든 것을 파괴할 운석이 가까이 오고 있다고 웃으면서 표현하지만, 그녀가 벵센느 숲의 까르뚜슈리에 자리 잡은 지 벌써 40년이 넘었다. 공룡이건, 숲의 요정이건, 그녀는 연극의 이름으로 사람들의 열정을 불러일으키고, 에너지를 모을 수 있는 힘이 있다. 호기심, 놀람, 경이감으로 가득 찬 그녀는 배우들이 연기하는 것을 바라보며 전혀 지겨워하지 않고, 그들과 함께 진리의 순간을 찾기 위해 그들로 하여금 끝없이 즉흥적으로 연기하게 내버려둔다. **태양극단의 단원들은 기술자이건, 행정담당이건, 배우이건, 저자이건 또는 무대감독이건 모두 같은 월급을 받는다.** 므누슈킨도 예외는 아니다. 그들은 공연을 준비하거나 공연을 하는 동안 종일 일해야 하고, 잡다한 일을 비롯하여 까르뚜슈리를 유지하는 일들을 해야 한다.

⟨제방의 북소리, 1999⟩
Tambours sur la digue

1999년 9월 까르뚜슈리에서 공연되었었고, 2001년 가을 우리나라 국립극장에서 공연되었으며, 2002년 영화로 만들어진 ⟨제방의 북소리⟩는 므누슈킨과 오랫동안 함께 작업해온 파리 8대학 교수이며 극작가인 앨렌느 식수(**Hélène Cixous**)가 텍스트를 썼고, 온갖 종류의 악기로 작품의 비극적 전개에 지속적인 리듬을 부여한 장 자끄 르메트르(**J.-J. Lemêtre**)가 음악을 담당하였다.

오래전 중국, 군주 강이 다스리는 지방들을 거대한 홍수가 위협한다. 불길한 소식은 농부들, 도시 그리고 궁전에 전달된다. 제방은 도시든 농촌이든 어느 한쪽만을 막아줄 수 있다. 선택은 잔인하고 비극적이다. 극에 영감을 주었던 1994년 여름 중국의 양자강 대홍수에서, 그와 같은 상황에 부딪힌 중국 정부는 농촌의 희생을 선택했고, 수십만 명이 희생되었다. 작품의 줄거리는 훨씬 이전의 중국을 배경으로 하지만, 어떠한 면에서도 역사적 현실을 무대로 끌어들이지 않는다. 하지만 부패 또는 계획성 없는 도시화, 잘못된 정치적 결정과 재앙만큼이나 끔찍한 내전 등과 관련된 현대 사회의 문제점들을 작품 속에서 강조하고 있다.

줄거리가 중국을 배경으로 한다면, **극의 중요한 형식은 일본의 전통 인형극인 분라쿠**를 빌렸다. '배우들이 역을 맡은 옛 인형극 형태' 라는 부제처럼 작품의 연극성은 분장한 배우들이 역을 맡은 인형들의 표현적이고 정확하며, 빠르게 날아 움직이는 모습에서 얻어진다. 인형들의 이러한 동작은 그들 뒤에 있는 검은 복장을 한 조종자들에 의해 이루어진다. ⟨제방의 북소리⟩에 쓸 북소리를 고민하던 므누슈킨은 1998년 아비뇽 페스티발에서 김덕수의 사물놀이패를 만나고, 한국의 사물놀이를 접한다. 그녀는 단원들로 하여금 몇 개월에 걸쳐 사물놀이를 배우게 하고, **사물놀이를 통해 장엄하면서 서사적이고 비극적인 분위기를 만든다.**

프랑스어 회화 표현 : **C'est combien?**   **- C'est 3 euros.**

과제 또는 토론 :

❶ <왕의 춤>에 나오는 몰리에르의 작품들을 감상하시오.
❷ 아비뇽 축제에 대해 알아봅시다.
❸ 베케트의 <고도를 기다리며>를 감상하고, 토론해보시오.

참고자료 :

<왕의 춤>, 제라르 꼬르비오 감독, 2000.
<쇼생크 탈출>, 프랭크 다라본트 감독, 1994.
<피가로의 결혼>, 모차르트, DVD.
<세비야의 이발사>, 로시니, DVD.
<제방의 북소리>, 므누슈킨, éd. arte vidéo,
프랑스어 판 DVD자료, 1999.
www.comedie-francaise.fr
www.lebacausoleil.com
www.theatre-du-soleil.fr
「타르튀프−서민귀족」, 몰리에르, 백선희 · 이연매 옮김, 동문선, 2000.

008.
제9의 예술, 만화
la bande dessinée, neuvième art

프랑스 만화의 특징

프랑스 만화를 손에 들 때, 가장 먼저 눈에 띄는 것은 **하드커버의 화려한 장정과 완벽한 칼라**로 이루어진 지면이다. 일반 단행본처럼 오래 간직할 수 있도록 소장용으로 만들어지기 때문에 가격이 결코 만만하지 않다. 친구나 자녀들을 위한 생일 선물로 많이 구입되기도 하지만, 결코 어린이나 청소년만을 대상으로 만들어지지는 않는다. 글을 읽을 줄 아는 어린아이부터 해변에서 여유로운 휴가를 즐기는 노년층까지 프랑스 만화의 독자층은 연령과 직업, 사회계층 별로 폭이 넓다. 특히 프랑스를 이끌어갈 엘리트를 양성하는 특수전문대학(그랑제꼴) 도서관에 만화가 가득한 것은, 프랑스 만화의 질적인 수준을 잘 말해준다. 다른 어떤 표현매체보다 자유로운 상상과 표현을 가능하게 하는 만화는 젊은 지식인들에게 따스한 감성과 유머로 긴장을 풀 수 있게 하는가 하면, 치열한 경쟁의 시간을 피해 환상의 세계 속에서 상상의 날개를 마음껏 필 수 있게 한다.

프랑스 만화의 질적인 수준을 말할 때, 빼놓을 수 없는 것이 **그림의 완성도**이다. 작가마다 다른 특색 있는 주제와 인물 데생은 차치하고라도, 한 컷 한 컷의 그림이 빈 곳을 찾아볼 수 없을 만큼 빼곡히 색칠해진다. 이런 다양한 색채의 조화, 구성의 과감한 시도 등은 만화에 회화적 완성도를 높여준다. 더군다나 자료를 자의적으로 사용하지 않고 **충실한 고증을 바탕**으로 하기 때문에 만화는 곧바로 학습의 도구로 사용될 수 있다. 물론 고증에 충실하다는 것이 과거의 모습을 그대로 재현한다는 것을 의미하지는 않는다. 작가는 자료를 정확히 이해한 다음 새롭게 창조하고 변형시켜 작품화하는 것이다. 프랑스 예술가들의 자료에 대한 충실한 조사와 이해는 뤽 베송의 영화 〈잔 다끄 *Jeanne d' Arc*〉나 뮤지컬 〈노틀담의 꼽추 *Notre-Dame de Paris*〉 등에서 특히 잘 표현되고 있다. 이야기 구성과 배경과 관련하여, 작품을 이루는 돌 하나, 풀 한 포기조차 대충 그려지거나 소홀히 취급되지 않는다. 주된 줄거리와 관계없이, 컷의 구석에서 독립적으로 진행되는 작은 에피소드마저도 작품이 끝나는 순간까지 이어진다. 프랑스 만화는 짧은 시간 안에 대충 훑어 읽을 수 있는 것이 아니다. 아주 세밀히 구석구석을 읽어낼 때만이 작가의 의도를 충실히 좇을 수 있고, 폭 넓은 문화를 이해할 수 있다. 특히 문화와 관련하여 **프랑스 만화는 적지 않은 상식과 문화에 대한 이해를 전제**하거나, 바탕으로 쓰인다. 성서를 비롯한 유대인의 문화, 아프리카를 비롯한 대륙들의 문화적 특성, 신화에 대한 기본적인 지식이나 영화 및 문학에 대한 최소한의 상식을 가져야만, 저자의 유머나 말장난의 의도를 파악할 수 있고 함께 웃을 수 있다.

아스떼릭스

Astérix

프랑스를 상징하는 대표적인 만화, 미국의 월트 디즈니가 그린 만화와 같은 작품을 꼽으라면 누구든지 「아스떼릭스」를 말하는데 주저하지 않을 것이다. 「아스떼릭스」는 기원전 1세기, 로마인들이 루테치아(지금의 파리)를 비롯하여 전 갈리아 지방(지금의 프랑스)을 점령하던 시기에, 유럽 켈트문화의 중심지 중의 하나인 브르따뉴 지방을 배경으로 만들어졌다. 불굴의 투지를 가진 골족들이 사는 한 마을이 침략자인 로마군단에 저항한다. 오두막 안에서 신관인 파노라믹스(**Panoramix**)는 사람들의 힘을 수십 배 강력하게 만드는 마법의 묘약을 조제하여, 마을 사람들이 로마군대에 저항할 수 있게 한다. 아스떼릭스, 오벨릭스(**Obélix**) 그리고 오벨릭스가 애지중지하는 개(犬)인 이데픽스(**Idéfix**)는 같은 마을에 살며, 로마인들의 침략으로부터 마을을 지켜낸다. 작지만 꾀 많고 용감한 아스떼릭스와 큰 체구에 힘이 세고, 순진한 오벨릭스는 아무리 위험한 일이라도 주저 없이 뛰어들며, 새로운 모험을 향해 기꺼이 떠난다. 프랑스인들의 기질을 잘 표현하고 있는 **「아스떼릭스」는 기원전 1세기 프랑스인의 로마인에 대한 저항을 모델**로 하여 그렇게 만들어진 것이다.

갈리아의 여러 부족 중 하나인, 아르베른(**Arvernes**)족의 귀족 베르생제또릭스(**Vercingétorix**)는 기원전 52년 여러 부족들을 연합하여 그들의 우두머리가 된 다음, 쥘 쎄자르가 이끄는 로마군에 대항한다. 로마군을 상대로 일진, 일퇴하던 베로생제또릭스는 결국 알레지아(**Alésia**)에서 항복하고, 로마에서 6년간 포로로 갇혀있다가 처형당한다(BC 46년). 프랑스 역사에서 오랫동안 잊혔던 베르생제또릭스는 19세기 말과 20세기 초 프랑스에서 민족주의의 팽배와 함께 새롭게 해석되며 부각된다. 그의 이름은 '위대한 전사들의 위대한 왕'이란 뜻으로 해석된다. 「아스떼릭스」의 등장인물들의 이름에서 공통적으로 사용되는 접미사 '릭스**rix**'는 베르생제또릭스의 경우처럼 라틴어로 '왕'을 의미하는 '렉스**Rex**'에서 왔다고 하기도 하지만, 당시 켈트족의 이름에 공통적으로 붙여졌던 고유 접미사라고 여겨진다.

주제와 등장인물은 만화의 한 장면처럼, 우데르조(**A. Uderzo**)가 살고 있던 파리 근교 보비니(**Bobigny**)의 아파트에서 1959년 7월 어느 날, 두 시간 만에 만들어진다. 같은 해, 만화 「골족의 영웅 아스떼릭스 *Astérix le gaulois*」가 르네 고시니(**R. Goscinny**)와 알베르 우데르조가 합작하여 만든 만화전문잡지 「삘로뜨 *la Pilote*」지의 창간호에 처음 실리게 되고, 1961년에는 「골족의 영웅 아스떼릭스」가 단행본의 형태로 출판된다. 1974년 두 작가는 '스튜디오 이데픽스 *Studios Idéfix*'를 창설하고, 계속해서 공동 작업을 한다. 1977년 르네 고시니가 죽자, 알베르 우데르조는 혼자 시리즈를 계속해서 작업하고, 1979년 '출판사 르네-알베르'를 설립한다. 지금까지 40여 권에 가까운 앨범이 나왔다. 출판 두 주 만에 60만 부 이상의 판매부수를 기록하며(「브르따뉴 마을의 아스떼릭스 *Astérix chez les Bretons*」, 1966) 만화뿐만 아니라 일반 단행본을 포함하여 놀라운 판매량을 자랑하는 「아스떼릭스」는 매 년 300만 부 이상, 지금까지 3억 권 이상의 단행본이 판매되었다. 유럽뿐만 아니라 전 세계로 퍼져나간 「아스떼릭스」는 40개국 이상의 언어로 번역되었다. 우리나라에서도 1993년 처음 소개된 이래, 2001년부터 「골족의 영웅 아스떼릭스」, 「아스떼릭스 클레오파트라를 만나다 *Astérix et Cléopâtre*」, 「글래디에이터가 된 아스떼릭스 *Astérix gladiateur*」를 포함한 25개 정도의 앨범이 본격적으로 소개되어 마니아를 중심으로 널리 읽히고 있다.

만화 「아스떼릭스」에는 다른 어떤 만화보다 문화적인 요소들이 많이 암시·표현되어 있다. 오래된 문화유적, 그림, 문학작품, 역사적 사건, 위대한 인물... 어떤 의미에서 **만화 「아스떼릭스」는 그림으로 된 문화 백과사전**이라고 부를 수 있을 것이다. 군단이 부른 군가, 영화나 오페라에서 빌려온 노래들, 술꾼이 부르는 권주가, 대중가요... 수십 곡의 노래가 다른 등장인물들에 의해 불린다. 16세기 가장 위대한 플랑드르 화가인 피터 브뤼겔(**P. Bruegel**)의 〈농가의 혼인잔치 *Le Repas de noces*〉, BC 5세기 그리스 조각가인 미론(**Myron**)의 〈원반 던지는 사람

Diskobolos〉, 19세기 프랑스 낭만주의의 선구자인 제리꼬(**T. Géricault**)의 〈메두사號의 뗏목〉, 헬레니즘의 전형적인 작품인 〈라오쿤 *Laocoon*〉, 로댕(**A. Rodin**)의 〈생각하는 사람 *Le Penseur*〉, 렘브란트(**Rembrandt**)의 〈툴프 박사의 해부학 강의 *La Leçon d'anatomie du docteur Nicolaes Tulp*〉 등이 비슷한 구도로 표현되어 있으며, 펠리니(**F. Fellini**)의 영화 〈사티리콘 *Satyricon*〉, 마르셀 빠뇰(**M. Pagnol**)의 〈마리우스 *Marius*〉, 〈파니 *Fanny*〉, 007 제임스 본드의 시리즈물, 중국무술영화 등이 부분적으로 소개된다. 문학작품에서 인용된 다양한 표현, 구체적인 신화에 대한 언급 등 「아스떼릭스」를 한 때 유럽 지성인들의 필독서라고 지칭한 이유가 여기에 있을 것이다.

영화 〈아스떼릭스, 1999〉 *Astérix et Obélix contre César*

크리스띠앙 끌라비에(**C. Clavier**)가 아스떼릭스로, 제라르 드빠르디유(**G. Depardieu**)가 오벨릭스로 출연하는 영화 〈아스떼릭스〉에서 로마군은 파노라믹스를 납치하여 묘약을 얻는다. 위기에 처한 갈리아인들을 위해 파노라믹스는 아스떼릭스, 오벨릭스와 함께 그에게 묘약 제조법을 가르쳐준 증조할아버지를 찾아가, 뿔이 두 개 달린 유니콘의 젖을 얻어 훨씬 더 강력한 묘약을 제조한다. 새롭게 제조된 묘약을 먹은 아스떼릭스와 오벨릭스는 수없이 복제되어 마을을 위기에서 구한다. 영화에서 음유시인 아쉬랑스뚜릭스(**Assurancetourix**)가 등장하지만, 사람들은 그가 노래를 부르는 것보다 침묵하는 것을 좋아해서, 자신들의 잔치를 방해하지 않도록 입을 막아 나무에 매어 놓는다. 특히 오벨릭스의 팔발라(**Falbala**, 특별 출연한 모델 레티시아 카스타 **L. Casta**粉)에 대한 순수한 사랑이 아름답게 느껴지는 작품이다. 산돼지 고기를 좋아하는 오벨릭스는 조금 뚱뚱하다는 팔발라의 말에 다이어트를 시작하고, 사랑을 표현하기 위해 커다란 고인돌을 하트 모양으로 다듬어 선물한다. 유머와 우정 그리고 사랑이 담긴 작품 안에서 쥘 쎄자르를 비롯한 로마인들은 갈리아인들의 적이면서, 동시에 뗄 수 없는 이웃처럼 함께 한다.

영화 〈미션 클레오파트라, 2002〉 *Mission Cléopâtre*

세 달 안에 사막 위에 호화로운 궁궐을 지어내라는 명령을 받은, 아방가르드 건축가 누메로비스(**Numérobis**, 자멜 드부즈 **J. Debouze**粉)는 아빠의 친구인 파노라믹스에게 도움을 청하기 위해 갈리아 지방을 찾는다. 파노라믹스가 그의 청을 받아들이고, 아스떼릭스와 오벨릭스 그리고 이데픽스와 파노라믹스의 이집트 여행과 모험은 이렇게 시작된다. 궁전 건축장의 방해에도 불구하고 사막 위에 궁전을 짓는 일은 계획대로 진행된다. 아스떼릭스와 오벨릭스가 바다로 나갈 때마다 만나는 해적 두목 붉은 수염은 자기 배를 스스로 파선시키며 그들과의 싸움을 포기한다. 해적과 관련된 에피소드가 한 작품에서 차지하는 양은 적지만, 각기 다른 앨범에서 등장할 때마다 일관성 있게 묘사되며, 예전의 앨범을 읽은 사람들에게 기억을 상기하며 웃음을 지을 수 있게 한다. 궁정 건축장이 노예들에게 파업을 부추기는 장면이나, 석재상인을 매수하는 장면 등이 심각한 현대적인 메시지를 코믹하게 전달하고 있다면, 작업 도중에 누메로비스와 건축에 참여한 이집트인들이 함께 부르는 팝송 〈기분이 괜찮아 *Il feel good*〉는 영화 전체에 흥을 돋운다. 그리고 인류최고의 문화유산에 대한 소개가 애니메이션으로 흥미 있게 처리되었다. 해적 붉은 수염의 배가 오벨릭스가 찬 돌에 맞아 파선되었을 때, 뗏목 위에 서서 구원을 요청하는 해적들의 모습은 제리코의 그림 〈메두사號의 뗏목〉을 연상시킨다. 낭만주의의 창시자인 제리코가 상선 메두사號가 파선된 후 인육을 먹고 살아남아 구조된 사람들의 이야기를 듣고, 인간의 부정적인 감정을 묘사하기 위해 어둡게 그린 그림인 〈메두사號의 뗏목〉을 알아야만, 만화와 영화의 이 장면을 이해할 수 있을 만큼 회화에 대한 이해를 필요로 한다.

Le Petit Vingtième

Tintin et Milou

땡땡 Tintin

땡땡은 에르제(**Hergé**)라는 필명으로 더욱 유명한 조르주 레미(**G. Remi**)가 쓴 「땡땡의 모험 *Aventures de Tintin*」의 주인공이다. 에르제는 오늘날까지 유명한 치즈 상표인 '웃는 암소 **La vache qui rit**'를 그린 베자민 라비에(**B. Rabier**)가 프레드 이슬리(**F. Isly**)와 함께 만든 앨범 「장난꾸러기 땡땡 *Tintin lutin*, 1897」에 경의를 표하기 위해 자신의 주인공에게 같은 이름을 붙인다. 골프 복장과 도가머리한 주인공의 모습 역시 그의 앨범의 한 등장인물에서 영감을 얻는다. 「소비에트에 간 땡땡 *Tintin aux pays soviets*」에 처음 등장하는 그 유명한 반항적인 도가머리는 주인공의 뚜렷한 특징이 되어 그 뒤로도 계속 이어진다. 라비에의 영향은 거기에서 그치지 않고, 모스크바까지 자동차 여행을 한 라비에는 에르제 만화 주인공의 모델이 된다. 땡땡 연작은 1929년 벨기에의 청소년을 위한 주간지 「르 쁘띠 벵띠엠 *le Petit vingtième*」에 처음 게재되며, 첫 앨범인 「소비에트에 간 땡땡」은 1930년에 출판된다.

cours de culture française à l'université

Exposition Hergé au Centre Georges Pompidou

땡땡의 등장인물들은 외모의 뚜렷한 차이만큼이나 각기 전혀 다른 성격의 소유자들이다. 가족도 없고, 청소년과 성인 사이 나이도 명확하지 않은 땡땡은 만화 속에서 리포터로 소개되지만, 소비에트를 제외하고는 리포터로서의 업무를 수행하지 않는다. 악에 대항해서 싸우고, 약자들을 옹호하며, 친구들에게 변함없는 우정을 보이는 그는 행동하기에 앞서 상황을 분석하는, 지적이고 상상력이 풍부한 '착한 마음'을 가진 인물이다. 많은 외국어를 쉽게 말하고 분장에 능하며, 모든 운송 수단을 다룰 줄 아는 연약한 모습의 땡땡, 하지만 그는 때로 놀라운 힘을 보인다. 그의 곁에는 항상 어디든지 그를 좇는 밀루(Milou)가 있다. 위험을 놀랍도록 미리 예감하고, 뼈를 좋아하는, 그래서 때로 어려운 상황에 빠지기도 하는 밀루는 허풍을 떨거나 미신적인 성향을 보이는 등 매우 인간적인 성격을 드러낸다. 밀루는 어린이들과는 아주 친밀한 관계를 유지하면서 다른 동물들과는 항상 힘든 관계를 벗어나지 못한다. 위스키 '로크 로몬드' 뿐만 아니라 어떤 주류도 사양하지 않는 알코올에 대한 그의 취향이, 육류에 대한 그의 식욕 못지않게 그의 단점이라면 단점이라고 할 수 있을 것이다.「황금집게 발 달린 게 *Le Crabe aux pinces d'or*」에 처음 등장하는 하도크(Haddock) 선장은 친구인 체스터(Chester) 선장과 함께 20년도 넘게 항해를 했다. 애주가이며 다혈질인 그는 쉽게 화를 내지만 금방 화를 푸는, 아주 예민한 성격이다. 땡땡에게 강한 우정을 보이는 그는 그를 위해서라면 목숨도 아끼지 않는다. 하도크 선장이 좋아하는 교수인 뚜르느솔(Tournesol)은 검은 바지와 닻이 그려진 파란 스웨터, 선원의 모자를 쓰는 등 선원의 차림을 하고 있고, 입에는 항상 파이프를 물고 있다. 두 형사 뒤뽕(Dupond)과 뒤퐁(Dupont)은 거의 모든 점에서 유사하지만, 그들 이름의 철자가 다르듯이 쌍둥이는 아니다. 그들 둘을 구별할 수 있게 만드는 유일한 특징은 수염의 형태이다. 뒤퐁의 수염은 휘어졌고, 뒤뽕의 수염은 반듯하다. 떨어지고, 미끄러지고, 사고를 치며 수없이 실수를 범하는 그들은 사막에서 자신들의 발자국 뒤를 좇을 만큼 멍청하기도 하다. 뚜르느솔 교수를 포함한 땡땡의 인물들은 모두 남성들이며, 남성들 사이의 우정만이 강하게 부각될 뿐 여성들과의 관계는 거의 존재하지 않는다. 땡땡이 동성연예자가 아니냐는 충동적인 질문이 없지 않았을 만큼 이성 간의 관계는 작품 속에서 중요성을 띠지 못한다.

1929년에 탄생하여, 1930년 첫 앨범 「소비에트에 간 땡땡」으로부터 1936년 「푸른 연꽃 *Le Lotus bleu*」과 1953년 「달 탐험 *On a marché sur la lune*」을 거쳐, 1960년 「티벳에 간 땡땡 *Tintin au Tibet*」, 그리고 유작인 1986년 「땡땡과 알파아트 *Tintin et l' Alph-Art*」에 이르기까지, 24권의 앨범 연작이 폭발적인 인기를 누리면서 그렇게 장수할 수 있었던 것은 에르제의 작품이 갖는 폭 넓은 역사에 대한 시각과 지리적 배경에 대한 관심 때문일 것이다. 유럽에서 아프리카로, 아메리카에서 다시 이집트로 그리고 아시아로, 「땡땡의 모험」은 우리를 사막과 원시림과 눈이 가득한 극지방의 설산으로 초대한다. **문명이 시작된 고대의 삶의 터전으로부터 인류 문명 발전의 상징인 달 탐험까지, 이기적이고 배타적이며 지배적인 서구 문명의 시각이 아니라, 다정하고 따뜻한 친구의 섬세하고 호기심 어린 시선을 통해, 이 지구상의 다양한 문화와 그 근원들을 보여준다.** 그리고 「땡땡의 모험」 연작은 유머가 가득하면서도, 다른 한 편으로 독자들로 하여금 긴장감을 잃지 않게 하는 서스펜스를 유지시킨다. **에르제는 자신의 만화를 통해, 극단적으로 단순한 선과 색채 그리고 시나리오와 대사 등 만화의 모든 구성 요소들 간의 총체적 긴밀성을 만들어냈고, 유례없는 그래픽 서사양식의 구축에 성공한다.** 오랜 시간이 지났음에도 불구하고 주름 한 점 늘지 않고 늘 같은 모습으로 밀루와 함께 세계 곳곳을 뛰어다니는 땡땡은 드골 대통령의 표현처럼 그의 '유일한 국제적인 적수'였는지 모르겠다. 하지만, 드골 대통령의 이름을 더 이상 기억하지 못하는 세대에게도 에르제의 만화가 읽히는 것을 보면, 드골 대통령은 결코 땡땡의 적수가 되지 못하는 것 같다.

2차 세계대전 이후, 땡땡이 대중적인 인기를 끌기 시작하자 그의 모험을 영화로 만들려는 시도가 생겨났다. 1946
년, 처음으로 기존의 만화를 찍어 만든 연속적인 슬라이드 형태의 영화가 이루어졌고, 1947년 윌프리드 부슈리(**W.
Bouchery**)는 「황금집게 발 달린 게」에서 영감을 얻어, 인형들을 사용한 영화를 만들었다. 하지만 실재 인물이
등장하는 영화는 땡땡의 역할을 맡게 될 배우를 찾지 못해 오랫동안 미루어졌다. 어느 날 땡땡의 모습과 태도를
떠오르게 하는 장 삐에르 딸보(**J.- P. Talbot**)라는 배우가 발굴되고, 1961년 〈땡땡과 황금양털의 신비 *Tintin et le
mystère de la toison d' or*〉가 그리고 1964년 〈땡땡과 파란 오렌지 *Tintin et les oranges bleues*〉가 만들어진
다. 몇 편의 **TV**를 위한 만화 영화가 시도되고, 1969년 〈땡땡과 태양의 신전 *Tintin et le temple du soleil*〉이 장
편 만화영화로 만들어진다. 프랑스의 유명한 샹송가수 자끄 브렐(**J. Brel**)이 이 영화를 위해 특별히 노래를 만든
다. 그리고 1972년, 앨범을 각색하는 것이 아니라 영화를 위한 시나리오가 써지고, 〈땡땡과 상어의 호수 *Tintin et
le lac aux requins*〉가 만들어진다. 어느 경우이든 에르제의 작품 스타일이나 앨범이 주는 매력과는 동떨어진 작
품들이다.

프랑스 애니메이션 영화 : 〈프린스 앤 프린세스, 1999〉
Princes et princesses

그림자 놀이를 바탕으로 한 단순하고 시적인 구도, 어린이에게 기쁨을 주면서도 어른들을 생각하게 하는 깊이 있
는 담론, 때때로 보이는 현대적으로 변화된 예술미학... 미셸 오슬로(**M. Ocelot**)의 그림자 애니메이션 〈프린스 앤
프린세스〉는 각기 독립적인 6편의 이야기가 전체를 구성하는 옴니버스 형식으로 이루어졌다. 각 에피소드의 초반
도입부 묘사를 통해 우리는 우선 두 가지 사실을 주목할 수 있다. 하나는 **영화의 현주소**에 관한 것이다. 거대한
빌딩들 가운데 높이가 낮은, '영화관 **cinéma**' 이라고 쓰인 구식 건물, 변해가는 현대문화, 문명 속에서 영화는 점
점 퇴화되어 가고 있다. 프랑스의 많은 극장들이 정부의 보조금에 의해 겨우 유지되고 있는 사실에 주목하면, 이
러한 묘사는 프랑스 영화의 현주소를 잘 말해주고 있다. 영화제작이 완성되고 영화가 시작되는 순간, 극장 안은
관객이 전혀 없는 텅 빈 공간이다. 다양한 스포츠와 여행, 인터넷과 **TV**... 디지털과 관련된 새로운 기기의 발명은
진화와 더불어 공룡이 쓰러졌듯이, 거대한 극장을 희생양으로 작은 디지털 매체들을 선호하게 만든다. 작품 초반
부에서 주목할 수 있는 또 하나는 **제작과정의 삽입**이다. 각 에피소드에서 영화가 시작되기 전에 우리는 두 명의
젊은이와 한 명의 어른이 제작에 참여하고 있음을 볼 수 있다. 주제를 정하고, 방향을 토론하고, 인터넷을 통해 자
료를 검색하고, 의상이 결정되고... 작품을 보여 주기에 앞서 제작과정을 보여주는 것은 영화의 경우에 참 색다른
모습이다.

그런데 제작 장면과 관련하여 중요한 것은 제작이 극소수에 의해 이루어지고 있다는 것이다. 횃대 위의 부엉이를
포함해서 모두 4명, **공장화와 분업화를 위주로 하는 미국 애니메이션의 거대한 제작과정과 대립되는 수공업적인, 1
인 또는 소수 제작체제의 프랑스 애니메이션의 특성**을 아주 잘 묘사하고 있다. 개인적인 풍토에 소자본으로 만들
어지는 이러한 프랑스의 애니메이션 영화는 〈슈렉 *Shrek*〉의 경우처럼 수없이 등장하는 캐릭터들, 거대한 음향효
과, 거대한 자본과 세계적인 시장성을 전제로 하는 미국 애니메이션과 극단적으로 대조를 이룬다. 대부분의 프랑
스 소형 애니메이션 스튜디오는 작가 중심의 하프 시스템으로 운영된다고 말할 수 있다. 즉 한 편으로 예술 지향
적 개인 작품을 제작하고, 다른 한 편으로 상업용 애니메이션, **CF** 제작에 투자하는 것이다.

Festival d'Angoulême(1)

프랑스 애니메이션 영화는 대중성을 전제하기는 하지만 실험적 정신을 결코 포기하지 않는다. 새로운 미학의 추구에서도 그러하고, 전달하고자 하는 메시지에서는 더욱 그러하다. 캐릭터나 배경에 대한 투자가 적기 때문에 미국식 장편 애니메이션이 갖는 화려함이나 웅장함은 없다. 하지만 담론의 심층구조는 끝없이 **새로운 역사적 해석과 미래에 대한 새로운 비전을 제시**한다. 하나의 예로, 〈프린스 앤 프린세스〉의 '마녀의 성'에서 마녀에 대한 해석이 그러하다. 마녀는 성을 방문한 청년에게 자신의 도서관과 작업실, 기계실 등을 소개한다. 여기에서 마녀는 우리가 생각하는 그러한 인물이 아니라 세계의 다양한 문화를 이해하고, 새로운 실험정신을 소유한 사람들이었음을 잘 말해주고 있다. 약초를 키우고, 파로 만든 수프를 좋아하며, 호수에서 편안한 삶을 추구하는 마녀는 현대인들이 추구하는 웰빙을 향유하고 있는 것이다. 물론 〈슈렉〉의 피오나 공주 역시 엽기적인 면에서 예전의 해석과 많은 차이를 보인다. 특히 마지막 장면에서 슈렉이 결혼하는 상대는 아름다운 공주가 아닌, 아름답게 탈바꿈하는데 실패한 아름답지 않은 피오나 공주이다. 하지만 〈프린스 앤 프린세스〉에서는 한 발 더 나아간다. 청년은 공주가 아닌 마녀와 결혼하는 것이다. **선과 악의 전제를 중심으로 한 이분법적 사고에 강한 의문을 제기**하는 이야기 전개이다.
〈프린스 앤 프린세스〉의 마지막 에피소드인 '왕자와 공주'에서 왕자는 나비로, 공주는 사마귀로 변한다. 우리가 가지고 있는 남성과 여성에 대한 개념에 어긋나는 발상이다. 게다가 왕자는 공주로 변하고, 공주는 왕자로 변한다. 공주로서 해야 할 일, 즉 뜨개질을 할 수 없다고 말하는 왕자에게, 왕자가 된 공주는 자신도 공주 역할을 배운 것이라고 말하는 대목에서, '여성으로 태어난 것이 아니라 여성으로 만들어졌다.'는 시몬느 드 보바르(**S. de Beauvoir**)의 「제 2의 성 *Le deuxième sexe*」의 한 구절을 떠올리게 한다. 뿐만 아니라 동성애에 대한 문제를 제기함으로써, 프랑스 애니메이션 영화는 만화가 그러하듯이 **소외된 계층에 대한 관심, 새로운 사회적 가치 등에 커다란 관심**을 보인다.

Festival d'Angoulême(2)

Stand Tonkam

앙굴렘국제만화페스티발
Festival international de la bande dessinée d' Angoulême

아비뇽축제와 더불어 프랑스 문화의 지방분권화를 상징하는 앙굴렘국제만화페스티발은 1974년에 처음 개최된다. 하지만 앙굴렘국제만화페스티발의 진정한 발아는 2년 전인 1972년에 열린 '천만 개의 이미지'라는 제목의 전시회로부터 시작된다. 출판사, 서점, 만화가, 독자들이 뜨겁게 함께 보낸 2주의 축제가 있은 후, 앙굴렘市는 만화축제의 창설을 결정한다. 물론 이러한 결정 뒤에는 문화의 민주화, 즉 모든 분야에서 독점적인 파리를 벗어나 지방 고유의 문화행사를 꿈꾸는 지식인들의 열망이 있었다. 앙굴렘은 보르도와 뿌아띠에 사이에 있는, 샤랑뜨(**Charente**) 道의 도청 소재지이다. 멀리서 보았을 때 도시가 평원 위에 우뚝 솟아 있는 중세풍의 군사도시이다. 인구 8만의 도시, 하지만 1월 마지막 주 4일간 열리는 축제 동안에는 20만 명의 방문객들이 전시장을 찾는다. 도시 중심에 자리 잡은 샹 드 마르스(**champs de mars**, 군신의 광장)를 중심으로 전시회가 구성되는데, 대부분의 경우 천막으로 이루어진 임시전시장에 세계적인 만화출판사들의 코너가 마련되고, 포럼 무대가 자리 잡는다. 이때에는 **도시의 구성원들처럼 도시 건물들도 축제에 적극 참여**한다. 성당, 학교, 경시청, 문화센터, 극장, 은행 등 건물들의 성격과 만화의 성격을 고려해 많은 전시가 도시의 생활공간 속에서 이루어진다. 90년대 초반까지도 제대로 참석하지 못했던 우리 만화는 2003년 30회 축제 때 '올해의 주빈국'으로 초대를 받아, 우리 만화의 모습을 다양한 우리 문화와 함께 보여주었다.

Les Enfants au Festival d'Angoulême

Les Dessinateurs au Festival d'Angoulême(1)

앙굴렘국제만화페스티발의 가장 커다란 특징 중의 하나는 **어린이들의 적극적인 참여**이다. 아이들은 축제 2주 전부터 학교에서 많은 시간을 만화를 만드는데 활용하며, 전시장에는 어린이들을 위한 코너가 별도로 설치된다. 새롭게 부각된 젊은 만화가들 코너에 어린이들이 선정될 만큼 아이들의 참여는 훨씬 더 적극적이다. 이 기간을 전후하여 도시는 한껏 축제 분위기에 빠진다. 별도의 경제적 활동이 없는 비수기인 이 시기에 20여만 명의 방문은 호텔과 음식점 그리고 기념품판매점 등을 비롯하여 **도시경제에 커다란 활력**을 불어넣는다. 물론 많은 상점들에게는 성탄절에 판매하고 남은 재고들을 처리할 수 있는 기회이기도 하다. 그리고 세계에서 몰려든 수백 명의 카메라 및 신문 기자들은 만화제뿐만 아니라 앙굴렘을 세계에 알린다.

국립만화영상센터 CNBDI

문화부 소속인 국립만화영상센터는 무엇보다도 만화와 영상이미지를 위한 박물관이며, 전시장이다. 점차 교육기관으로서의 기능을 더해가고 있으며, 창작의 도구를 제공하는 실험실이고, 디지털 이미지의 경제적 발전을 위해 또한 기여하고 있다. 앙굴렘에 위치한 국립만화영상센터는 사회당 정권 하에서 대중적인 문화정책을 펼친 자끄 랑(**J. Lang**) 장관의 '제9의 예술'로서의 만화에 대한 관심으로부터 이루어졌다고 해도 과언이 아니다. 자끄 랑 장관은 미테랑 대통령의 14년 재임기간 중에서 사회당이 정권을 잡았던 10년 동안 문화부장관직을 한 번도 떠나지 않았으며, 우파의 자금으로 좌파의 대중적 문화정책을 펼친 장관으로서 유명하다. 1984년 작끄 랑 장관에 의해 국립만화영상센터의 사업계획이 발표되고, 앙굴렘시는 폐쇄된 샹삐넬(**Champinelles**) 맥주공장을 리모델링하여 사용하기로 결정한다. 예술과 커뮤니케이션 사업으로 새롭게 태어나고자 하는 앙굴렘시는 미술학교와 종이박물관 등의 설립에 이어, 국립만화영상센터의 창립에 적극적으로 참여한다. 1985년 롤랑 카스트로(**R. Castro**)와 장 르몽(**J. Remond**)의 건물 건축설계도가 선발된다. **앙굴렘국제만화페스티발과 더불어 앙굴렘을 세계 만화의 메카로 자리 잡게 한 국립만화영상센터**는 1990년 마침내 문을 연다. 국립만화영상센터의 일부를 구성하는 디지털이미지센터는 1년 먼저인 1989년에 문을 열었고, 국립만화영상센터 자체는 1990년 만화도서관과 함께 문을 열었으며, 만화박물관은 1년 후인 1991년에 개관된다. 센터는 이후 많은 전시회를 개최하였고, 수많은 시청각 영상자료들을 생산하였다.

Les Dessinateurs au Festival d'Angoulême(2)

liberté égalité fraternité

프랑스어 회화 표현 :

Quelle heure est-il?   - Il est 18 heures.

과제 또는 토론 :

❶ 만화가 현대 문화와 예술에서 차지하는 몫에 대해 말해보시오.
❷ 미셸 오슬로의 〈키리쿠와 마녀, 1998〉를 보고 이야기해보시오.
❸ 지방 도시인 앙굴렘이 세계적인 만화 도시로 새롭게 탄생하게 된
　요인들에 대해 알아보시오.

참고자료 :

〈만화 영화의 모든 것, 안시〉, KBS 1TV, 세상은 넓다, 2004. 09. 06.
〈상상력의 경제학 1부〉, MBC TV, 심야스페셜, 2003. 06. 13.
〈미션 클레오파트라〉, 알랭 샤바 감독, 제라르 드빠르디유 주연, 2002.
〈아스떼릭스〉, 끌로드 지디 감독, 제라르 드빠르디유 주연, 1999.
〈프린스 앤 프린세스〉, 미셸 오슬로 감독, 1999.
〈키리쿠와 마녀〉, 미셸 오슬로 감독, 1998.
www.asterix.tm.fr
www.cnbdi.fr
www.parcasterix.fr
www.tintin.be
「세계만화탐사」, 성완경, 생각의 나무, 2001.

009. 건축은 미학이다

l'architecture, c'est l'esthétique

 cours de culture française à l'université

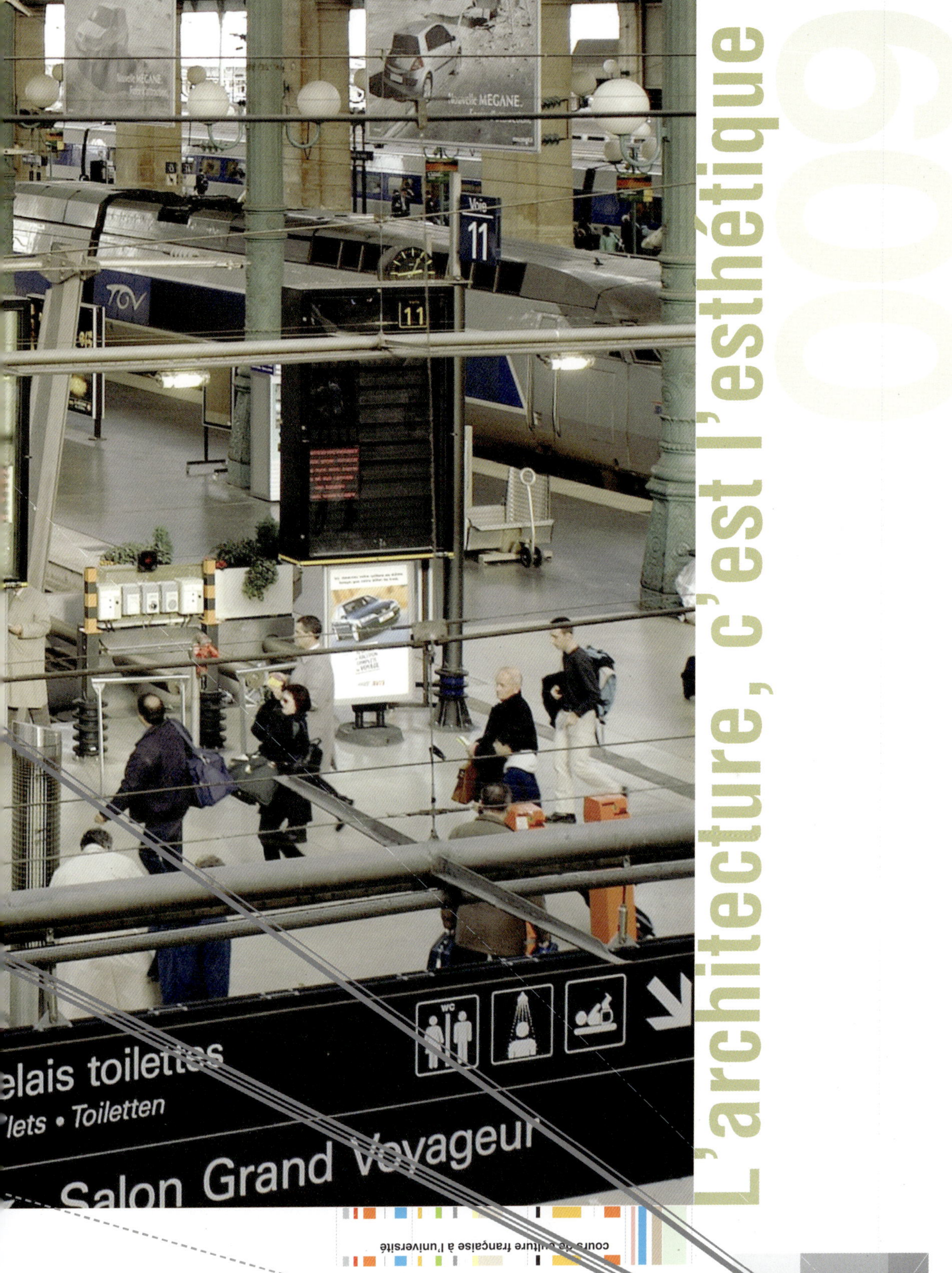

L'architecture, c'est l'esthétique

009

le cours de la culture française à l'université

엑또르 기마르와 파리의 지하철
Hector Guimard

파리의 지하철 입구는 다양하다. 시멘트, 돌, 철골 등 재료도 다양하지만 형태 또한 그러하다. 특히 아직 파리에 남아있는 다른 몇 개의 지하철 입구 구조물처럼, 파리 북쪽의 아베스(**Abbesses**)역이나 뽀르뜨 도핀(**Porte Dauphine**)역에 가면 우아하고 아름다운 철골 구조의 지하철 입구를 볼 수 있다. 지금은 예술품처럼 남아 파리를 아름답게 장식하고 있는 이 지하철 입구의 구조물이 그리 순탄한 역사만을 가진 것은 아니었다. 1900년, 파리의 지하철이 완성되고 지하철 입구를 위한 공모가 시작되지만 만족스러운 결과를 얻지 못한다. 그래서 시간에 쫓긴 관련기관은 당시에 유행인 아르 누보 계열의 건축가인 엑또르 기마르에게 작업을 의뢰한다. 파리 16구 라 퐁뗀느(**La Fontaine**)街에 주거용 아파트로 지어진, 중세적 영감의 기하학적 건축물 까스뗄 베랑제(**le Castel Béranger**)에 결합시킨 유기적인 선들은 당시에 커다란 충격을 주었고, 엑또르 기마르를 유명하게 만들었다. **엑또르 기마르가 설계한 파리 지하철의 입구를 장식하는 건축물 역시 건축과 장식이 결합된 아르 누보의 작품으로 당시로는 새로운 해석의 건축물이다.** 하지만 파리지엥들은 이 건축물을 조롱하며 철거시키기를 원하였고, 많은 형태의 변화를 추구하였다. 반대로 몬트리올, 리스본, 멕시코 등이 이 예술품을 구입하여 그들의 지하철 입구를 장식하였다. 뉴욕 현대미술관에서 예술품으로 구입하여 전시하였고, 런던 등 유럽의 유수 박물관에서도 작품을 구입, 전시하였다. 뒤늦게 이들의 영향을 받은 파리는 작품을 복원, 모조하여 파리 지하철역을 다시 꾸몄다.

스트라빈스키 분수대
Fontaine Stravinsky

퐁피두센터와 생 메리(**Saint Merri**) 성당 사이, '음향과 음악 탐구 · 조정연구소(**IRCAM**)'의 테라스에 위치한 스트라빈스키 분수대는 **러시아 작곡가 스트라빈스키의 '봄의 제전'에서 영감을 받은 16점의 다양한 형태와 색채의 분수 · 조각품으로 이루어졌다.** 외계에서 떨어진 건물로 여겨질 만큼 이색적인 퐁피두센터와 16세기 초에 세워진 고색창연한 성당 사이의 먼 시간적 거리를 분수대는 음악과 유희를 통해 연결하고 있는 듯하다. 오뒷세우스를 유혹했던 사이렌과 중세 연가 속의 나이팅게일, 그리고 여우와 개구리 등의 형상은 신화와 음악 그리고 옛 이야기 속으로 현대인을 끌어들이며, 시간의 차이를 잊게 한다. 니끼 드 생 팔(**Niki de Saint Phalle**)의 볼륨감 있는 다양한 색채의 조각품들은 장 땡글리(**Jean Tinguely**)의 물을 뿜는 검은 기계들과 어울려 축제적인 분위기를 만들어낸다. 물과 음악이 갖는 유동성으로 가득한 스트라빈스키의 분수대는 **삶과 예술이 하나로 융화될 수 있음을 보여주며, 모든 고착된 사고와 관습을 거부하는 듯하다.** 파리지앵들과 관광객들의 휴식공간이 된 스트라빈스키 분수대는 파리시와 퐁피두센터 그리고 문화부의 협력으로 만들어졌다.

빌레뜨 공원
Parc de la Villette

파리 북쪽의 빌레뜨는 예전에 도살장이 있던 곳이다. 1974년 도살장이 문을 닫으면서 이곳의 다양한 용도가 거론되었으나, 발레리 지스까르 데스땡 대통령에 의해 1979년 빌레뜨 공원 계획이라는 이름으로 과학박물관, 음악의 전당, 도시문화공원을 만드는 것이 결정되었다. 자연과 건축, 여가와 문화를 함께 만날 수 있는 공간으로 조성되는 것이다. 35헥타르 면적의 잔디밭과 정원으로 된 빌레뜨 공원은 파리에서 가장 큰 공원이다. **파리와 변두리의 경계에 위치한 공원은 여가, 전시, 공연, 토론 등 다양한 주제와 예술이 만나는 곳**이기도 하다. 아드리안 페인실버(**Adrien Fainsilber**)가 과학 및 산업박물관과 지오라마 상영관인 제오드(**Géode**)의 건립을 맡게 된다. 공 모양의 대형 건축물인 제오드는 외면이 강철로 되어 거울처럼 사물을 반사시키며, 내면은 대형 원형 스크린으로 되어 있다. 미테랑 대통령은 빌레뜨 공원이 좀 더 혁신적이고, 광대한 모습으로 파리 동북쪽을 변화시키기를 원했다.

공모전을 거쳐 베르나르 츄미(**Bernard Tschumi**)가 공원 조성을 맡게 되었고, 크리스띠앙 포잠박(**Christian Potzamparc**)이 음악의 전당을 맡게 되었다. 1886년부터 1997년 사이 대부분의 건물들이 완성되고, 빌레뜨는 매년 400만 명 이상의 관람객이 방문하는 프랑스 과학, 예술, 여가의 명소가 되었다. 운하를 끼고 있는 빌레뜨 공원은 가교를 넘나들며 운하 주변을 산책할 수 있다. 어린이들을 위해 준비된 갖가지 놀이기구들을 가지고 논다든가, 제오드 곁의 잠수함을 방문하는 것도 커다란 즐거움이다. 특히, 공원 안에 마련된 다양한 테마의 정원은 전혀 색다른 산책의 즐거움을 맛보게 한다. 건축가 츄미가 **'시네마적 여정'이라고 이름 붙인 산책로**는 '대나무 정원', '거울 정원', '덩굴 정원' 등 60개로 이루어져 있다. 공원을 수놓고 있는 **빨간색의 철로 된 건물인 '광기(폴리, Folies)'**는 제각기 서로 다른 모양으로, 파란 잔디밭과 어울려 공원에 리듬감을 준다. 120m마다 설치된 25개의 폴리는 공원 내에서 위치를 인식할 수 있게 해준다. 빌레뜨 공원의 상징처럼 쓰이기도 하는 이 건물들은 문화 공간 또는 상업 공간 등 다양한 용도로 사용된다.

장 누벨
Jean Nouvel

장 누벨은 화가가 되기를 원했지만, 부모님들의 기대를 따르느라 보르도 미술학교 건축학과에서 건축을 전공했다. 건축과 관련된 지식 못지않게 모든 문화적 기호에 관심을 가졌으며, 빛의 효과를 표현하지 못하는 데생보다는 개념의 중요성을 일찍부터 자각하였다. 1987년, 미테랑 대통령의 숙원사업 중의 하나인 파리 아랍문화원의 남쪽 면을 설계함으로써 대중들에게 인식되기 시작하였다. 아랍문화원은 **동양적 문양에 대한 새로운 해석과 혁신적인 기술의 도입**으로 만들어졌다. '미라와 되살아난 과거를 싫어한다.'는 그의 표현은 건축에서의 혁신에 대한 의지를 느끼게 한다. 특히 아랍건축 양식 중 돌출된 격자창을 빛에 아주 민감한 격막으로 대신함으로써, 빛의 강도에 따라 움직이며 빛의 양을 조절할 수 있게 했다. 까르띠에 재단(**Fondaion Cartier**)과 깨브랑리 박물관(**Musée du Quai Branly**)은 **유리로 된 벽으로 내부를 투명하게 드러내어 문화공간의 새로운 이미지를 창출**하였다. 유리는 다른 건축 재료들과 다르게 하루의 시간, 계절의 변화를 빛과 함께 읽을 수 있게 하는 재료이기도 하다. 장 누벨은 까르띠에 재단(1994)과 깨브랑리 박물관뿐만 아니라, 리옹 오페라공연장(1993)을 비롯한 공연장과 아트센터 등 문화공간에 특히 관심을 보였다. 우리나라에서도 리움박물관(2004) 설계에 참여하였는데, 리움박물관은 박물관, 문화 및 교육 센터의 3개의 건물로 나뉘었고, 각기 다른 건축가에 의해 설계되었다. 그의 작품은 스페인과 이탈리아, 스위스 등의 유럽뿐만 아니라, 미국과 카타르, 마로크 등 세계 각지에 세워져 있다. 장 누벨은 초기부터 프랑스 건축이 몇몇 권위자에 의해 좌우되는 것을 보고, 레알(**les Halles**)을 위한 설계도 경연 때에는 별도의 경연을 만들기도 했으며, 건축가 노조를 만들고, 건축 단체인 '1973년 3월'을 주도하였다.

깨브랑리 박물관
Musée du Quai Branly

시락 대통령의 문화적 업적 중의 하나이며, 2006년에 개관한 깨브랑리 박물관은 네 개의 건물(본관, 사무용 건물, 미디어떼끄, 테라스)이 각기 다른 고유의 건축양식으로 만들어졌고, 가교를 통해 서로 연결되었다. 아시아, 아프리카, 오세아니아, 아메리카의 민속박물관인 박물관의 내부 전시장은 기존 서구 박물관의 전시장과는 전혀 다르게, **8자의 형태로 전시장 전체가 개방적이면서 물 흐르듯이 옮겨 다니며 관람할 수 있게 만들어놓았다.** 자연의 조명뿐만 아니라 컴퓨터를 이용한 조명과 그래픽은 과거의 문화적 유산과 현재의 문화 발달이 어떻게 잘 접목될 수 있는지를 보여준다. 그리고 무엇보다도 기능이 형태를 우선해야 한다는 건축에 대한 견해를 잘 나타낸 건축물이다.

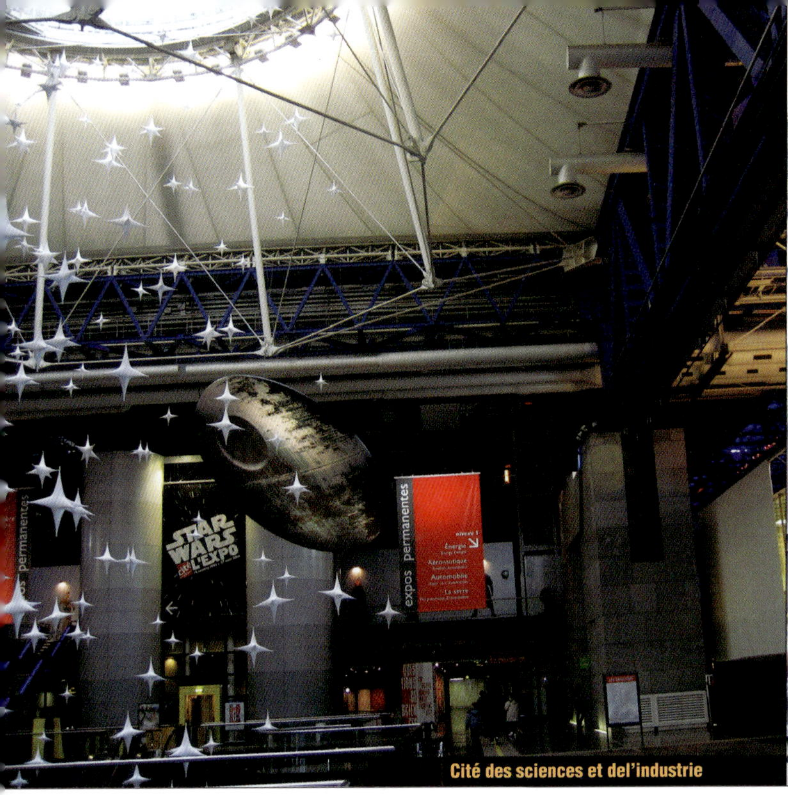

Cité des sciences et del'industrie

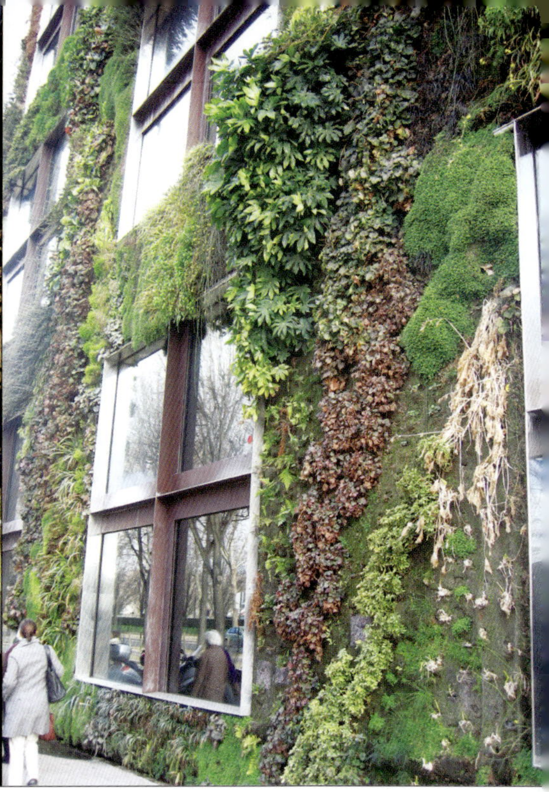

식물의 벽, 빠트릭 블랑
Patrick Blanc

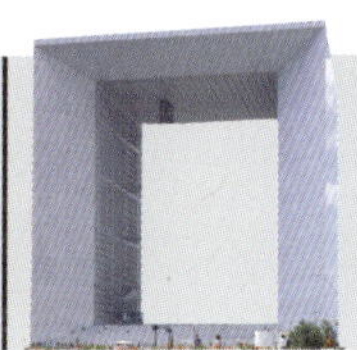

파이프를 옆으로 붙여가며 동굴의 형상을 만들었다. 빛이 있고, 습기가 있는 동굴 천장에서 식물이 자라듯이, 파이프로 만들어진 천장에 아름다운 꽃들과 식물들이 거꾸로 매달려 아름답게 자라고 있다. 파리 7구에 위치한 프랑스 전기(**EDF**) 전시실에서 있었던 빠트릭 블랑의 열대식물 전시회 입구의 모습이다. 지하 1층으로 내려가면, 베트남 아롱강 유역의 식물들을 재현한 전시장이 생물학과 예술 그리고 과학의 구분을 무색하게 하고, 2층에는 5개의 투명한 관 속에 자갈에 뿌리를 내리고 빠른 유속을 견디며 생존하는 식물들을 전시해놓았다. 그의 전시회는 단순히 희귀한 열대의 식물과 꽃을 전시해놓은 것이 아니다. 열대식물들이 어떻게 다른 환경 속에서 살 수 있는지를 또한 보여준다. 말레이시아 등 열대 우림에서 음지와 수중에서 자라는 식물들을 주로 연구한 빠트릭 블랑은 자신의 지식을 현대건축에 적용하였다. 파리 에펠탑 옆에 위치한 깨브랑리 박물관 건물 정면은 온통 식물들로 가득하다. 아프리카와 아시아, 오세아니아와 아메리카에서 가져온 민속학적 가치를 지닌 예술품들이 전시되어 있는 박물관은 더 이상 죽어 있는 것들이 모여 있는 장소가 아니다. **건물을 장식하고 있는 식물들은 평범한 건물을 눈에 띄게 할 뿐 아니라, 박물관에 강한 생명력을 주며, 살아 숨쉬게 한다.** 그의 작업은 까르띠에 재단의 건물이나 자연과학 전시장(**Palais de la Decouverte**) 등을 비롯한 파리뿐만 아니라, 리옹과 아비뇽을 비롯한 프랑스의 각 지방, 그리고 미국, 인도, 일본 그리고 한국에까지 퍼져있다. 빠트릭 블랑의 작업은 현대적 삶 속에서 신화의 실현이다. 호메로스의 「오뒷세이아 ***Odysseia***」에는 칼립소의 동굴이 나온다. 신들의 명령을 받고 오뒷세우스를 놓아주라고 칼립소에게 전하러 온 헤르메스는 칼립소의 동굴의 모습을 보고 그 아름다움에 감탄해 마지 않는다. 헤르메스의 눈에 비친 이 전경을 화가 브뤼겔(**P. Bruegel**)이 〈칼립소의 동굴 ***A Fantastic Cave Landscape with Odysseus and Calypso***〉이라는 제목으로 그림을 그렸는데, 이 그림 속 동굴의 벽과 천장을 수놓고 있는 아름다운 꽃들과 식물들을 블랑은 현대과학의 힘을 빌려 재현하는 것이다. **블랑을 통해 건축은 생명을 다루는 생물학과 예술과 과학과 합쳐진다.** 지하철의 삭막한 벽에, 거리의 회색빛 담벼락에 아름다운 꽃들이 피어나고, 파란 식물들이 맑은 공기를 뿜어내며 우리의 시선을 위로해줄 것이다. 빠트릭 블랑의 연구 및 작업의 결과도 놀랍지만, 30여 년간의 지속적인 작업이 가능하도록 도와준 프랑스국립과학원(**CNRS**)의 역할 또한 놀랍다고 할 수 있다.

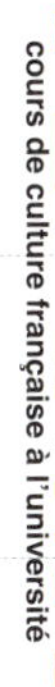

장 미셸 빌모뜨
Jean-Michel Wilmotte

1975년 처음 문을 열었고, 지금은 21개국의 백여 명의 인력을 갖춘 그의 건축 사무실은 프랑스의 가장 커다란 3개의 건축설계 사무실 중의 하나이며, 프랑스와 외국에서 100여 개의 프로젝트를 동시에 실행하고 있다. 실내건축가로 경력을 시작한 그의 단순하고 우아한 스타일은 곧바로 많은 저명인사들을 사로잡는다. 특히 프랑수아 미테랑 대통령은 1983년 자신의 사무실을 새롭게 단장할 것을 빌모뜨에게 의뢰한다. 1990년대 초, 빌모뜨는 건축가 자격증을 얻고, '도시 내부건축'이라는 독특한 개념을 발달시키며, 개인 및 공공장소에 접근한다. **도시와 삶의 질을 높여 도시에 사는 기쁨을 누릴 수 있도록 하는 것이 그의 '도시 내부건축'의 개념**이라 할 수 있다.

그의 설계사무실은 산업디자인, 건축, 박물관학 등 폭 넓은 분야를 다루고 있다. 특히 도시 내 전철(트램웨이)의 설비에 관심을 가져 2000년에는 리옹과 오를레앙의 전철 관련시설들을 설계하였고, 스페인의 발렌시아 전철 관련시설이 작업 중에 있으며 파리의 전철 또한 작업하였다. 1993년 샹제리제 거리 조성에 참가하였고, 2000년에는 메데프(**Medef**) 본사 건물을, 2003년에는 프랑스국립도서관 옆에 14개의 상영실이 있는 영화종합센터 **mk2**를 만들었다. 그의 작업은 파리를 비롯한 프랑스 전역에서 이루어지고 있으며, 일본과 중동 등에서도 이루어지고 있다. 특히 유럽과 한국에서 왕성한 활동을 보이고 있는데, 1998년 가나아트센터를 시작으로 1999년 서울옥션하우스, 국립박물관, 금산고속도로휴게실을 설계하였고, 2000년 인사아트센터와 인천국제공항 내부 설계, 2005년 판교에 36가구의 아파트 설계를 하였다. 지금도 여주의 권진교박물관, 판교 제2아파트, 광주 및 대구 등에서 작업을 진행하고 있다.

도미니끄 뻬로
Dominique Perrault

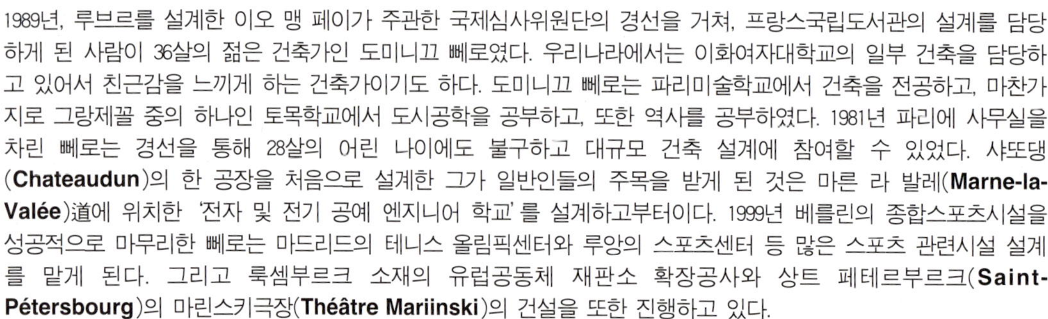

1989년, 루브르를 설계한 이오 맹 페이가 주관한 국제심사위원단의 경선을 거쳐, 프랑스국립도서관의 설계를 담당하게 된 사람이 36살의 젊은 건축가인 도미니끄 뻬로였다. 우리나라에서는 이화여자대학교의 일부 건축을 담당하고 있어서 친근감을 느끼게 하는 건축가이기도 하다. 도미니끄 뻬로는 파리미술학교에서 건축을 전공하고, 마찬가지로 그랑제꼴 중의 하나인 토목학교에서 도시공학을 공부하고, 또한 역사를 공부하였다. 1981년 파리에 사무실을 차린 뻬로는 경선을 통해 28살의 어린 나이에도 불구하고 대규모 건축 설계에 참여할 수 있었다. 샤또댕(**Chateaudun**)의 한 공장을 처음으로 설계한 그가 일반인들의 주목을 받게 된 것은 마른 라 발레(**Marne-la-Valée**)道에 위치한 '전자 및 전기 공예 엔지니어 학교'를 설계하고부터이다. 1999년 베를린의 종합스포츠시설을 성공적으로 마무리한 뻬로는 마드리드의 테니스 올림픽센터와 루앙의 스포츠센터 등 많은 스포츠 관련시설 설계를 맡게 된다. 그리고 룩셈부르크 소재의 유럽공동체 재판소 확장공사와 상트 페테르부르크(**Saint-Pétersbourg**)의 마린스키극장(**Théâtre Mariinski**)의 건설을 또한 진행하고 있다.

Passerelle de Simone de Beauvoir

Bibliothèque Nationale de France

Pont des Arts

Fondation Cartier

Musée du Quai Branly

프랑스국립도서관
Bibliothèque Nationale de France

20세기 들어, 프랑스에서 가장 역사적인 건물 중에 하나가 프랑스국립도서관일 것이다. 프랑스국립도서관은 미국 국회도서관 못지 않은 자료를 구비하고, 첨단의 장비를 갖춘 도서관을 만들려는 미테랑 대통령의 마지막 숙원사업이기도 했다. 프랑스국립도서관 건물은 **네 권의 책이 90도 정도 펼쳐져 서로 마주하고 있는 형태로 건축**되었다. 79m 높이의 유리로 된 네 개의 건물은 나무로 된 덧창이 설치된 9층의 사무실과 13층의 서가로 되어 있다. 특히 인상적인 것은 가운데 지하에 만들어진 정원이다. 퐁뗀느블로(**Fontainebleau**)숲에서 가져온 식물들과 나무로 재현했다고 하는 정원은 **지하공간에서, 내부에서 자연을 만나는 특이함**을 느끼게 한다. 이 정원 둘레, 네 개의 탑 아래에 지하 2층의 열람실과 전시실이 마련되어 있는데, 지하 1층은 일반열람실, 지하 2층은 전문연구인들을 위해 마련된 열람실이다. 지하 1층의 전시실에서는 다양한 주제를 가지고 무료로 꾸준히 전시회를 열고 있다. 프랑스국립도서관은 상대적으로 발달되지 않았던 파리의 동남쪽 지역에서 베르시(**Bercy**)의 재무부, 그리고 종합체육관과 더불어 지역의 새로운 발달에 크게 공헌하고 있다.

시몬느 드 보바르 가교
Passerelle de Simone de Beauvoir

파리 쎈강의 37번째 다리인 시몬느 드 보바르 가교(架橋)는 파리 13구, 똘비악(**Tolbiac**)의 프랑스국립도서관과 12구의 베르시 공원을 연결한다. 파리의 다리 중에서 네 번째로 사람만이 다니는 가교이기도 한 이 다리는, 활꼴의 두 개의 다리가 겹친 모양으로 여성적인 부드러운 선을 나타내며, 가운데는 렌즈 모양을 형성하고 있다. **다리 위에서 쎈강의 정경과 주변을 바라보며 산책하는 사람들의 눈동자를 상징하는 다리는 그 자체가 커다란 신화적인 눈을 가지고 있는 듯하다. 파리와 쎈강을 지키는 신의 눈동자처럼.** 겉으로 보기에 나무로 만들어진 다리의 내부는 철골로 되어 있다. 오스트리아 출신이며 파리에서 활동하는 건축가 디에트마르 페쉬틴거(**Dietmar Feichtinger**)의 작품이다. 파리의 다리들이 각 시대에 그랬던 것처럼 페쉬틴거는 현대적이면서 첨단의 기술로 이루어진 다리를 만들고자 했다. 전체 304m의 길이 중에서 거의 200m에 이르는 나무와 강철로 된 다리는 어떤 받침목도 없이 물 위에 떠 있는 모습이다. 파리지앵들은 예술교(**Pont des Arts**)에서처럼 한가롭게 거닐고, 휴식을 취할 수 있다. 600톤의 강철과 3,800㎡의 떡갈나무 목재에도 불구하고 다리는 여성적인 곡선의 부드러움과 가벼움을 보여주고 있다. 쎈강 양쪽의 부두와 프랑스국립도서관 광장, 그리고 베르시 공원의 테라스, 네 곳에서 출발하여 네 곳 어디로든 부드럽게 오르거나 내리는 다리를 타고 나갈 수 있다. 멀리서 보면, 아름다운 두 개의 곡선이 눈동자를 이루며 만나는 모습이 쎈강과 어울려 아름다운 풍경을 이룬다.

프랑스어 회화 표현 : **Qu'est-ce que c'est?   - C'est la Tour Eiffel.**

과제 또는 토론 :

❶ 37개 파리 쎈강의 다리와 건축양식의 변화를 알아보시오.
❷ 우리가 배운 프랑스 건축물들에 나타나는 혁신적 요소들을 말해보시오.
❸ 파리 가르니에(Garnier) 오페라하우스에 대해 알아보시오.

참고자료 :

<예술과 첨단의 도시를 만든다 - 프랑스 재건축 기술>, KBS1,
이곳이 최고 인류 기술의 현장, 1998. 12. 07.
www.bnf.fr
www.jeannouvel.com
www.murvegetalpatrickblanc.com
www.perraultarchitecte.com
www.quaibranly.fr
www.villette.com
www.wilmotte.com
「오뒷세이아」, 호메로스, 천병희 옮김, 단국대학교출판부, 1996.

Écrire la passion d'amour

010

cours de culture française à l'université

사랑의 열정을 글로 쓰는 것

Écrire la passion d'amour

cours de culture française à l'université

cours de culture française à l'université

LA CULTURE ET SA DIVERSITÉ
cours de culture française à l'université

중세문학

역사적으로 말할 때 중세는 로마제국이 멸망하는 5세기 말부터 신대륙을 발견하는 15세기 말까지를 말한다. 하지만 **프랑스 문학에서 중세문학이라 함은 12세기부터 15세기까지의 문학**을 일컫는다. 12세기 중엽 노틀담성당이 세워지기 시작하고, 13세기 중엽 소르본느 대학이 설립되며, 14세기에서 15세기에 걸쳐 백년전쟁이 계속되고, 잔 다끄(Jeanne d'Arc)가 루앙(Rouen)에서 화형을 당한다. 이 시기에 프랑스에서 성직자들은 라틴어를 사용했고, 남쪽에서는 오끄語(langue d' oc)를, 북쪽에서는 오일語(langue d' oïl)를 사용했다. 남쪽에서는 트루바두르(troubadour)라 불리고, 북쪽에서는 트루베르(trouvère)라 불렸던 귀족 출신의 학식이 있는 음유시인들이 때로는 **전쟁의 무훈을 노래한 무훈시(chanson de geste)**를 만들었고, 때로는 **기사들의 아름다운 사랑이야기나 아더(Arthur)왕과 관련된 전설을 글로 기록했다.** 부르주아와 서민계층에서는 **성직자들과 귀족들을 풍자하는, 특히 서민계층의 가난과 배고픔을 웃음으로 달래고 위로하는 풍자문학이 발달**하였다. 무훈시의 대표작으로는 샤를마뉴의 사라고스(Saragosse)에서 이슬람교도들과의 싸움과 기사들의 용맹, 특히 롤랑의 장렬한 죽음을 노래한 「롤랑전 *Chanson de Roland*」이 있다. 아더왕의 전설과 기사들의 아름다운 사랑 이야기를 주로 다룬 궁정문학의 대표작으로는, 트리스탄과 이즈의 운명적인 아름다운 사랑 이야기를 다룬 「트리스탄과 이즈 *Tristan et Yseult*」와 아더왕의 기사 중의 하나인 랑슬로(Lancelot)의 무훈과 게니에브르(Guénièvre) 왕비와의 사랑 이야기를 다룬 「랑슬로 또는 수레를 탄 기사 *Lancelot, le chevalier à la charette*」가 있다. 풍자문학의 대표작으로는 여우 르나르(Renart)와 늑대 이장그랭(Ysengrin)을 중심으로 동물들의 본성과 인간세계의 풍자를 적절히 엮은 「여우 이야기 *Roman de Renart*」가 있다.

LA CULTURE, C'EST PARTAGER
cours de culture française à l'université

「롤랑전」 *Chanson de Roland*

사라고스에서 이슬람교도들과 오랜 전쟁에 지친 샤를마뉴는 이슬람교도들과 화해를 하고 '그리운' 프랑스로 회군하려 한다. 하지만 샤를마뉴의 조카이며 광적일 만큼 용맹한 롤랑과 동료 기사들이 롤랑의 의붓아버지이며 화친을 지지하는 가늘롱(Ganelon)의 함정에 빠진다. 샤를마뉴가 다시 군대를 돌려 롤랑을 구하려 하지만, 롤랑과 올리비에(Olivier) 그리고 사제인 뛰르뺑(Turpin)을 포함한 샤를마뉴의 12중신은 모두 죽음을 당하고, 샤를마뉴는 복수를 한다. 「롤랑전」은 8세기 샤를마뉴를 중심으로 한 영토분쟁을 11-12세기의 십자군 원정, 이교도와의 성전으로 변화시켰으며, 군주와 가신 사이의 관계는 혈연관계로 바뀌어 묘사된다. **현존하는 프랑스 문학에서 가장 오래된 작품 중의 하나이며, 가장 대표적인 무훈시**이다. 누구의 작품인지는 명확하지 않으며, 12세기에 쓰인 필사본은 앵글로 노르망어로 기록되었다. 다음은 온갖 전쟁터를 누비고 다닌 샤를마뉴의 고단함과 구슬픔을 표현한 「롤랑전」의 마지막 단락이다.

'반역자들을 정당하게 처벌하고 큰 노여움을 가라앉힌 다음, 황제는 브라미몽드를 그리스도인으로 만드는 의식도 마쳤다. 해가 지고 어두운 밤이 내려앉았다. 황제는 궁륭형 천장 높직한 침실에 누웠다. 그 순간, 하나님의 사자 가브리엘 천사가 나타나, 그에게 전갈한다. "샤를르, 지금 즉시 그대 제국의 모든 군대에 동원령을 내려라! 그리고 비르 땅으로 서둘러 달려가 이교도들이 포위하고 있는 앵프 성의 비비앵 왕을 응원하라. 그곳에서 그리스도 교인들이 그대를 부르며, 간곡하게 구원을 청하고 있노라!" 황제는 그곳으로 갈 마음이 없다. 그가 홀로 탄식한다. "하나님, 저의 삶이 어찌 이리도 고단하나이까" 그의 얼굴에 눈물이 주르르 흐르는데, 그는 자기의 하얀 수염을 만지작거릴 뿐이다.' (「롤랑전」, 이형식 옮김, 222쪽)

「트리스탄과 이즈」
Tristan et Yseult

전쟁과 무훈을 다룬 거친 서사시에 염증을 느낀 패쇄적인 귀족계급은 켈트 신화의 영향과 남부 프랑스의 영향으로 좀 더 부드럽고, 세련된 내용의 문학을 요구한다. 궁정을 중심으로 만들어진 기사도 문학은 **아더 왕과 원탁의 기사를 다룬 모험 이야기**, 지상의 사랑을 넘어 영혼의 순수함 속에 **성배를 찾아 떠나는 성배 이야기** 그리고 트리스탄의 이야기와 같은 **사랑 이야기** 등으로 나뉜다. 트리스탄의 이야기가 다른 기사도 문학보다 많은 언어로 표현되고 사랑을 받는 것은, 사회의 관습을 뛰어넘는 운명적이고 비극적인, 이루어질 수 없는 사랑의 이야기를 다루기 때문이다. 나른 기사도 문학에서 군주에 대한 충정은 귀부인에 대한 사랑과 적당한 균형을 이룬다. 하지만 「트리스탄과 이즈」에서는 군주에 대한 배신이 사랑의 전주이고, 한 발 더 나아가 신에 대한 배신까지도 그리고 있다. 작품 속의 사랑의 묘약은, 즉 트리스탄과 이즈의 열정은 종교, 군신관계, 근친상간, 부부관계 등 중세문화의 토대가 되는 가치를 조롱하는 듯하고, 고통과 죽음마저도 기꺼이 받아들인다. 1905년경 조셉 베디에가 중세의 음유시인인 베룰(**Béroul**)과 토마스 당글르떼르(**Thomas d' Angleterre**)의 판본을 비롯한 여러 나라의 판본들을 모아 새롭게 완성하였다. 다음은 작품의 말기, 트리스탄과 이즈가 죽고 난 후를 그린 부분이다.

'두 연인의 부음을 들은 마크 왕은 바다를 건너 브르따뉴로 달려왔다. 그가 관 두 개를 짜게 하였는데, 이즈의 것은 옥수로, 트리스탄의 것은 녹주석으로 만들었다. 그는 자기가 그토록 사랑하던 두 사람의 시신을 배에 싣고 땅따젤로 돌아갔다. 성당의 후진 양쪽에 묘 둘을 마련하고 그들을 매장하였다. 그러나 그날 밤 트리스탄의 무덤에서, 푸르고 잎이 실하며 무성한 가지에 향기로운 꽃이 만발한 찔레 한 그루가 솟아오르더니, 이즈의 무덤 깊숙이 박혔다. 사람들이 찔레나무를 잘라냈으나 다음날 역시 못지않게 푸르고 꽃이 만발한 줄기가 다시 솟아올라 이즈의 무덤가에 가서 박힌다. 세 번이나 잘라냈으나, 헛일이었다. 하는 수 없이 마크 왕에게 그 사실을 고하였다. 왕은 찔레나무를 자르지 말라는 명령을 내렸다.' (「트리스탄과 이즈」, 이형식 옮김, 249-50쪽)

Écrire la passion d'amour

cours de culture française à l'université

cours de culture française à l'université

**LA CULTURE
ET SA DIVERSITÉ**
cours de culture française à l'université

바그너의 오페라 〈트리스탄과 이졸데〉
Richard Wagner *<Tristan und Isolde>*

리처드 바그너는 트리스탄의 이야기를 소재로 3막으로 된 오페라 〈트리스탄과 이졸데〉를 썼다. 1막은 아일랜드에서 콘웰로 오는 배의 갑판을 무대로 트리스탄과 이졸데 두 사람의 사랑의 갈등을 다룬다. 트리스탄이 죽인 모롤트(**Morold**, 모르홀트)는 이졸데의 외숙부가 아니라 사촌오빠이며, 약혼자로 묘사된다. 그리고 배안에서 죽기 위해 독배를 마시려던 두 사람은 시녀 때문에 사랑의 묘약을 마신다. 2막은 마르케(마크) 왕의 궁전 정원에서 펼쳐지며, 사랑에 눈이 먼 트리스탄과 이졸데를 그리고 있다. 트리스탄은 마르케 왕의 부하에 의해 부상을 당한다. 3막은 브리타니(브르따뉴)의 트리스탄의 정원에서 펼쳐진다. 환상과 현실 사이를 오가며 이졸데를 그리워하던 트리스탄이 죽고, 트리스탄을 찾아온 이졸데도 죽는다. 죽기 전 잠시 정신을 회복한 이졸데가 부르는 '사랑의 죽음'이 무척 아름답다.

케빈 레이놀즈 감독의 영화
〈트리스탄과 이졸데, 2006〉
Kevin Reynolds

**LA CULTURE,
C'EST PARTAGER**
cours de culture française à l'université

영화 〈트리스탄과 이졸데〉에서 사랑의 묘약은 없다. 약초를 다룰 줄 아는 이졸데가 모르홀트를 죽이고 입은 트리스탄의 상처를 아일랜드 바닷가에서 치유하는 동안 두 남녀는 사랑에 빠지고, 육체적인 사랑을 나눈다. 그러한 면에서 영화는 소설보다 사실적이다. 물론 흰 손의 이즈도 등장하지 않고 전체적인 이야기의 전개는 아일랜드와의 전쟁, 영주들 사이의 갈등을 중심으로 다루어졌다. **소설 속의 트리스탄이 하프를 연주하며 떠도는 음유시인에 가깝게 묘사되었다면, 영화 속의 트리스탄은 전사에 가깝다.** 전쟁 중에 적들을 살해하는 트리스탄의 모습은 롱스보(**Ronceveaux**) 전투에서 이교도들과 싸우는 「롤랑전」의 롤랑의 모습을 보는 듯하다. 그만큼 영화는 환상적인 분위기 속에서 숙명적인, 어찌할 수 없는 사랑을 노래한 소설보다, 거칠고 투박하다. 마크 왕 몰래 트리스탄을 만나면서 자신들의 아이, 소풍, 자연 등을 생각하는 이졸데의 인간적인 사랑은 결국 마크 왕에 대한 충성을 선택하는 트리스탄과 대립되며, **군주와 국가를 위해 사랑보다 죽음을 택해야 한다는 트리스탄의 충정은 현대 국가의 이데올로기가 강하게 주입되는 듯하다.** 트리스탄에게 사랑의 이야기를 책을 통해 들려주는 이졸데의 모습에서 우리는 더 아름다운 사랑의 이야기로서, 영화로 각색되기 이전의 소설 작품 「트리스탄과 이즈」의 존재를 생각할 수 있을 것이다. 특히 트리스탄이 죽은 후, 무덤에 나무를 심어주고 사라지는 이졸데의 모습 속에서 신비적이고, 환상적인 켈트문화의 흔적을 일부 느낄 수 있으며, 충성을 강요하는 국가라는 제도 안에서 자리를 찾지 못하고 사라져야만 하는 사랑의 모습을 볼 수 있다.

LA CULTURE,
C'EST CRÉER
cours de culture française à l'université

르네상스문학

동로마 제국이 멸망(1453)하면서 많은 그리스 학자들은 서유럽으로 이주하였다. 유럽인들은 그들을 통해 고대 문화를 재발견하게 되며, 이탈리아에서 예술을 중심으로 르네상스문화가 탄생한다. 그리고 15세기 말, 경제의 성장과 과학의 발달을 등에 업은 유럽인들은 지중해를 떠나 먼 바다로 항해하기 시작한다. 이렇게 지구상의 발견이 시작되면서 유럽인들의 시각은 지중해에서 세계로 더욱 넓어지며, 다른 한 편으로 유럽인에 대한 강한 자각이 생겨난다. 한편, 교회의 부패는 성서를 바탕으로 새로운 신앙관을 탄생시키고, 종교개혁을 가능하게 한다. 특히 인쇄술의 발명은 새로운 사상과 문화의 보급에 커다란 기여를 한다. 이와 같은 물질적, 정신적 변화들은 유럽의 의식을 변화시키고, 인간을 세계와 역사의 중심에 위치시키는 인본주의 사상을 낳는다. 유럽인들은 국경을 뛰어넘어 교류하게 되고, 특히 에라스무스는 유럽의 군주들과 학자들에게 영향을 미친다. **시대에 대한 비판적 정신, 종교에 대한 새로운 시각, 인간을 중심으로 한 사상 등은 문학 표현에 영향을 미치며, 새로운 문학의 탄생을 가능하게 한다.**

**LA CULTURE
ET SA DIVERSITÉ**
cours de culture française à l'université

라블레의 「가르강뛰아 *Gargantua*」와 「빵따그뤼엘 *Pantagruel*」
François Rabelais

1484년 쉬농(**Chinon**)에서 태어난 라블레는 성프란체스코회의 수도사가 되어, 그리스어와 라틴어 그리고 히브리어를 공부한다. 베네딕트파 수도원으로 옮긴 그는 민중들의 풍습과 언어를 공부하고, 법률을 공부한다. 그리고는 1530년 수도복을 벗고, 몽뻴리에 대학에서 의학을 공부한 후 의사가 된다. 에라스무스와 서신을 주고받으며 지적인 교류를 나누고 인본주의에 심취하며, 몇 년 후에는 벨리 추기경을 좇아 이탈리아를 방문한다. 라블레는 1532년 당시에 민중 사이에 유행하던 거인 가르강뛰아에 대한 이야기에서 착안하여 라틴어가 아닌 프랑스어로 「빵따그뤼엘」을 쓰고, 뒤이어 「가르강뛰아, 1534」, 「제3의 書 *Le Tiers Livre*, 1546」, 「제4의 書 *Le Quart Livre*, 1552」를 쓰며, 유작으로 「제5의 書 *Le Cinquième Livre*」를 남기고 1553년에 죽는다. 소설들이 발간과 즉시 교회 및 소르본느 대학으로부터 금서로 지정되면서 라블레는 때로 도주 생활을 해야만 했다.

그의 작품은 두 거인, 아버지인 가르강뛰아와 아들인 빵따그뤼엘의 모험을 이야기하고 있다. 가르강뛰아(**Gargantua**)라는 이름은 아버지인 그랑구지에(**Grandgousier**)가 아이가 태어나 처음 울 때 목소리가 하도 커서 말한 프랑스어 표현 '넌 목청도 크구나(**que grand tu as le gousier**)'에서 따온 것이며, 빵따그뤼엘(**Pantagruel**)은 그가 커다란 가뭄이 있던 시기에 태어났기에 '전부'를 의미하는 그리스어 '빵따(**panta**)'와 '목마른'을 의미하는 아랍어 '그뤼엘(**gruel**)'을 합성한 것이다. 그가 언젠가는 굶주린 자들을 지배할 것이라는 예언과 함께 지은 이름이다.

Écrire la passion d'amour

cours de culture française à l'université

cours de culture française à l'université

라블레는 두 작품을 통해 무엇보다도 '즐겁게 사는 것'을 말하고 있다. 식탐, 술에 대한 욕심, 분뇨 이야기 그리고 중세의 연장에 있는 외설적 이야기 등을 통해 라블레는 **종교의 구속과 관습의 속박에서 벗어나, 욕망이 이끌리는 데로 사는 인간적인 삶의 방식을 말한다.** 거인들의 존재는 일상적이고 관습적인 시각을 벗어나 새로운 시각으로 현실을 바라보게 하며, 기존의 엄격하고 무거운 도덕과 사회적 분위기를 조롱할 수 있게 한다. 그러한 의미에서 라블레의 작품은 사육제, 그리고 민중문화와 연관된 그로테스크 문학에 속한다. 라블레의 글은 지식, 자유, 교육에 대한 찬가이며, 먹을 것과 웃음으로 상징되는 이 땅에서 삶의 기쁨에 대한 찬가이기도 하다. 저질스러운 언어로 저속한 것들을 묘사한 라블레의 서사시에서 우리는 모든 위선을 뒤집어 엎는 삶에 대한 찬사와 기쁨을 동시에 느낀다. 그러한 의미에서 **라블레의 작품은 중세 풍자문학의 연장선에 있으며, 육체와 쾌락의 수렁 속에서 진실의 존재를 느끼게 하는 사드를 예견**한다고 말할 수 있다. 다음은 「빵따그뤼엘」의 '제57장 뗄렘(**Thélème**) 수도사들의 생활방식은 어떻게 결정되었는가'의 일부를 발췌한 것이다.

'그들의 모든 생활은 규정, 규칙에 의해서가 아니라 그들의 의사와 자유의지에 따라 관리되었다. 그들은 원할 때 침대에서 일어나, 하고 싶은 욕망이 생길 때 먹고 마시고 일하고 잠을 잤다. 아무도 그들을 깨우지 않았고, 아무도 그들에게 먹거나 마시고, 무슨 일이거나 하라고 강요하지 않았다. 이렇게 가르강뛰아가 정해놓았던 것이다. 그들의 규칙이라고는 '원하는 바를 행하라' 는 조항밖에 없었다. 왜냐하면 좋은 가문에서 태어나 좋은 교육을 받고 훌륭한 동료들과 함께 생활하는 자유로운 인간들에게는 천성적으로 도덕적으로 행동하게 하고 악을 멀리하도록 하는 본능이 있고 그들이 명예라고 부르는 자극을 받게 되기 때문이다. 그들이 수치스러운 굴종과 강제에 의하여 억압받고 예속될 때, 그들에게 자유롭게 미덕을 추구하며 예속의 굴레를 떨쳐버리고 거역하게 하던 고상한 성향은 왜곡된다. 우리는 언제나 금지된 일을 시도하고 우리에게 거부된 것을 갈망하기 때문이다.' (「가르강뛰아 · 빵따그뤼엘」, 유석호 옮김, 254쪽)

**LA CULTURE
ET SA DIVERSITÉ**
cours de culture française à l'université

고전주의 문학

17세기 프랑스는 루이 14세와 고전주의 시대로 칭해도 과언이 아닐 것이다. 이 시기에 프랑스는 강력한 군사력뿐만 아니라, 문학과 예술을 통해 유럽을 지배하고 있었다. 하지만 프랑스 역사에서 가장 찬란한 시기 중의 하나인 이 시기를 그렇게 간단히 특징지을 수는 없을 것이다. 문학에서도 마찬가지이다. 흔히 고전주의 문학으로 불리어지는 17세기의 문학은 변화와 부침 속에서 크게 바로크 문학과 프레씨오지떼 문학(**La littérature précieuse**) 그리고 고전주의 문학으로 나뉜다. **움직임, 환상 그리고 변신에 미학의 바탕을 둔 바로크 문학**은 은유를 비롯한 수사가 지배적인 언어에 의해 특징지어진다. 뷔를레스끄(**burlesque**)한 측면 또한 바로크 문학의 특징 중의 하나이다.

대표작으로 뽈 스까롱(**P. Scarron**)의 「코믹 소설 *Roman comique*」, 샤를르 쏘렐(**C. Sorel**)의 「프랑시옹의 우스운 이야기 *Histoire comique de Francion*」 등을 들 수 있다. **프레씨오지떼 문학**은 랑부이에(**Rambouillet**) 후작부인의 저택과 같은 부르주아 살롱을 중심으로 발달한다. 정제된 언어와 감정의 섬세한 표현을 통해 여성의 독립과 애정관계에서의 자유를 표현하며, 마담 라파이에뜨(**Madame de Lafayette**)의 「끌레브 대공부인 *Princesse de Clèves*」이 가장 대표적인 작품이다. 마지막으로 **고전주의는 엄격함, 이성, 고전 텍스트에 대한 존중을 바탕**으로 한다. 특히 17세기는 연극의 황금시대라고 부를 수 있을 것이다. 비극의 거장인 꼬르네유(**P. Corneille**)와 라신느는 삼위일체의 규칙을 준수할 뿐 아니라, 고전주의의 엄격함의 상징이다. 꼬르네유 주인공들의 위대함과 미덕이 갈등을 극복하게 한다면, 비극은 라신느의 주인공들을 고통스럽게 하며, 결국 그들을 죽음으로 몰아간다. 희극의 거장인 몰리에르는 소극의 전통을 이어받아, 인물들의 특성을 우스꽝스럽게 그리거나 사회적인 문제를 풍자한다.

꼬르네유의 「메데이아」 *Médée*

꼬르네유는 1606년 루앙에서 태어났다. 법률을 공부한 후, 변호사가 된 꼬르네유는 연극과 시를 선호한다. 1629년, 「멜리뜨 *Mélite*」로 데뷔한 꼬르네유의 삶은 이제 극작가로서의 삶과 구별되지 않는다. 1637년, 30세의 나이로 「르시드 *Le Cid*」를 통해 절정에 오른 그는 「오라스 *Horace*」와 「신나 *Cinna*」 같은 걸작을 만들어내며, 1647년 아카데미 프랑세즈에 들어간다. 하지만 라신느의 등장과 함께 그도 잊혀져간다. 꼬르네유의 「메데이아」는 1635년에 쓰여 1639년에 발표된다. 그리고 1660년 꼬르네유는 「황금양털 쟁취」에서 메데이아 신화를 다시 그린다. 그 다음 해에 발표된 이 작품은 대단한 성공을 거두며, 프랑스 오페라 탄생에 결정적인 기여를 한다. 메데이아 신화는 꼬르네유 이전에도, 그리고 이후에도 다양하게 표현되었다. 오비디우스는 그의 「변신 *Métamrophose*」에서 콜키스에 도착한 아이손(**Jason**)이 메데이아의 도움을 받아 난관을 헤쳐나가는 모습과, 아버지 아이손(**Aeson**)의 회춘, 펠리아스(**Pélias**)의 죽음 등을 묘사하고 있다. 반면에, 그리스의 비극작가 에우리피데스와 로마의 세네카(**Sénèque**)는 메데이아가 이아손의 배신을 벌하기 위해 코린토스에서 그와 결혼할 공주와 왕을 죽이고, 자신들의 두 아이마저 살해하는 장면을 주된 묘사의 대상으로 삼고 있다. 에우리피데스가 질투의 감정에 사로잡힌 메데이아를 통해 그리스 사회에서 소외된 여인들의 처지를 그리고 있다면, 세네카는 주술을 행하는 마녀로서 메데이아에 초점을 맞추고 있다. 세네카는 특히 적대적인 코러스, 그리고 크레온(**Créon**)과의 대화에 의해 격앙된 메데이아, 독약을 준비하는 음울한 메데이아 집의 숨 막힐 듯한 분위기를 잘 그리고 있다. 꼬르네유 역시 세네카의 해석을 주로 따르고 있다. **역사상 가장 난폭한 순화의식인 마녀사냥이 사라지는 시기에, 꼬르네유는 비극적이고 내적인 극을 통해, 공공장소가 아닌 실내 공연을 통해 관객들의 내부에서 일어나는 순화를 가능하게 한다.** 낭만주의 화가 들라크루아 역시 작품 데생들이 보여주듯이 오랫동안 메데이아 신화에 관심을 가진 듯하다. 루브르에 소장된 작품 〈격노한 메데이아〉 속에서 메데이아는 드러낸 가슴, 아이들을 향한 몸짓, 두 아이를 움켜쥔 팔을 통해 강한 모성애를 잘 나타내고 있다. 반면 반대편을 향하고 있는 추적당하는 듯한 시선과 어둠에 잠긴 시선은 메데이아의 야수적 성향을 잘 표현하고 있다. 새끼들을 향한 어미의 야수적 본성을 그린 메데이아의 그림은 어떠한 문화적 기호도 찾아볼 수 없는, 자연적이고 원시적인 배경과 잘 어울린다.

Écrire la passion d'amour
cours de culture française à l'université

cours de culture française à l'université

LA CULTURE ET SA DIVERSITÉ
cours de culture française à l'université

파솔리니의 영화 〈메데이아〉
Pier Paolo Passolini

파솔리니는 메데이아의 미개한 야만성을 성찰한 최초의 작가이다. 파솔리니가 그리는 야만성은 오비디우스가 「변신」에서 끝없이 반복하는, 그리스 문화를 동경하는 미개한 나라 콜키스의 공주가 갖는 부정적인 의미가 아니다. 머리를 풀어 헤치거나, 하늘을 향해 팔을 올리고, 소리를 지르며 기도하는 무녀의 모습은 더욱이 아니다. 파솔리니가 묘사하고자 하는 것은 낯선 존재, 무섭고 경멸스런 존재로서의 메데이아가 아니다. 그는 메데이아의 근원으로, 즉 **신적인 것과 인간적인 것이 구별되지 않는 삶의 공간으로 거슬러 올라가 모든 것이 설명될 수 있는 단서를 찾고자 하는 것이다.** 파솔리니의 영화 〈메데이아〉는 세 개의 살인이 그 축을 이룬다. 첫 번째는 다른 고대의 작품이나 후대의 작품에서도 볼 수 없는 콜키스에서의 살인으로, 대여사제와 같은 메데이아가 주관하는 희생의식을 위한 살인이다. 여기서 살인은 그다지 충격적이지 않다. 왜냐하면 죽음은 새로운 탄생을 약속하는 것이고, 폭력은 자연과 조화를 이루면서 성스러운 성격을 띤다. 두 번째는 동생 압쉬르토스(**Apsyrtos**)의 죽음이다. 콜키스를 벗어나기 위한 살인 행위는 성스러움과 세속적인 것의 경계에 위치한다. 이아손과 함께 떠난 메데이아의 삶은 성스러움을 잃고 세속화되어 간다. 사랑만이 그녀의 행동을 인도할 뿐이다. 마지막으로 자식의 살해는 일종의 또 다른 의식처럼 치러진다. 메데이아는 젊은 시절의 그녀의 모습을, 성스러움을 되찾기를 원한다. 파솔리니의 〈메데이아〉 속에서 메데이아는 복수심과 질투에 사로잡혀 자식들을 죽이지 않는다. 작품 속에서 자식살해 장면이 차지하는 길이와 속도, 영상의 분할과 반복은 의식의 섬세한 과정을 명확히 보여주고, 작품 초반부의 대제사장인 메데이아의 신중함을 다시 표현한다. 그러한 의미에서 **자식살해는 이전의 시간, 폭력이 인간들을 하나로 만들고, 신의 은총을 빌었던 시간으로의 회귀를 나타낸다**고 할 수 있다.

LA CULTURE, C'EST PARTAGER
cours de culture française à l'université

계몽주의 문학과 서간체 소설

루이 14세의 죽음과 함께 절대군주제는 서서히 막을 내린다. 새로운 정치세력인 부르주아 세력의 등장과 함께 왕권과 교권은 흔들리고, 혁명의 조짐이 나타나기 시작한다. 베르사유는 더 이상 문화생활의 중심이 아니다. 파리의 클럽과 카페 그리고 철학 살롱을 통해 새로운 사상들이 퍼져간다. 생활방식은 더욱 자유로워지고, 비판정신은 모든 분야에서 날을 세운다. **진보에 대한 신뢰, 이성, 행복, 박애 등이 시대적 정신을 특징짓는다. 중국, 페르시아, 아메리카 등의 여행기가 사람들의 지평을 넓히고, 관습과 신앙에 대해 좀 더 융통성 있는 자세를 갖게 한다.** 기꺼이 철학가로 불리기를 원했던 문인들은 문학을 사상과 철학의 전달 수단으로 사용하였다. 그 중 볼테르(**Voltaire**)는 아주 다양한 분야의 글들을 통해 자신의 생각을 펼쳤으며, 특히 「깡디드 *Candide ou l' Optimisme*」는 그의 사상을 함축적으로 잘 보여주고 있다. 시대의 발전을 충실히 그리고자 하는 소설이 이 시기에 급격히 발달한다. 특히 서간체 소설은 놀라운 성공을 거둔다. 관습과 제도를 풍자하는 몽떼스끼유(**Montesquieu**)의 「페르시아인의 편지 *Les Lettres persanes*, 1721」, 사랑의 열정과 미덕의 균형을 이루려는 루소(**J.-J. Rousseau**)의 「누벨 엘로이즈 *Julie ou La Nouvelle Héloïse*, 1761」, 동시대의 타락한 윤리를 적나라하게 그린 라끌로(**Laclos**)의 「위험한 관계 *Les Liaisons dangereuses*, 1782」 등이 대표적인 작품들이다.

라끌로의 「위험한 관계」
Pierre Chauderlos de Laclos

1741년 아미앵에서 태어난 라끌로는 직업군인의 길을 간다. 군대생활에 별 다른 흥미를 느끼지 못한 그는 시와 희극, 오페라를 쓰고, 주둔지에서 상류층과의 접촉을 경험으로 1782년 서간체 소설인 「위험한 관계」를 발표한다. 당시에 유행하던 서간체로 쓰인 소설은 즉각적인 성공과 함께 스캔들을 일으킨다. 지드는 「위험한 관계」를 '가장 아끼는 책'이라고 표현했고, 보들레르는 '도덕주의자의 책이며, 숭고할 대로 숭고하고 심오할 대로 심오한 책'이라고 표현하였다. 하지만 발몽(**Valmont**)과 메르떼유(**Merteuil**) 후작부인의 비도덕성과 방종 속에서, 자신들의 모습을 인정하기를 거부하는 귀족계급은 작품과 함께 작가를 더욱 강하게 비난하였다.

서간체 소설의 내용을 요약하는 것은 쉬운 일이 아니다. 화자의 부재와 시각의 다양성은 작품에 통일성을 부여하기 어렵게 만든다. 특히 각각의 편지가 고유의 감정과 수사학을 담고 있으며, 등장인물의 성격이 모호하기 때문에 더욱 그러하다. 하지만 이러한 특성이 때로 단조로운 소설에 염증을 느낀 독자들에게 새로운 열정을 불어넣기도 한다. 「위험한 관계」는 젊은 세실 드 볼랑주(**Cécile de Volanges**)의 편지로 시작되며, 그녀의 어머니인 볼랑주 부인이 발몽의 숙모인 로즈몽드(**Rosemende**) 부인에게 보내는 '위험한 관계'라는 표현을 언급한 편지로 끝난다. 12명의 등장인물이 5개월 반에 걸쳐 주고받은 175통의 편지를 담은 소설이다. 예전의 연인관계였던 메르떼유 후작부인과 발몽 자작이 두 주인공이며, 사건은 두 사람의 계약관계로 시작되어, 두 사람의 '전쟁' 때문에 파국으로 치닫는다. 발몽은 숙모 집에 머물고 있는 뚜르벨(**Tourvel**) 부인에게 연정을 느낀다. 그리고 메르떼유 후작부인의 옛 애인 중의 하나인 제르꾸르(**Gercour**)와 결혼하게 된 세실은 점잖은 기사인 당스니(**Danceny**)를 사랑한다. 메르떼유 후작부인은 제르꾸르에게 복수하기 위해 발몽에게 세실의 정조를 유린할 것을 요구한다. 일을 어렵지 않게 이룬 발몽은 뚜르벨 부인마저 정복하지만 그녀를 진심으로 사랑하게 된다. 질투를 느낀 메르떼유 부인의 요구로 발몽은 뚜르벨 부인과 결별하고, 뚜르벨 부인은 신경쇠약증에 걸려 죽는다. 그런데 메르떼유 후작부인이 약속을 지키지 않자 발몽은 메르떼유 부인과 맞선다. 메르떼유 부인은 당스니에게 세실에 관한 일을 알리고, 발몽은 분개한 당스니와의 결투 중에 죽어간다. 하지만 죽기 직전, 그는 당스니에게 메르떼유 후작부인의 비리를 알리는 편지를 건네주어 세상에 폭로하게 한다. 상처를 받은 세실은 수녀원으로 돌아가며, 메르떼유 후작부인은 매독으로 얼굴이 망가지고, 재판에 패소한 후 외국으로 도망간다. 다음은 작품의 마지막에 실린 볼랑주 부인이 로즈몽드 부인에게 보내는 편지 중의 일부이다.

'얼마 되지 않은 세월 동안에 무서운 숙명이 제 주위를 덮쳐 제가 가장 사랑하는 제 딸, 제 친구를 앗아갔군요! 단 한 번의 위험한 관계가 어떤 불행을 초래하는지 생각만 해도 소름이 끼칩니다. 이 이치를 깊이 생각해 보았으면 어떤 괴로움도 피할 수 있지 않았을까요? 어떤 여자라도 유혹자의 첫 마디를 듣고 달아났을 것입니다. 어떤 어머니도 자기 이외의 사람이 제 딸에게 말을 거는 것을 보고 몸을 떨었을 것입니다. 그러나 이런 생각들도 사건이 일어나고 난 다음에야 생기지요. 또 가장 중요하고, 아마 가장 일반적으로 알려진 진리가 우리의 무분별한 풍속의 소용돌이 속에서 묻혀지고 필요 없게 돼버립니다.' (「위험한 관계」, 박인철 옮김, 554쪽)

Écrire la passion d'amour

cours de culture française à l'université

cours de culture française à l'université

LA CULTURE ET SA DIVERSITÉ
cours de culture française à l'université

「위험한 관계」와 영화
Les Liaisons dangereuses

라끌로의 소설은 여러 편의 영화로 만들어졌다. 로제 바딤(**R. Vadim**)이 감독을 맡고 제라르 필립(**G. Philipe**)과 잔 모로(**J. Moreau**)가 주연을 맡은 영화 〈위험한 관계, 1959〉는 1950년대 프랑스 부르주아 사회를 배경으로 전개되며, 발몽(제라르 필립)과 줄리에뜨(잔 모로)는 부부사이이다. 발몽이 뚜르넬 부인을 만나는 시골은 스키장으로 바뀐다. 로제 바딤 감독은 무대를 현대로 잡으면서, **현대사회 속에서 여성의 성적 자유, 남성과 여성의 성적 동등함**을 말하고자 하였다. 1988년에 소개된 스티븐 프리어즈(**S. Frears**) 감독, 존 말코비치(**J. Malcovich**) 주연의 〈위험한 관계〉는 줄거리도 그렇고, 비극적인 원작 소설의 성격에 가장 충실하다. 그럼에도 마지막에 발몽이 당스니의 칼에 몸을 던져 자살한다든지, 메르떼유 후작부인이 사회적으로 고립되지만 얼굴이 변형되지 않는다는 등의 주목할 만한 변화가 없는 것은 아니다. 프리어즈의 〈위험한 관계〉에서는 **라끌로 작품의 극적인 요소가 부각되며, 윤리적 시각이 작품 전체를 지배**한다. 밀러스 포먼(**M. Forman**) 감독의 〈발몽 *Valmont*, 1989〉은 **라끌로의 작품에 희극적인 요소를 가미하며 줄거리와 어조를 좀 더 자유롭게 변형**시킨다. 마지막 장면에서 발몽이 죽지만 결투나 죽음은 화면에 나타나지 않는다. 세실은 아이를 간직하고, 메르떼유는 약간 조소를 당할 뿐이다. 남편의 팔을 낀 뚜르넬 부인은 무덤에 장미를 놓는다. 포먼의 작품 속에는 극적인 요소도, 도덕적 시각도 없다. 그래서 어쩌면 원작을 18세기에 더 가깝게 다가서게 만드는지도 모른다. 그리고 작품이 만들어진 시대의 흐름을 좀 더 충실히 반영하는 듯하다. 우리나라에서는 이재용 감독이 〈스캔들, 2003〉이라는 제목으로, 라끌로의 작품이 만들어진 시기와 비슷한 시기를 배경으로 「위험한 관계」의 한국판 영화를 만들었다. 배용준, 이미숙, 전도연이 출연한 아주 감각적인 사극을 통해 이재용 감독은 **유교의 윤리와 사대부의 체면이 팽배한 시기의 여성과 성에 대해 질문**한다.

LA CULTURE, C'EST PARTAGER
cours de culture française à l'université

낭만주의, 사실주의,
그리고 상징주의 문학

19세기는 정치, 경제, 사회적으로 어떤 시대보다 변화가 심하고 복잡한 시대이다. 시민들의 정치적 참여가 확대되었고, 산업혁명은 사회의 변화를 가속화시켰으며, 사진, 영화, 자동차 등의 발명은 인간들의 삶을 풍요롭게 만들었다. 시대의 변화 및 발전 속에서 사상의 흐름과 문학 사조 또한 다양하게 표출되었다. 커다랗게 세 개의 사조, 즉 낭만주의와 사실주의 그리고 상징주의가 시대를 특징짓는다. 세 개의 유파는 예술표현에 각기 다른 개념을 갖고 있을 뿐 아니라, 인간과 세계에 대한 각기 다른 독창적인 시각을 갖는다. 명확히 시기를 구분할 수는 없지만 낭만주의는 왕정복고와 7월 군주제 치하에서, 사실주의는 제2제정 치하에서 그리고 상징주의는 제3공화국 치하에서 발달하였다. 라마르띤느(**A. Lamartine**), 비니(**A. Vigny**), 뮈쎄(**A. Musset**), 위고 등이 낭만주의의 상징적인 인물들이고, 그들은 **열정, 자유, 정치적 참여를 노래**했고, 부르주아 사회에서의 불만과 순응주의에 대한 거부를 표현하였다. 19세기 후반부에 등장한 사실주의 작가들은 낭만주의자들의 우수와 감정의 표출을 거부하고, **역사적 · 사회적 현실을 상세히 그리고자 했다.**

발자크, 플로베르, 모파상 등이 대표적인 작가들이며, 졸라는 과학적 이론, 특히 꽁뜨(**A. Comte**)의 실증주의 이론에서 영감을 받아, 유전과 환경에 의해 지배되는 한 가계의 이야기인 자연주의적 소설 「루공 · 마까르 총서 *les Rougon-Macquart*」를 썼다. 진부한 현실, 차가운 미학에 염증을 느낀 19세기 후반의 시인들은 **우주의 신비로움, 내면의 깊이, 꿈의 편린 등을 노래**하였으며, 그들의 인상과 비전을 글로 쓰기 위해 상징, 은유, 암시 등에 의지하였다. 특히 보들레르는 감각적인 세계와 감춰진 세계와의 상응을 추구하였고, 말라르메와 랭보는 무에 도달하여, 더 이상 표현할 수 없을 때까지 극단적인 모험을 시도했다.

메리메의 「까르멘」   *Carmen*
Prosper Mérimée

1803년, 파리의 예술가 가정에서 태어난 메리메는 세례를 받지 않았으며, 볼테르와 백과사전파의 영향 아래 성장하였다. 법률을 전공하였고, 문학 살롱을 출입하며 스땅달(**Stendhal**)의 절친한 친구가 된다. 단편에 탁월한 재능을 보이며, 환상소설에도 많은 관심을 보인다. 문화재 총 감독관으로 임명되어 프랑스 전역과 유럽 등지를 여행한다. 여행에서 받은 인상과 자료들이 그의 작품에 많은 자양을 제공한다. 러시아 문학에 관심을 보인 그는 푸쉬킨(**Pouchkine**)이나 뚜르게네프(**Tougueniev**) 등의 작품을 프랑스어로 번역한다. 메리메는 낭만주의 세대에 속한다. 그렇기에 그의 작품들은 환상적인 것, 강한 열정, 다채로운 묘사, 숙명 등을 내포한다. 그러나 메리메의 단편들은 인물, 사건, 특별한 배경 등과 관련하여, 오히려 사실주의 소설에 가까우리만큼 명확하게 시간과 공간을 위치시킨다. **메리메는 빼어난 관찰력과 사물에 대한 묘사의 정확성 그리고 일상적인 것들에 주의를 기울이면서 낭만주의 문학, 또는 환상문학을 현실 속에 뿌리내린다.** 그는 또한 구체적인 것들에 대한 관심을 통해 신비로운 것의 출현에 균형감을 부여한다. 「까르멘」은 안달루시아 지방 세비야를 중심으로 한 집시들의 풍습에 대한 탁월한 보고서이며, 동시에 숙명적인 열정의 희생양이 된 젊은이의 극적인 이야기이다. 스페인을 여행 중인 고고학자인 화자는 도중에 우연히 강도인 돈 호세(**Don José**)를 만나고, 그가 잡히지 않고 달아날 수 있도록 돕는다. 일주일 후, 코르도바에서 화자는 아름다운 집시 여인인 까르멘을 알게 되고, 이번에는 돈 호세가 까르멘의 함정에서 그를 구해준다. 몇 달 후, 화자는 감옥에서 처형을 기다리는 돈 호세를 방문해 그가 까르멘을 만나, 그녀에 대한 사랑 때문에 살인을 하고, 탈영병, 도둑, 밀매업자가 된 과정과, 그를 더 이상 원하지 않는 그녀를 죽였다는 사실을 알게 된다. 메리메는 「까르멘」에서 돈 호세의 불타는 열정과 까르멘의 자유분방함과 단호함, 그리고 순수한 상태의 숙명 자체를 그리고 있다. 숙명으로 인한 비극의 존재, 그것이 「까르멘」에 아름다움과 깊은 의미를 주는 듯하다. 다음은 돈 호세가 까르멘을 처음 만났을 때, 돈 호세의 시각을 통해 묘사된 까르멘의 모습이다.

'붉은 색의 아주 짧은 치마를 입고 있었기 때문에, 구멍 난 하얀 비단 양말과, 붉은 색깔의 리본이 매인 붉은 모르코 가죽으로 만든 예쁜 구두가 그대로 다 보였습니다. 그녀는 어깨와, 셔츠에 가득한 커다란 아카시아 꽃을 드러내 보이기 위해 머리에 두른 검은 스카프를 젖혔습니다. 입가에도 아카시아 꽃 한 송이를 물고, 코르도바 종마 사육장의 암 망아지처럼 엉덩이를 흔들며 걸어오고 있었습니다. 내 고향 같았으면, 이런 차림의 여인을 보면 모두 성호를 그었을 것입니다. 세비야에서는, 그녀의 태도를 보고 모두 짓궂은 농담을 거는 것이었습니다. 그녀는 정말 집시처럼 뻔뻔하게 허리춤에 주먹을 얹고, 추파를 던지며 한 사람 한 사람에게 대꾸했습니다. 우선, 마음에 드는 여자가 아니었기 때문에 나는 하던 일을 계속했습니다. 그런데 부르면 오지 않고, 부르지 않을 때는 오는 여자나 고양이의 습성처럼, 그녀는 내 앞에 멈춰 서서 말을 건넸습니다.'

(「까르멘」, 김진욱 옮김, 57-8쪽)

Écrire la passion d'amour

cours de culture française à l'université

cours de culture française à l'université

비제의 오페라 〈까르멘〉과 영화 〈까르멘〉
G. Bizet

대부분의 사람들은 집시 여인 까르멘의 이름을 메리메의 소설보다, 비제의 오페라 〈까르멘〉을 통해 알게 되었을 것이다. 그만큼 **비제의 오페라 〈까르멘〉은 대중적인 성공을 거둔, 프랑스의 가장 아름다운 오페라 중의 하나이다.** 비제가 죽기 몇 달 전인 1875년에 작곡한 오페라 〈까르멘〉은 원작 소설과는 약간 다른 내용을 포함하고 있다. 제1막에서 고향 아가씨 미카엘라(**Michaëla**)가 담배공장 위병소로 돈 호세를 찾아오거나, 제3막에서 밀매업자들의 소굴로 돈 호세를 찾아오는 장면은 원작에 존재하지 않는다. 하지만 순수한 처녀 미카엘라의 존재는 까르멘과 대립되며, 돈 호세의 타락을 더욱 강하게 부각시킨다. 그리고 마지막 제4막에서 돈 호세는 산골짜기가 아니라 투우 경기장 바깥에서 까르멘을 칼로 찌른다. 그리고 제2막에서부터 투우사 에스까미요(**Escamillo**)의 등장과 투우장의 확대된 비중은, 투우를 통해 작품 속에 스페인적인 색채를 더욱 강하게 한다. 제1막에서 까르멘이 부르는 유명한 '하바네라 **Habanera**' 가사 중에서 '당신이 나를 사랑하지 않을 때 나는 당신을 사랑하고, 내가 당신을 사랑하게 될 때 조심하세요.'는 소설 「까르멘」에서 돈 호세가 까르멘을 처음 보았을 때, '부르면 오지 않고, 부르지 않으면 오는 여자나 고양이'처럼 묘사된, 돈 호세에게 다가오는 까르멘의 모습과 다르지 않다. 다른 한 편으로, '하바네라'의 가사는 메리메의 다른 단편 「일르의 비너스 **La Vénus de l'île**」에서 비너스 상의 초석 위에 새겨진 라틴어 문장 '그녀가 너를 사랑할 때 조심해라.'를 반복하고 있다. 자신의 죽음을 초래하고 돈 호세를 파멸로 이끈 까르멘은 어쩌면 자신에게 반지를 끼워준 알퐁스를 죽게 한 「일르의 비너스」에 나오는 비너스 상의 다른 모습이라고 할 수 있을 것이다.

까르멘의 신화는 메리메의 작품과 더불어 수많은 영화의 소재가 되었다. 특히 1983-4년에 대표적인 작품들이 동시에 만들어졌다. 장 뤽 고다르의 현대사회를 배경으로 한 〈까르멘이라는 이름 **Prénom Carmen**〉(우리나라에서는 〈미녀 갱〉이라는 제목으로 상영됨), 1983〉에서 까르멘은 은행을 터는 사회의 주변인으로 묘사된다. 비제의 음악 대신에 작품 내내 연주되는 베토벤의 현악 사중주가 조셉과 까르멘의 열정이 넘어야 할 새로운 단계를 예고하는 듯하다. 스페인 감독 카를로스 사우라(**Carlos Saura**)가 안토니오 가데스(**Antonio Gades**)와 만든 〈카르멘, 1983〉은 메리메의 소설과 비제의 오페라를 춤을 통해 무대에 올리려는 창작가의 어려움을 다루고 있다. 카를로스 사우라와 안토니오 가데스는 **스페인 고유의 리듬과 춤을 통해 열정과 폭력을 표현하며, 현대적 〈카르멘〉을 새롭게 창조**한다. 1984년 제작된 프란체스코 로시(**Francesco Rosi**)의 〈비제의 까르멘〉은 제목이 암시하듯이 비제의 오페라를 영화화한 것이다. 스페인의 카르모나(**Carmona**), 론다(**Ronda**) 등에서 현지 촬영한 로시의 영화는 **오페라가 갖지 못한 사실성을 부여하며, 오프닝 신에 투우장의 정경을 도입하므로써 스페인적 요소를 훨씬 강하게 부각**시킨다. 마지막으로 피터 브룩(**Peter Brook**)의 〈카르멘의 비극 **La Tragédie de Carmen**〉은 먼저 연극무대에 올렸던 작품을 영화와 **TV**를 위하여 다시 촬영한 것이다. 브룩은 오페라에서 관객들의 흥미를 돋우기 위해 동원된 모든 요소들, 예컨대 군중이나 군인들, 담배공장 여자들, 꼬마들은 등장시키지 않는다. 구체적인 형상들을 무대에서 제거하고 **작품을 좀 더 추상화시키면서, 브룩은 새로운 미학을 시험**한다.

01 01

cours de culture française à l'université   liberté égalité fraternité

프랑스어 회화 표현 :	**Tu aimes la lecture?** **- Oui, j'adore les romans fantastiques.**

과제 또는 토론 :	❶ 영화 <트리스탄과 이졸데>와 소설을 좀 더 상세히 비교해보시오. ❷ 메리메의 소설과 비제의 오페라 사이의 차이점은 무엇인지 알아보시오. ❸ 서간체 소설의 특징에 대해 알아보시오.

참고자료 :	<세계에서 가장 아름답고 쓸쓸한 풍경, 생텍쥐베리의 어린왕자>, KBS 1TV, TV문화기행, 2005. 11. 22. <바람구두를 신은 사나이 랭보>, KBS 1TV, TV문화기행. <빅토르 위고 레미제라블>, KBS 1TV, TV문화기행. <트리스탄과 이졸데>, 케빈 레이놀즈 감독, 2006. <스캔들>, 이재용 감독, 2003. <발몽>, 밀러스 포먼 감독, 1989. <위험한 관계>, 스티븐 프리어즈 감독, 1988. <비제의 카르멘>, 프란체스코 로시 감독, 1984. <카르멘의 비극>, 피터 브룩 감독, 1984. <카르멘이라는 이름(미녀 갱)>, 장 뤽 고다르 감독, 1983. <카르멘>, 카를로스 사우라 감독, 1983. <위험한 관계>, 로제 바딤 감독, 1959. 「롤랑전」, 조셉 베디에, 이형식 옮김, 궁리, 2005. 「트리스탄과 이즈」, 조셉 베디에, 이형식 옮김, 궁리, 2005. 「위험한 관계」, 라끌로, 박인철 옮김, 문학사상사, 2003. 「가르강뛰아─빵따그뤼엘」, 라블레, 유석호 옮김, 아카넷, 2001. 「까르멘」, 메리메, 김진욱 옮김, 범우사, 2001.

liberté égalité fraternité
cours de culture française à l'université

liberté égalité fraternité

cours de culture française à l'université

PARIBAS
LE PROGRES
AIR DE PARIS

la cuisine française et sa diversité extrême

LA CULTURE,
C'EST PARTAGER

cours de culture française à l'université

la cuisine française et sa diversité extrême

프랑스 음식, 다양성의 극치

프랑스 음식,
시간을 가지고 즐긴다

프랑스 유학 초기, 참가했던 학생모임에서 식사 때마다 고역 아닌 고역을 치렀다. 샐러드나 수프가 나오면 난 두세 차례 포크나 수저질로 먹어치웠다. 그리고 나면 접시는 비어 먹을 것은 없고, 프랑스어는 서툴러 대화도 나누지 못하고 아무런 할 일이 없는 난처한 상황에 부딪힌다. 주식(主食)이 서빙 되기까지 10여 분 동안 천장 한 번, 벽 한 번, 물 한 모금, 어디에 시선을 두어야 할지 몰라 난처해 했었다. 주식도 마찬가지이다. 닭다리 하나, 돼지고기나 쇠고기 한 점을 감자튀김이나 스파게티와 먹는데 그리 많은 시간이 걸리지 않았다. 5분이면 충분한 시간을 프랑스친구들은 20~30분 동안 빵과 함께 조금씩 썰어 먹으며, 끊임없이 수다를 떠는 것이다. 말도 못하고 먹을 것도 없는 식탁은 퍽이나 어색한 모습을 연출한다. 비슷한 경우이겠는데, 한국 관광객들이 자주 찾는 파리 프랑스식당은 한국인들을 대상으로 호객행위를 하기 위해 우리말로 '빨리 나와요! 빨리 나와요!' 한단다. 식당에서 음식 나오는 것을 진득하게 기다리지 못하고, 차려진 음식은 아주 빠른 속도로 먹어치우는 우리 음식문화의 특성을 잘 표현하는 말이다. 이렇듯, 프랑스인들의 식사습관 중에서 우리와 가장 다른 것이 있다면 식사에 투자하는 시간이다. 먹고 싶은 음식점에 사람이 많아 기다려야 하면, 프랑스인들은 길가에 줄을 지어 서서 수다 떨기를 주저하지 않는다. 물론 밖에서 줄을 지어 서있어도 주인이나 테이블에서 식사하는 손님, 누구나 서두르는 기색이 없다. 프랑스인들은 보통의 경우 점심식사 시간이 시작되면, 곧바로 식당으로 가서 거의 한 시간을 다 쓰고 일어나는 경우가 허다하다. 식사시간이 온전히 식사와 식사 동안에 나누는 대화만을 위해서 쓰인다. **음식을 먹는다는 것이 일을 하기 위한 것이 아니라 그 자체로의 즐거움을 갖는 것이다.** 특히 많은 이야기들을 나누며 식사를 하기 때문에 식사가 끝나면 이미 소화가 된 듯한 느낌을 받는다. 프랑스 지방에서는 아직도 8시에 출근하며, 12시부터 2시까지 느긋하게 점심식사를 마치고 오후의 일과를 다시 시작하는 것을 볼 수 있다. 하루의 일과 중에서 식사시간이 결코 소홀히 취급될 수 없음을 보여준다.

저녁시간, 대부분의 프랑스 식당은 7시쯤에 문을 열고 10시쯤이면 문을 닫는다. 그리고 하루 저녁 한 테이블에 한 팀만을 받는 것을 원칙으로 한다. 그것은 음식이 비싸건 싸건, 시내든 변두리든, 고급식당이든 그렇지 않든 마찬가지이다. 식사시간은 단지 배를 채우기 위해 음식을 먹는 것이 아니다. 무엇보다도 음식을 통해 미각과 우리 몸을 새롭게 할 수 있는 시간이다. 뿐만 아니라 대화를 통해 긴장을 풀고, 정신적 기쁨을 느끼며 가족 또는 친구들 사이에 유대감을 돈독히 할 수 있는 시간이다. 노르망디 지방에서는 아직도 특별한 저녁식사를 할 때 보통 4시간 정도 먹는다고 한다. 그리고. 노르망디 사람들이 워낙 많은 양의 음식을 즐기기 때문에 만들어진 표현이 '**트루 노르망 trou normand**' 이다. 한참을 먹고 배가 부르면 어른들은 독주를 마시거나, 아이들은 술에 담갔던 각설탕을 빨아서 소화를 촉진시키고, '장(腸)을 비운다' 하여 붙인 말이다. 물론 곧바로 음식을 다시 즐기기 위한 방편일 것이다.

점심시간이 끝난 후, 대학생을 포함한 대부분의 한국 사람들은 잠시 책상에 누워 눈을 붙인다. 흔히 식곤증이라 불리는 증세이다. 많은 음식을 빨리 먹었기 때문에 피곤을 느낀 위가 우리로 하여금 잠을 통해 휴식을 취하게 한다. 놀랍게도 프랑스인들은 오후에 전혀 졸지 않는다. 프랑스 대학 도서관에서 졸음을 이기지 못해 잠시 책상에 엎드려 눈을 붙이려던 나는 아무도, 정말 한 사람도 책상 위에 엎드리지 않는 것을 보고 놀랐다. 일찍 잠자리에 들어 충분한 잠을 자기도 하지만, 긴 식사시간 동안 대화를 하며 충분히 소화를 시켰기 때문일 것이다. 음식문화와 관련하여 지적할 수 있는 프랑스인들의 또 다른 특징 하나는 지하철에서 발견된다. 프랑스 지하철에는 화장실이 없다. 한참을 왜일까 생각해보았다. 폭주와 과식 또는 맵고 짠 음식으로 우리들의 위는 고통을 받는다. 그렇기 때문에 우리는 출퇴근 시간에 지하철에서 갑작스럽게 화장실을 찾지 않을 수 없다. 프랑스인들이 술을 마시지 않는 것은 아니지만 반주 삼아 한두 잔을 마시고, 천천히 대화를 나누며 식사를 즐기기 때문에 상대적으로 건강한 몸을 유지하는 듯하다.

프랑스의 어느 식당 주인이 표현하는 것처럼 프랑스에서 **음식을 준비하고, 먹는 것은 한 편의 연극을 연출하는 것**과 같다. 별것 아닌 달팽이 요리를 먹는데 전용접시와 특별한 도구들을 사용한다든지, 계란 반숙을 예쁜 크리스털 잔 위에 올려놓고 티스푼으로 윗부분을 잘라내고 속을 파먹는 모습은 앙증맞기까지 하다. 카뜨린 드 메디치가 이탈리아에서 들여와 즐겨 먹었다는 주먹 크기 만한 아티쵸크를 대화하면서 한 잎 한 잎 떼어 빨아 먹고, 자그마한 속 알갱이를 잘라 소스와 함께 먹는 모습은 우스꽝스럽기조차 하다. 뷔페에 가면 수없이 쌓여 있어 수저로 푹푹 퍼먹을 수 있는 굴을 윗 껍질만 깐 채 바닷물을 그대로 담아, 6개 또는 12개씩 접시에 올려놓고, 빵으로 배를 채우게 하는 굴 요리는 어떠한가? 소스를 얹어 긁어 먹고, 바닷물까지 들이키는 몇 개 안 되는 굴과 보리빵 그리고 백포도주 한 병은 주말, 연극이나 음악 공연이 끝난 후 대화하면서 한 시간 정도를 함께 하는 훌륭한 야식이 된다.

프랑스 요리를 만나는 영화
〈바베뜨의 만찬, 1987〉
Le Festin de Babette

음식 또는 레스토랑을 소재로 한 많은 영화들이 있다. 홍콩의 현대 가정을 배경으로 입맛과 서로에 대한 관심, 사랑을 다룬 〈음식남녀, 1994〉, 초콜릿을 통해 공동체의 종교적 화해를 표현한 줄리엣뜨 비노쉬 주연의 〈초콜릿, 2000〉, 세 번의 저녁식사를 둘러싸고 여성들의 성에 대한 담론을 거침없이 다룬 〈처녀들의 저녁식사, 1998〉 등, 외국 영화와 우리 영화에서 인간의 가장 원초적 본능 중의 하나인 식욕은 아주 중요하게 취급된다. 그 중에서 〈바베뜨의 만찬〉은 프랑스 요리의 가장 화려한 모습을 보여주는 영화일 것이다. 〈바베뜨의 만찬〉은 〈아웃 오브 아프리카〉의 원작자인 덴마크 출신의 여류작가 이작 디네센(**I. Dinesen**)의 작품을 가브리엘 액셀(**G. Axel**) 감독이 덴마크의 해안가 외딴 마을을 배경으로 만든 작품이다.

마르띠나(**Martina**)와 필립빠(**Phillipa**)는 아버지의 유업을 받들어 사랑과 음악에 대한 재능을 포기하고 종교적 공동체를 섬긴다. 그리고 파리 꼬뮌의 소요를 피해 이곳을 찾아온 파리의 빼어난 요리사 바베뜨는 두 자매를 도우며 살아간다. 어느 날, 복권에 당첨된 바베뜨는 파리로 돌아가리라는 추측과는 달리 그 돈을 모두 공동체를 위한 만찬에 사용한다. 말씀에 따라서 금욕적인 생활을 하며 살아가지만, 기쁨과 서로에 대한 사랑을 갖지 못한 공동체의 구성원들이 만찬에 참석한다.

크리스털과 아름다운 집기들로 테이블이 차려지고, 식욕을 자극하기 위해 스페인産 셰리 와인인 **아몬틸라도**(**Amontillado**)가 아페리티프로 맨 처음 등장한다. 다음으로 **거북이 수프**가 등장하고, 캐비어로 만든 전식 요리인 **블리니 드미도프**(Blinis Demidoff)가 나온다. 그리고 프랑스의 가장 유명한 샴페인 산지인 랭스, 그 중에서도 유명한 **뵈브 끌리꼬**(Veuve Clicquot) 1860년産이 반주로 곁들여진다. 만찬의 주된 요리는 메추라기 요리이다. 메추라기의 속을 비우고, 뼈를 바른다. 그 안에 **푸아 그라**(Foie gras, 거위의 간)를 놓고, 양쪽에 **검은 다이아몬드로 불리는 트뤼프**(Truffe, 송로버섯)를 놓는다. 그리고 예수의 죽음을 상징하는 석관 모양의 파이 껍질(볼오방) 안에 모두를 넣고 180도의 오븐에서 익힌다. 그 다음, 요리에 소스를 얹는다. 본식이 끝난 후, 다시 소화를 돕기 위한 샐러드가 나온다. 뒤를 이어 프랑스의 유명한 프로마주가 나오고 맛좋은 제과와 과일로 마무리를 짓는다.

공동체의 구성원들은 처음에는 음식에 대한 욕심을 버리자고 말하지만 식사가 계속됨에 따라 음식에 대한 맛을 느끼며 만족해한다. 그리고 **맹목적인 교리에 대한 순종은 서로에 대한 진정한 이해와 사랑으로 변화**한다. 그들과 함께 초대받아 온 장군은 그것을 '진리와 자비, 정의와 은총은 하나이고, 모든 은혜가 우리에게 주어진다.' 라는 말로 결론을 내린다.

전설적인 레스토랑
뚜르 다르장
Tour d'argent

파리의 가장 전설적인 레스토랑 중의 하나이며, 세계에서 가장 오래되고 가장 유명한 레스토랑 중의 하나인 뚜르 다르장은 파리 5구의 노틀담성당 뒤쪽, 쎈 강변 좌안 뚜르넬(**Tournelles**)街와 까르디날 르무안느(**Cardinal Lemoine**)街가 만나는 모퉁이에 아름다운 모습으로 자리 잡고 있다. 400년 전부터 앙리 3세를 비롯한 왕과 리슐리외 추기경을 포함한 강력한 귀족들이 드나들던 뚜르 다르장의 역사는 프랑스 역사의 일부라고 할 수 있다. 에드워드 7세, 찰리 채플린, 모나코의 그레이스 왕비 등이 즐겨 찾았으며, 요리와 관계없이 명소로 아직까지 남아있는 몇 개 안 되는 파리 식당 중의 하나이다. 뚜르 다르장은 1582년 앙리 3세 시절, 루르또(**M. Rourteau**)가 귀족들이 싸구려 술집이 아닌 조용한 분위기에서 식사할 수 있도록 고급 레스토랑으로 세운 것이다. **'은탑'을 의미하는 뚜르 다르장의 명칭은 운모로 반짝이는 석회질 돌로 만들어진 탑 모양의 건물 형상에서 비롯된 것**이다. 앙리 4세는 사냥을 마친 후 뚜르 다르장에 들러 닭찜 요리나 맛있는 에롱 파이를 먹었고, 귀족들 또한 뒤를 이어 뚜르 다르장을 출입하게 되었다. 앙리 3세는 이 레스토랑에서 베네치아 인들이 묘하게 생긴 도구로 고기를 찍어 먹는 것을 처음으로 보게 된다. 그리고 그렇게 해서 프랑스에서 포크의 사용이 처음으로 시작된다. 태양왕인 루이 14세는 뚜르 다르장의 음식을 맛보기 위해 베르사유 궁전으로부터 파리로 행차하였고, 리슐리유 추기경은 자두가 들어간 거위 요리를 즐겼다. 워낙 많은 사람들이 찾았기 때문에, 이 당시부터 자리를 잡기 위해 레스토랑 앞에서 싸움을 할 정도였다. 1770년 레스토랑의 메뉴판이 처음으로 테이블에 등장하며, 1890년에 오늘날까지 유명한 뚜르 다르장의 오리 요리가 시작되어 번호가 매겨지고, 2003년에 백만 번째 오리 요리가 접대된다.

파리 문화의 명소
푸켓스
Fouquet's

세계에서 가장 아름다운 거리 상젤리제에 세계화와 함께 다국적 기업들의 상호와 햄버거 레스토랑이 들어서고, 유명 레스토랑들은 은행이나 명품 매장들로 탈바꿈한다. 대부분의 유명 레스토랑들이 사라진 지금, 푸켓스는 상젤리제의 유일한 유명 레스토랑으로 남아있다. 파리에서 일본 관광객들이 가장 즐겨 찾고, 사진에 담기를 원하는 곳 중에 하나가 이 레스토랑 푸켓스일 것이다. 정식으로 식사를 하지는 못하더라도 아페리티프로 유명한 장밋빛의 끼르를 한 잔 시켜 놓고, 사진 한 장 찰칵! 그만큼 **푸켓스는 단순한 식당이 아니라 상젤리제의 가장 유명한 명소 중의 한 곳으로서의 이미지를 갖고 있다.** 푸켓스는 1899년에 마부들의 카페였던 곳, 상젤리제와 조르주 5세街가 만나는 모퉁이 지금의 자리에 세워진다. 1930년대, 푸켓스는 당시의 배우들이 가장 선호하는 장소였으며, 상젤리제의 첫 번째 영화관이 자리 잡은 곳이었다. 프랑스 영화 제2의 부흥기인 시적 리얼리즘 시대, 당시 최고의 배우들인 레뮈(**Raimu**), 장 가뱅(**J. Gabin**), 미셸 모르강(**M. Morgan**) 등이 그곳에서 만났으며, 유명 감독들인 까르네(**M. Carné**), 끌루조(**H. G. Clouzot**), 기트리(**S. Guitry**) 등은 그곳에서 계약서에 사인을 한다. 1950년대 푸켓스는 트뤼포, 고다르, 샤브롤 등의 감독들과 함께 누벨바그를 받아들인다. 그리고 1976년부터 푸켓스는 연극인들에게 주어지는 몰리에르(**Molière**)상의 수상자들과 영화인들에게 주어지는 세자르(**César**)상 수상자들을 초대, 몰리에르의 밤과 세자르의 밤 만찬을 벌인다. 그러나 오늘날에도 여전히 파리 사교계와 쇼 비즈니스의 공간으로 이용되는 푸켓스의 역사가 그렇게 순탄한 것만은 아니었다. 재정적 어려움을 겪는 소유주나 자본을 등에 업은 투자자들은 푸켓스의 공간을 좀 더 많은 이익을 창출할 수 있는 공간으로 변화시키려 하였다. 프랑스 문화부와 푸켓스의 문화적 공간으로서의 가치를 지키려는 사람들의 노력으로, 푸켓스는 1990년 '문화재 추가목록'에 등록되며, 공식적으로 '프랑스 문화의 명소'로 헌정된다. 세계적으로 유명한 예술인들, 특히 영화인들의 사진이 가득한 푸켓스에서의 식사는 단순한 식사 그 이상이다. **푸켓스를 유명하게 했던 특별 요리들과 함께 공간이 갖는 프랑스 문화의 향기를 맛볼 수 있는 것이다.**

음식문화의 변화

중세의 소설 「여우이야기」에 여우와 고양이가 탐하는 소시지로부터, 르네상스 시대 라블레의 「가르강뛰아」에 묘사된 엄청난 식욕까지, 그리고 플로베르의 「마담 보바리 *Madame Bovary*」에서 보바리부인이 초대받은 보비에사르(**Vaubyessard**) 성관에서의 만찬까지, 음식문화는 시대에 따라 변화한다. 그리고 다른 모든 문화가 그런 것처럼 프랑스 음식문화 또한 외국과의 접촉을 통해 오랜 시간에 걸쳐 형성된다. 로마인들로부터 물려받은 요리에, 중세 아랍 문화권으로부터 향신료가 전래된다. 요리의 전통이 오랫동안 구전으로 전해졌다면, 따이방(**Taillevant**)은 14세기에 처음으로 요리법을 체계화함으로써 프랑스 요리의 역사가 그와 함께 시작된다. 16세기 중엽, 프랑스인들은 메디치 가문과 연결되고, 피렌체 인들의 혁신적인 요리법이 도입된다. 테이블 위에 접시, 컵, 포크 등이 등장하고, 독살을 두려워한 궁정은 각자의 식탁용구로 식사하기 시작한다. 16-7세기에 걸쳐 아스파라거스, 아티쵸크, 순무, 완두콩 등이 이탈리아로부터 들어오고, 토마토와 강낭콩 등이 아메리카로부터 들어와 요리에 사용되며, 이탈리아로부터 들어온 잼과 면류는 파리지앵들을 즐겁게 만든다. 18세기에 육류의 질에 대한 요구가 까다로워지며, 비프스테이크와 럼스테이크의 출현은 전통요리를 단순화시킨다. 북미로부터 들어온 감자는 19세기 초 대중화된다. 그리고 프랑스 혁명기를 전후하여 식사시간과 구성이 오늘날과 같은 방식으로 변화한다. 수프와 햄류, 프로마주를 주로 하던 아침식사는 버터 바른 빵과 커피를 탄 우유로 바뀐다. 아침에 들던 정찬은 17세기에 오후로, 그리고 18세기에는 지금처럼 저녁시간으로 바뀌며, 저녁에 들던 야식은 저녁공연이 끝나고 10-11시경에 먹는 사교식사로 바뀐다.

프로마주   Fromage

사람들은 흔히 이탈리아에 스파게티가 있다면 프랑스에 프로마주가 있다고 말한다. 그만큼 **프로마주는 포도주, 패션과 더불어 프랑스를 상징**한다고 해도 과언이 아니다. 처칠, 드골, 아니면 장 꼭또, 정확히 누가 한 말인지 알 수는 없지만 '180여 가지의 프로마주 종류를 생산한 민족은 결코 쇠락할 수 없다.' 라는 표현은 **프랑스인들의 강한 개성과 독립적인 성향, 다양한 문화를 나타낸다**고 할 수 있다. 재미있는 것은 다양한 프로마주 종류만큼이나 프로마주에 대한 표현들도 다양하다는 것이다. 18-19세기 최고의 미식가인 브리아 사바랭(**Brillat-Savarin** 1755-1826)은 '프로마주가 없는 정찬은 넥타이를 매지 않은 신사와 같다.', '프로마주가 없는 후식은 한 눈이 없는 미인과 같다.' 고 표현하였으며, 그의 프로마주에 대한 예찬은 그의 이름과 같은 프로마주를 탄생시켰을 정도이다. 발자크, 루소, 에밀 졸라, 프루스트, 꼴레뜨 등 수많은 작가들이 프로마주를 예찬하였고, 라 퐁뗀느는 그의 우화 '까마귀와 여우' 에서 프로마주를 등장시킨다.

프로마주의 왕 로끄포르   Roquefort

프로마주 로끄포르는 프랑스 역사에서 가장 빈번히 등장하며, 가장 유명한 프로마주 중의 하나이다. 로끄포르와 관련된 재미난 에피소드가 하나 있다. 샤를르마뉴 대제가 알비(**Albi**)의 주교를 방문하였을 때, 식탁에 로끄포르가 나왔다. 파란 곰팡이가 상했다고 생각한 왕이 로끄포르를 한 편으로 치워놓자, 주교는 가장 빼어난 음식을 맛보시지 않는다고 조언하였다. 맛을 본 샤를르마뉴는 그 후 매년 두 상자의 로끄포르를 주문하였다고 한다. 로끄포르가 문헌에 처음 등장하는 것은 11세기 후반이다. 프랑스 남부 아베롱(**Aveyron**)道에 위치한 로끄포르에서 라꼰느(**Lacaune**) 양(羊)의 젖으로 만들어진 프로마주는 중세 말엽 뚤루즈(**Toulouse**), 몽뺄리에(**Montpellier**), 마르세유 등지로 퍼져나간다. 15세기부터 샤를르 6세는 로끄포르 주민들에게 프로마주의 독점권을 허락하고, 샤를르 7세 역시 '포도나무도, 밀도 자라지 않는 땅' 의 주민들에게 로끄포르 프로마주에 대한 특혜를 인정한다. 계몽시대에 디드로는 로끄포르를 **프로마주의 왕**이라는 타이틀을 부여하고, 19세기 샴페인과 마찬가지로 미국에서 프랑스를 대표하는 음식문화 중의 하나로 취급한다. 1925년 로끄포르는 '원산지 호칭 **AOC**' 가 인정된 최초의 프로마주가 된다.

혁명과 함께 태어난 까망베르   Camembert

까망베르는 프랑스에서 가장 대중적이고, 외국에 제일 많이 소개된 프랑스 프로마주 중의 하나일 것이다. 프랑스 혁명기에 혁명에 반대했던 신부들은 파리를 피해 시골로 달아났다. 그 중에 또 다른 프로마주 산지인 브리(**Brie**) 출신의 신부가 노르망디 지방의 마을인 까망베르의 한 농장으로 숨어들었다. 자신을 숨겨준 농장의 여주인 마리 아렐(**M. Harel**)에게 신부 샤를르 장 봉부(**C. J. Bonvoust**)는 프로마주 제조의 비법을 가르쳐 주게 된다. 그래서 프랑스 공화국과 거의 같은 시기에 탄생한 까망베르(1791)는 **공화국의 상징**이기도 하며, 신화를 형성한다. 노르망디 지방의 작은 마을 까망베르에서 만들어지는 이 프로마주는 젖소의 젖으로 만들어지며, 흰색의 원형 형태로 만들어진다. 그리고 반드시 얇은 나무로 된 상자 안에 보관되어야 한다. 까망베르는 1983년부터 '원산지 호칭 등록 **AOC**' 로 인정받고 있다.

「신의 물방울」과 로마네 꽁띠

Romanée-Conti

부르고뉴 포도주의 꽃이라 불리는 6병의 로마네 꽁티가 뉴욕 경매시장에서 1억 7천만 원에 팔린 적이 있다. 병당 대략 3천만 원 정도이니 세계에서 가장 비싼 포도주라 할 만하다. 만화 「신의 물방울」에서도 최고의 포도주로 평가받고 있다. 프랑스 부르고뉴 지방의 본(**Vosne**) 로마네 마을 포도밭 중에서 1.8ha의 한정된 범위 내에서 생산되는 6,000여 병의 포도주만이 로마네 꽁티라 불린다. 15세기 성 비비앙(**Saint Viviant**) 수도원의 수도사들에 의해 만들어진 이 포도원의 넓이는 지금까지 변화하지 않았다. 포도주 이름의 일부는 1760년 포도밭을 매입한 루이 15세의 사촌인 루이 프랑수아 드 부르봉 꽁띠 백작의 이름에서 따온 것이다. 꽁띠 백작은 이 포도원을 손에 넣기 위해 루이 15세의 총애를 받고 있던 뽕빠두르 부인(**Madame Pompadour**)과 경쟁했다고 한다. 로마네 꽁띠의 특징 중의 하나는 12병이 들어있는 상자로 판매된다는 것인데, 12병 중에서 로마네 꽁띠는 한 병뿐이며 다른 11병의 포도주는 본 포도원과 뉘(**Nuits**) 포도원의 특산품 포도주로 구성된다. 일반적으로 로마네 꽁티 한 병은 300-600만 원에 판매되고 있다.

와인 라벨
Étiquette

포도주에는 반드시 라벨이 붙는다. **리벨을 통해 우리는 포도주의 정체성을 파악할 수 있다.** 포도주 라벨에서 보통 가장 먼저 눈에 띄는 것은 포도원을 상징하는 로고와 포도원의 이름, 그리고 포도주의 상품명이다. 예컨대 성(**château**)이나 영지(**domaine**)와 함께 쓰인 명칭은 일반적으로 포도원의 이름이다. 포도원의 이름이 기록된 경우, 그 포도원에서 생산된 포도로만 포도주를 만드는 경우가 대부분이기 때문에 양질의 포도주를 기대할 수 있다. 그리고 그 아래 적힌 이름이 대개의 경우 포도주 상품명이다. 생떼밀리옹(**St Emilion**)은 메독(**Médoc**)처럼 지역 이름이기도 하지만 상품명이기도 하다. 뽀므롤(**Pomerol**)이나 뽀이약(**Poillac**) 등도 고급 포도주의 상품명이다. 그리고 간혹 보르도의 특산품 포도주인 경우 1등급(**1er Grand cru classé**)에서 5등급까지 등급이 기록되기도 한다. 그리고 그 아래 원산지명칭등록(**AOC, Appellation d' Origine Contrôlée**)이 표시된다. 이 등급보다 떨어지는 포도주들은 생산지한정고급포도주(**VDQS, Vin délimité de qualité supérieure**) 표시를 한다. 그리고 그보다 더 질이 떨어지는 포도주들은 한 포도원이 아니라 지역의 포도주를 뒤섞어 만든 포도주로 뱅 드 뻬이(**Vin de pays**) 또는 뱅 드 따블(**Vin de table**)로 표시한다. 그 다음으로 포도주를 선택할 때 중요한 역할을 하는 것이 **생산된 연도 표시인 밀레짐므(millésime)**이다. 의무적으로 표기해야 하는 것은 아니지만 고급 포도주의 경우 대부분 만들어진 해의 기후나 수량, 일조량 등을 짐작할 수 있도록 표시되어 있다. 그 아래 반드시 의무적으로 기록해야 할 사항으로 알코올 도수와 포도주의 양, 포도주를 병에 담은 사람의 이름과 주소가 있다.

la cuisine française et sa diversité extrême

와인에 입 맞추다!

프랑스 일간신문들은 매년 전문가들이 감식한 세계적으로 유명한 포도주들의 순위를 매겨 발표한다. 무엇보다도 포도주에 대한 아마추어들의 흥미를 돋우기 위하여 이루어지는 행사이다. 재미있는 것은 결과가 나온 일주일 후, 똑같은 포도주를 똑같은 전문가들이 다시 감식할 때 순위가 바뀐다는 것이다. 그만큼 고급 품질의 포도주 감식은 객관적으로 이루어질 수 없고 감식하는 사람의 감정, 날씨, 몸의 컨디션에 따라 변화될 수 있다는 것이다. 그럼에도 국가 간의 자부심으로, 또는 지역에 대한 애착으로 많은 포도주 애호가들은 프랑스, 이탈리아, 미국, 호주 등에서 산출된 포도주의 순위와 특징을 외우고 말하기를 좋아한다.

포도주 감식은 우리의 모든 감각기관을 통해 이루어진다. 눈과 코, 입 그리고 때로 귀까지 동원되어 포도주가 어디서 산출되었는지, 특성은 어떠한지, 얼마만큼 숙성되었는지 등을 파악할 수 있다. 포도주를 사기 위해 감식하거나, 전문가의 입장에서 감식하는 경우도 있지만, 무엇보다도 애호가들의 호기심과 기쁨을 위해 감식하는 경우가 많다. 감식하기 전에 포도주 마개를 따놓는 것이 좋다. 무엇보다도 찌꺼기를 제거할 수 있고, 공기와의 접촉을 통해 향을 좀 더 빨리 퍼질 수 있도록 한다. 적포도주의 경우 1-2시간 정도 따놓고 있는 것이 바람직하다고 한다. 찌꺼기가 많은 경우는 다른 물병에 옮겨 담아도 좋을 것이다. 잔은 1/3 이상을 채우지 않는다. 잔이 넓을수록 향을 넓게 퍼지게 할 수 있기 때문에 좋은 면이 있다. 오래 숙성된 포도주일수록 잔이 좁은 것이 좋다. 그렇지 않으면 금방 향이 사라질 가능성이 있다. 샴페인 잔은 가느다란 형태로 거품이 쉽게 일어날 수 있도록 해야 한다. 어느 경우이든 잔은 받침을 잡아 포도주의 온도를 덥히는 일이 없어야 한다.

먼저 눈으로 관찰하기 위해 잔 뒤에 흰 종이을 대거나, 빛에 비춰보면 좋다. 이 과정에서 우리는 색채와, 광택 그리고 투명도 등을 관찰할 수 있다. **코로 포도주 감식의 70% 이상이 이루어진다**고 하니 냄새를 맡는 것이 어느 기관을 통한 감식보다 중요하다고 할 수 있다. 먼저 고개를 숙여 테이블 위에 놓인 잔에 코를 가까이 하고 냄새를 맡음으로써 농도나 일반적인 특성을 파악할 수 있다. 다음으로, 잔을 들어 가볍게 흔든 다음 코에 갖다 댄다. 이때 퍼져 나오는 향을 식물, 동물, 광물 등의 냄새로 구별하여 감식할 수 있다. 이것으로 포도주의 나이나 포도나무 품종 등을 파악할 수 있다. 입으로 하는 감식 역시 짧은 시간 동안에 몇 단계로 구분될 수 있다. 입 안에 넣고 2-3초 동안 우리는 포도주가 부드러운지, 강한지 등을 알 수 있다. 그리고 중간 단계에서는, 먼저 혀에서 여러 가지 맛을 느끼고, 포도주의 쏘는 맛, 점성, 탄닌 등과 온도에 따른 효과를 느낄 수 있다. 이때에 입술에 작은 구멍을 내어 공기를 빨아들인 다음 포도주를 입천장 쪽으로 끌어올리면, 포도주가 넓게 입안 가득히 퍼지므로 좀 더 다양한 맛을 느낄 수가 있다. 동시에 입안에서 나는 소리를 귀로도 들을 수 있다고 말한다. 귀에게도 감식할 기회를 주는 셈이다. 마지막으로 입 안에 남아있는 향을 느낄 수 있다. 하지만 무엇보다도 중요한 것은 다양한 언어적 표현이다. 섬세한 빛깔을 표현할 수 있는 다양한 은유, 과일향이나 다른 많은 식물들과의 비교를 통해 맛을 표현할 수 있는 언어적 감각이 무척 중요하다. 그리고 포도주 산지나 밀레짐므 또는 포도나무 품종(**cépage**), 성이나 영지에 관련된 이야기들, 음식과 곁들여 나누는 대화가 무엇보다도 중요하다.

프랑스어 회화 표현 :

Tu prends quoi?
Je prends un thé.

- Je prends un café. Et toi?

과제 또는 토론 :

❶ 대표적인 프랑스 요리를 말해보시오.
❷ 프랑스 포도주 산지를, 그리고 지명과 대표적인 포도주명을 적으시오.
❸ 프랑스의 대표적인 요리사 에스꼬피에(Auguste Escofier)에
　 대해 조사해보시오.
❹ 「기드 미슐렝 *Guide Michelin*」에 대해 알아보시오.

참고자료 :

<세계인의 명품, 파리 카페>, KBS 1TV, 신세계견문록, 2003. 08. 15.
<세계의 맛 기행 - 프랑스 편 3>, KBS 2TV, 세계의 맛 기행 22회, 2002. 05. 06.
<세계의 맛 기행 - 프랑스 편 2>, KBS 2TV, 세계의 맛 기행 14회, 2002. 04. 23.
<세계의 맛 기행 - 프랑스 편 1>, KBS 2TV, 세계의 맛 기행 13회, 2002. 04. 22.
<술, 이제는 마케팅 시대 - 프랑스 보르도 주류박람회>, KBS 1TV,
세상은 넓다, 2001. 08. 28.
<축제를 위한 술, 샴페인 - 프랑스 샹파뉴>, KBS 1TV,
세상은 넓다, 2000. 08. 14.
<프랑스 코냑>, KBS 1TV, 세상은 넓다, 2000. 08. 10.
<프랑스, 식사예절 1, 2>, EBS, 지구촌 에티켓.
<바베뜨의 만찬>, 가브리엘 액셀 감독, 1987.
www.camembert-france.com
www.latourdargent.com
www.roquefort.fr

012
de l'atelier des enfants
à la formation des élites

cours de culture française à l'université

어린이의 아뜰리에부터
엘리트 교육까지

프랑스 어린이의 예능교육

예술의 나라 프랑스, 프랑스인들의 예술적 재능은 천부적인 것일까? 그들은 다른 나라 사람들에 비해 남다른 예술적 감각을 가지고 태어나는 것일까? 그런데 흔히 이탈리아인들이 만들어 놓은 것을 프랑스인들이 팔아먹는다고 말하는 것을 보면, 프랑스인들의 예술적 감각이 천부적이거나 남다른 것 같지는 않다. 오히려 이탈리아인들의 재능이 프랑스인들에 비해 탁월하고, 프랑스인들은 남다른 상업적인 재주가 있는 것 같다. **다양하고 탁월한 외국의 문화와 예술을 받아들이고, 일찍부터 교육을 통해 아이들의 예술적 감각을 개발시키는 것**, 아마도 이것이 오늘날 예술의 나라 프랑스를 만든 비결이 아닐까?

예술을 통해 즐기고 표현하는 유치원

대학생들 중에서, 특히 여대생들 중에서 미술 학원과 피아노 학원을 다녀보지 않은 학생들은 많지 않을 것이다. 가장 기초적인 교육과정인 것처럼. 하지만 국가에서 충분한 인력과 시설을 제공하지 못하기 때문에 우리나라 부모들은 사교육비를 지출해가며 자녀들을 미술 학원과 피아노 학원에 보낸다. 그런데 대학에 진학한 이후, 미술 전시회와 음악 공연장을 찾는 대학생들은 얼마나 될까? 그림에 대한 취미를 유지하고, 가끔 피아노나 다른 악기를 연주하고 싶다는 충동을 느끼는 학생들은 얼마나 될까? 이러한 질문들에 대한 대답은 그리 긍정적이지 못하다. 대부분 즐거움과 기쁨보다는 강요에 의해, 자신의 감정을 표현하기보다는 테크닉을 익히는 정도의 교육으로 끝나기 때문에, 많은 돈과 시간을 투자함에도 불구하고 긍정적인 의미의 조기교육은 오히려 부정적인 결과를 낳는다. 프랑스 어린이들도 많은 예능교육을 받는다. 아니 예능과목은 프랑스 아동교육의 가장 중요한 과목이다. 특히 미술 과목은 보육시설과 유치원교육의 근간을 이룬다. 유치원교육의 70-80%가 미술교육으로 이루어졌다고 말할 수 있다. 여러 학과 공부에 시달리며 자신의 의사와 관계없이 예능교육을 받아야 하는 우리 어린이들과 다르게 프랑스 어린이들은 많은 시간을 예능과목으로 즐기며, 예능과목을 통해 여타 학습의 기초적인 내용들을 익혀간다. 유치원 예능교육에서 나타나는 몇 가지 특징 중에 첫째는 자율성이다. 아이들은 언제나 선택의 가능성을 갖는다. 한 가지로 일괄적인 교육을 받는 것이 아니라, 몇 가지 중에서 좋아하는 것을 선택할 수 있게 한다. 하지만 일단 시작한 것은 반드시 끝내야 한다는 교육을 함께 받는다. 예능교육을 통해 바람직한 생활습관을 함께 교육받는 것이다. 둘째는 풍부한 재료의 지원이다. 유치원교육을 담당한 꼬뮌(시)에서 재료를 지원하는데, 아이들도 전문 화가 못지않은 재료들을 사용한다. 다양한 표현 도구들은 아이들로 하여금 자신들의 감정을 가능하면 쉽게 표현할 수 있게 만든다. 셋째는 데생 위주의 교육에서 완전히 탈피하여 다양한 색채와 형태의 실험을 하는데 있다. 특히 빈번한 박물관의 방문은 아이들로 하여금 세계적으로 유명한 걸작들과 친숙하게 하고, 곧바로 작업할 수 있게 한다. 예컨대, 루브르의 어린이를 위한 아뜰리에를 방문하여 뒤뷔페(**Dubuffet**)의 초기 작품들을 똑같은 재료들을 사용하여 완성하게 하고, 그런 다음 뒤뷔페의 작품을 감상하는 시간을 갖게 한다. 그러나 무엇보다도 유치원에서의 **예능교육은 아이들로 하여금 즐기게 하고, 자신을 표현할 수 있는 기회를 부여한다.**

퐁피두센터의 어린이 아뜰리에

이제 우리나라 미술관에도 어린이들을 위한 아뜰리에가 열리는 것을 쉽게 볼 수 있다. 유명 화가의 전시회가 열리면 별도로 마련된 공간에서 화가의 작품을 어린이들이 똑같이 체험하는 것이다. 이러한 체험은 어린이들에게 그림과 친해질 수 있게 하며, 그들도 그렇게 작업해낼 수 있다는 자신감을 부여한다. 프랑스의 모든 박물관, 미술관에는 예외 없이 어린이들을 위한 학습장들이 마련되어 있다. 프랑스국립도서관 같은 곳에서도 시설의 일부를 어린이 미술교육을 위해 할애하고 있는 것을 보면, **어린이들에 대한 배려, 어린이들에게 있어서 미술교육의 중요성을 실감**할 수 있다. 가장 대표적인 것이 퐁피두센터 1층에 자리 잡은 어린이를 위한 작업실이다. 퐁피두센터는 어린이를 위한 인터넷 사이트를 함께 운영하고 있다. 만화처럼 쉬운 표현수단으로부터 시작하여, 다양한 방식으로 사물과 일상을 포착하여 표현할 수 있도록 프로그램 된 '플러스 예술 **+d'art**' 코너, 백남준의 비디오 예술을 비롯하여 공간예술, 랩 등의 음악, 외국의 경우를 소개하는 '메디아 박스 **media box**', 이브 클라인을 비롯한 예술가들과 그들의 작품을 상세히 소개하고 있는 '예술 클릭 **art en clic**' 등은 퐁피두센터가 어린이들에게 얼마나 커다란 배려를 하고 있는지 알 수 있다. 1층 어린이를 위한 아뜰리에에서 진행되는 현장학습 프로그램은 2-5세, 6-10세 등 나이별로 요일에 따라 다양한 프로그램을 즐길 수 있게 마련해놓았다.

쿠르트 슈비터스의 '문자 그래픽'   **Typographie**

지금까지의 프로그램 중에서 특히 기억될 만한 것으로는 브랑쿠지(**C. Brancusi**) 조각 작품과 쿠르트 슈비터스 (**Kurt Schwitters**)의 '문자 그래픽', 마티스의 '꽃무늬의 평면적 구성' 등을 들 수 있다. 대부분의 경우 퐁피두 센터에서 열리는 전시회들과 연결하여 프로그램을 진행한다. 쿠르트 슈비터스의 '문자 그래픽'의 경우, 작가의 작 품 전시회가 7층에서 열리면 아이들은 1층에 마련된 작업실에서 담당 강사의 지도 아래 아무런 이론적인 설명 없 이, 일종의 놀이를 하듯 크루트 슈비터스의 작품을 재현한다. 프로그램은 두 단계로 이루어진다. 하나는 아이들이 자신들의 키 정도 되는 알파벳을 가지고 놀이를 하는 것이다. 좋아하는 형상을 선택하고, 적당한 자리에 가져다 놓고, 알파벳의 형상이 연상시키는 제스처를 하거나 고함을 지르게 한다. **놀이를 통해 알파벳은 추상적인 의미의 전달 매체가 아니라 구체적인 감정의 표현 매체로 변화한다.** 40여 분 정도 이러한 놀이를 즐긴 아이들은 옆방에 마련된 컴퓨터 작업실로 들어가, 미리 마련된 쿠르트 슈비터스의 작품에 등장하는 문자와 형상이 저장된 데이터 베이스를 이용해 자신들만의 작품을 만든다. 가장 간단한 컴퓨터 조작을 배워 이끌리는 형상 또는 문자를 선택하 고, 확대 또는 축소시키며, 컴퓨터 화면에서 마음에 드는 곳에 위치시키면 작업은 끝난다. 물론 작업이 끝난 후, 아이들은 슈비터스의 작품이 전시된 전시장으로 가서 거장의 작품과 자신들의 작품을 비교해 볼 수 있는 기회를 갖는다.

아닥-파리(파리 문화활동개발센터)   **ADAC Paris**

파리시는 1978년 1월 시장인 자끄 시락의 주도 아래 '문화활동개발센터'를 설립하였다. 우리로 말하자면, 요즘 각 지방자치단체에서 시행하는 문화프로그램이다. 서울 1/7.5 크기의 파리시에 37개의 센터가 있고, 80여 개 분야, 160 여 개의 작업실과 660여 개의 강좌가 있으니 많은 시민들이 실질적으로 혜택을 누리고 있다 할 수 있다. 지리적으 로는 크게 동서남북과 중앙의 다섯 개 구역으로 구분하고, 프로그램은 공예, 조형예술, 공연예술(만화, 영화 시나 리오, 연극, 시 등), 어린이 아뜰리에, 박물관 아뜰리에 등으로 나뉜다. 성인들을 위한 프로그램의 경우 아마추어로 서 참여하기도 하지만 다양한 직업훈련과정(실내건축, 금속공예, 의상, 제본, 유리공예 등)으로 이용될 수도 있다. 어린이들은 특히 학교에 가지 않는 수요일에 주로 이용하며, 책이나 장난감을 빌릴 수도 있고, 연극, 도자기, 만화, 점토, 그림, 사진 등의 다양한 프로그램에 참여할 수 있다. 비용은 10월부터 다음 해 6월까지, 일 년을 단위로 하여 30여만 원에서 1200여만 원까지 프로그램별로 다양하다. 아이들의 경우 매월 5만 원을 넘지 않고, 성인의 경우도 최 대 10만 원 정도를 지불한다. 또한 직종의 변화를 위한 직업훈련 과정일 경우에는 해당 기업체에서 비용을 대부분 담당한다.

01268

012
de l'atelier des enfants
à la formation des élites

파리 대학과 '라 소르본느'
La Sorbonne

파리 대학은 본래 시떼섬 노틀담 사원에 자리 잡고 있던 학자들 중의 일부가 12세기 미래의 라틴가(**Quartier latin**)로 옮겨와 대학의 형태를 갖추면서 탄생한다. 지금의 일 드 프랑스, 삐까르디, 노르망디, 영국에서 온 젊은이들이 이곳에서 예술, 법학, 의학, 신학을 배운다. 경찰과 법률로부터 자유로운 학자와 학생들의 자율적 단체로서 파리 대학은 13세기에 유럽 학문과 문화의 중심이 된다. 그리고 파리 대학은 볼로냐 대학, 옥스퍼드 대학, 캠브리지 대학, 몽빨리에 대학, 뚤루즈 대학과 더불어 최초의 대학 중의 하나이다.

프랑스어로 '**라 소르본느**'는 1253년 파리 대학 내에 설립된 소르봉 신학교(**Collège de Sorbon**)의 창설자인 로베르 소르봉(**Robert Sorbon**)의 이름에서 따온 말이다. 소르봉 신학교는 곧바로 파리 대학 안의 신학 대학의 일부를 이루게 되며, 그 이후로 파리 대학과 뗄 수 없는 관계를 맺는다. '라 소르본느'는 그 이후로 1793년 이전의 옛 파리 대학과 건물, 19세기에 그곳에 자리 잡은 단과 대학들, 그리고 1896-1971년 사이의 파리 대학을 가리키는 말로 사용된다. 68혁명이 불러온 대학 개혁으로 파리 대학은 1971년 13개의 대학(파리에 7개, 파리 근교에 6개)으로 나뉜다. 그리고 파리의 3개 대학, 즉 파리 제1대학(빵떼옹 소르본느 **Panthéon-Sorbonne**), 제3대학(신소르본느 **Nouvelle Sorbonne**), 제4대학(파리 소르본느 **Paris-Sorbonne**)은 여전히 기존의 이름을 간직하며 전통을 이어간다.

바깔로레아
Baccalauréat

바깔로레아 논술, 또는 바깔로레아 학원 등 대학입시와 연관되어 바깔로레아는 우리에게 친숙한 용어가 되었다. **바깔로레아는 프랑스에서 중등교육을 마친 후 치루는 시험이다. 이 시험에 합격해야만 대학에 갈 수 있는 자격이 주어진다.** 바깔로레아는 그것이 처음 만들어진 나폴레옹 치하에서부터 20세기 초까지에는 주로 부르주아 계층의 남자들만이 응시할 수 있는 시험이었다. 남·녀 교육이 평등해지는 20세기 초부터 여성들도 바깔로레아에 응시할 수 있게 된다. 1930년대 고등학교 무상교육과 함께 응시자의 숫자가 대폭 증가하고, 60-70년대에 특히 폭발적으로 증가한다. 지금은 고등학교 졸업생 중에서 70-80% 정도가 바깔로레아를 통과한다. 만들어질 때만 해도 국가의 간성들을 선발할 부르주아와 엘리트를 위한 자격증이었다면, 지금은 모든 교육과 직업상 경력을 위한 가장 기초적인 자격증이 되었다. 일반적으로 일반, 기술, 직업과정으로 나뉘고, 일반과정은 다시 문학, 과학, 사회경제 부분으로 나뉘며, 기술 및 직업과정도 다양하게 세분된다. 프랑스어는 모든 분야에 공통이며, 각 분야는 대략 10과목 정도의 시험을 친다. 프랑스어 시험의 경우 쓰기와 말하기로 나뉘는데, 쓰기는 공통의 주제로 문제에 대해 답하고, 다시 설명, 논술, 창작 중에 선택하여 답안을 작성한다. 말하기는 주제가 주어진 후 30분 정도 준비하여 10분 동안 발표하고, 10분 동안 주제에 대해 시험관과 토론한다. 프랑스에서 모든 취업 공고는 바깔로레아를 중심으로 대학의 교양과정을 마친 학력이면 **Bac+2**, 학부(**Licence**)를 졸업한 경우에 해당하는 학력이면 **Bac+3**, 마스터 과정을 마친 학력이면 **Bac+5** 등으로 표시한다.

LMD 개혁과 대학 과정
Licence - Master - Doctorat

프랑스에서 대학이라 하면 보통 바깔로레아 이후의 과정, 일반대학, 전문대학, 특수전문대학(**Grandes Écoles**) 등을 일컫는 말이다. 하지만 일반대학과 전문대학 그리고 특수전문대학은 선발과정이나, 학습기간, 지향하는 목적 등이 많이 다르다. 특히 일반대학에 비해 전문대학과 특수전문대학은 훨씬 많은 자율성을 갖는다. 프랑스에서 일반대학은 모두 국립대학이다. 그렇기 때문에 등록금이 상대적으로 저렴하고, 전문대학이나 특수전문대학과 다르게 대학별 수준의 차이가 상대적으로 적다. 일반대학은 바깔로레아만 합격하면 진학의 기회가 주어진다. 그리고 대학 간의 수준 차이가 없기 때문에 주로 주거지를 중심으로 대학을 선택한다. 학문, 교양 그리고 직업교육을 위한 공교육 기관으로서의 일반대학은 직업교육을 목적으로 하는 전문대학과 다르고, 소수의 엘리트만을 모집하여 국가와 각 분야의 전문 인력을 중점 양성하는 특수전문대학과 다르다. 전문대학과 특수전문대학이 위에서 언급했듯이 각기 다른 교육기간을 설정하고 있는 것에 비해, 일반대학은 모두 동일한 학제를 받아들이고 있다.

특히 1998년 **LMD(Licence-Master-Doctorat)** 개혁은 이전의 중간 단계의 과정들을 없애고, **학위의 체계를 유럽 전체의 시스템과 일치하도록 간소화**시켰다. 다시 말하면 이전의 대학 교양과정(**DEUG 1, 2**)과 1년의 석사과정(**Maîtrise**) 그리고 박사준비과정(**DEA**)이 없어지고, 대신 3년의 학사과정(**Licence**)과 학사학위가 중요성을 띠게 되었으며, 2년의 석사과정인 마스터(**Master**)가 신설되었다. 그리고 3년의 박사과정은 그대로 유지되었다. 그리고 국가로부터 공식적인 학위를 인정받지 못했던 전문대학과 특수전문대학 중 일부가 학제를 변화된 일반대학과 일치시켜서(예컨대, 파리정치학교는 4년제에서 5년제로, 건축학교는 6년제에서 5년제로) 국가로부터 마스터 과정을 인정받을 수 있게 되었고, 박사과정을 신설하기도 했다.

엘리트 교육

프랑스 혁명 기념일인 7월 14일, 개선문에서부터 꽁꼬르드 광장에 이르는 기념 행진의 맨 앞에 서는 이들은 파리이공과대학 학생들이다. 프랑스 혁명 직후 설립되었으며, 가장 대표적인 그랑제꼴인 파리이공과대학의 학생들이 이렇게 국가의 가장 성대한 기념식의 선두에 서는 것에는 상징적인 의미가 있다. 발레리 지스까르 데스땡 대통령, 퐁피두 대통령, 자끄 시락 대통령, 그리고 대부분의 수상과 장관, 그리고 대기업의 **CEO**들은 모두 그랑제꼴 출신이다. 유럽의 어떤 나라들도 갖지 않는 이러한 교육형태가 어떻게 가장 민주적인 국가에서 아직도 가능한 것일까? 독특한 선발과정, 재학 중에 주어지는 많은 혜택, 그리고 졸업 후의 그들의 사회적 역할 등 그랑제꼴은 프랑스만의 고유한 문화자산이며, 프랑스를 이끄는 힘이라고 해도 과언이 아닐 것이다.

그랑제꼴
Grandes Écoles

프랑스에서 좁은 의미의 그랑제꼴은 **바깔로레아와 2년의 그랑제꼴 준비반을 거친 후, 시험을 치루고 들어가는 몇 개 분야의 특수전문대학들**을 말한다. 좀 더 폭 넓게, 그랑제꼴은 석사과정을 마친 후 또는 그에 상응하는 과정을 마친 후, 시험을 거쳐 들어가는 공무원 양성기관과 바깔로레아를 마친 후 시험을 치루고 들어가, 5년의 학업이 끝난 후 학위를 받는 일부 학교를 포함한다. 그랑제꼴은 학교마다 설립된 시기, 목적, 선발방식, 교육기간 등이 다르기 때문에 일률적으로 설명하기가 쉽지는 않다. 우선 그랑제꼴은 일반대학과 크게 구별된다. 그랑제꼴이 일반적으로 엔지니어 관련분야, 국가공무원 양성, 상업 분야, 농학 분야 등에 관계한다면, 법학이나 의학 등은 일반대학에서만 취급한다. 전체적으로 그랑제꼴은 학위증을 수여하지 않는다. 단지 학교 졸업장만이 있을 뿐이다. 하지만 1998년 2년 과정의 마스터(**Master**) 과정이 일반대학에 신설된 후부터, 일부 엔지니어 학교, 정치학교, 상업학교 등의 학교 졸업장이 국가로부터 해당하는 대학 학위와 동등한 인정을 받는다.

그랑제꼴이라는 표현이 처음 생긴 것은 프랑스 혁명 후, 가스빠르 몽주(**G. Monge**)와 라자르 까르노 (**L. Carnot**)가 파리이공과대학(에꼴 뽈리떼끄니끄)을 설립한 1794년부터이다. 물론 고등 광업학교 (**École des mines**)와 토목학교(**École ponts et chaussées**)를 비롯한 몇몇 학교는 그 이전에 설립 되었다. 1794년에 세워진 파리고등사범학교, 고등상업학교(**Hautes études de Commerce**), 파리정치 학교(**Institut d' études politiques**), 국립행정학교 등이 대표적인 그랑제꼴이다.

그랑제꼴 준비반
CPGE

프랑스에서도 일류고등학교라는 표현을 듣게 된다. 대부분이 고등학교를 졸업하고, 바깔로레아를 치룬 다음 대학이나 전문대학으로 진학하는데 비해 일부 학생들은 그랑제꼴 준비반에 들어가게 된다. 프랑스 의 고등학교 중에서 일부 고등학교에는 이러한 그랑제꼴 준비반이 있다. 그러니까 고등학교를 졸업하고 바깔로레아를 치룬 후, 고등학교에 병설된 그랑제꼴 준비반에 들어가는 것이다. 물론 여러 다른 고등학 교를 졸업한 학생들이 서류, 추천, 시험에 의해 그랑제꼴 준비반에 들어간다. 일류고등학교라 하면 그랑 제꼴 준비반이 있는 고등학교 중에서 특히 그랑제꼴 입시 성적이 좋은 명문 고등학교들을 통칭하는 말 이다. 파리의 루이 르 그랑 고등학교(**Lycée Louis-le-Grand**), 앙리4세 학교(**Petite école Henri IV**), 꽁도르쎄 고등학교(**Lycée Condorcet**)를 비롯한 10여 개의 학교가 명문 고등학교에 속하고, 베르사유, 리옹, 뚤루즈 등 각 지방 도시에도 명문 고등학교들이 있다. 빼어난 그랑제꼴 준비반이 있는 명문 고등 학교가 일반적으로 고등학교 학업 수준도 높기 때문에 프랑스의 일부 가정에서는 자녀를 명문 고등학 교에 보내기 위해 이사를 하기도 한다. 반대로 일부 가정에서는 지나치게 경쟁이 심한 명문 고등학교에 넣지 않기 위해 노력하기도 한다. 각 학교의 그랑제꼴 준비반은 상과, 문학, 과학 등의 분야로 다시 나 누어진다.

파리고등사범학교
École nationale supérieure

파리고등사범학교는 파리이공과대학의 설립과 같은 해인 1794년, 혁명 후의 프랑스 교육체계를 혁신하 기 위한 과정에서 설립되었다. 가능하면 빠른 속도로 많은 학생들을 교육하여, 각 지역의 초등교사 양 성을 위한 학교에 파견하고자 하였다. 지금도 **중등 및 그랑제꼴 준비반의 교사를 양성하는 것은 파리고 등사범학교의 가장 커다란 목적 중의 하나**이다. 파리고등사범학교는 파리 윌름(**Ulm**)가에 있으며, 흔히 노르말 쉽(**Normale Sup**)이라 부른다. 고등사범학교로는 같은 그랑제꼴이면서 파리 외에 위치한 다른 세 개의 학교가 있다. 파리 교외의 까샹(**Cachan**)에 있는 까샹 고등사범학교(**l' ENS Cachan**)와 리옹 에 위치한 두 개의 고등사범학교, 즉 리옹 고등사범학교(**l' ENS Lyon**), 리옹 인문학 고등사범학교(**l' ENS LSH**)가 그것이다. 교사 양성이 본래의 목적이기 때문에 교수자격시험(아그레가시옹 **agrégation**)을 위주로 수업이 진행되고 있다.

Sorbonne

Cité Internationale Universitaire de Paris

하지만 고등사범학교는 더 이상 교사 양성만을 목적으로 하지 않고, 교수자격시험 또한 더 이상 의무적이지 않다. 1/3 정도의 학생이 교사로서 중등교육과 그랑제꼴 준비반 교육을 담당한다면, 1/3은 기초와 응용학문 연구 및 대학 분야로 진출한다. 그리고 1/3은 국가 및 지방자치, 공기업 또는 사기업으로 진출한다. **사범학교 입학생(노르말리엥 Normaliens)**은 국가로부터 준공무원의 대우를 받으며, 그에 대한 반대급부로 입학으로부터 10년간 교육 및 국가기관에 종사할 의무를 갖는다. 루이 파스뙤르(**L. Pasteur**), 장 뽈 사르트르(**J.P. Sartre**), 미셸 푸꼬(**M. Foucault**), 루이 알뛰세르(**L. Althusser**), 조르주 퐁피두(**G. Pompidou**) 대통령 등이 파리고등사범학교를 졸업했다.

파리이공과대학
École polytechnique

프랑스 대혁명 후 공공 분야에 필요한 기술 인력 양성을 위해 설립된 파리이공과대학은 프랑스 엔지니어 양성 학교 중에서 가장 유명한 학교이다. 수업 중에 수학이 갖는 중요성 때문에 19세기 중엽부터 **X**라 불리었고, 재학 중인 학생들을 일반적으로 뽈리떼끄니시엥(**Polytechniciens**)이라 부른다.

1805년 보나파르트 나폴레옹은 학생들의 규율 문제로 학교에 군대의 위상을 부여하였다. 1970년 이래 학교는 군대의 위상에서 벗어나지만 역사적 전통 때문에 여전히 국방부에 소속되어 있으며, 학교장은 현역 장군이 겸임한다. 학교에 재학하는 프랑스 학생들은 그러한 이유 때문에 생도 또는 장교의 위상을 갖고, 그에 맞는 급료를 받는다. 그리고 첫 해, 일정 기간 동안 군사교육을 받는다. '조국을 위하여, 학문과 명예를'이란 교훈은 나폴레옹이 말한 것이며, 파리이공과대학 학생들의 국가와 학문적 탁월함에 대한 애착을 잘 보여준다.

모든 학생들은 들라크루아가 〈민중을 이끄는 자유의 여신〉에 그려 넣은 이각모, 탄젠트(**tangente**)라 불리는 검과 함께 유니폼을 갖는다. 1879년 이래 파리의 가르니에(**Garnier**) 오페라 하우스에서 동창회 주관으로 축제가 열리며, 대통령을 비롯하여 국가의 중요 인사들이 축제에 참석한다. 1976년에 파리를 떠나, 파리 남쪽의 빨레조(**Palaiseau**)로 이전하였다. 한 학년 500명 학생 중에 100명은 외국인 학생들 중에서 선발한다. 그 외에 마스터 과정과 박사 과정의 학생들이 별도로 있다.

국립행정학교
École nationale d' administration

그랑제꼴의 꽃이라 할 수 있는 국립행정학교(**ENA**)는 **1945년 고위 공무원 선발의 민주화를 위하여 설립**되었다. 그랑제꼴의 꽃이라 불리는 이유는 파리이공과대학, 파리정치학교, 파리고등사범학교 등의 그랑제꼴을 나온 학생들이 다시 국립행정학교에 입학하여 2년에 걸쳐 고위 공무원이 되기 위한 수업과 실습을 받기 때문이다. 국립행정학교는 스트라스부르에서 매년 90-120명의 초기 교육과정 학생들을 시험을 거쳐 선발한다. 국립행정학교의 주축을 이루는 이 과정 학생의 선발은, 다시 공무원들을 상대로 한 내부 선발, 그랑제꼴을 포함한 석사 과정 이상의 학생들이 참여하는 외부 선발, 공무원 이외의 일반 기업 간부들이 참여하는 선발로 나뉜다. 초기 교육과정 이외에도, 1000여 명의 마스터스 과정 학생, 120명의 외국인 학생들을 받아들인다. 그리고 파리에서는 단기 재교육 과정으로 2,500여 명의 공무원과 기업체 간부들을 교육한다. 1991년, 국무총리인 에디뜨 크레송이 국가행정의 지방분권화의 일환으로 강렬한 반대를 했음에도 불구하고 학교의 스트라스부르 이전을 결정하였다. 그 이후, 스트라스부르와 파리 두 곳에서 운영되었던 국립행정학교는 2005년에 단기교육과 국제협력부서를 제외하고는 모두 스트라스부르로 이전하였다.

2006년의 학사 개혁에 따라 수업은 크게 '유럽', '국토', '공공 분야 경영 및 관리'로 나뉘고, 실습과 학습으로 나뉜다. 특히 유럽과 관련하여 2002년 국제행정학교(**Institut internatinal d' administration publique**)를 병합하였고, 2004년 유럽연합 회원국의 후보들에게 입학시험을 개방하였으며, 2005년 스트라스부르 유럽연구센터가 국립행정학교 유럽 관련 중심축을 형성하였다. **국립행정학교 졸업생은 졸업장 대신 국가 기관의 직책을 성적순에 따라 받게 된다.** 1등부터 꼴찌까지, 인기가 좋은 국사원(**Conseil d' État**), 재무감찰원(**Inspection des finances**), 감사원(**Cour des comptes**)에서부터 인기가 없는 외무부나 교육부까지 예외 없이 직책을 받아간다. 재학 중 국가로부터 급료를 받기 때문에 고등사범학교 학생들처럼 10년 동안 국가 기관에서 근무해야 한다. 발레리 지스까르 데스땡(**V. Giscard d' Estaing**)과 자끄 시락 대통령, 롤랑 파비우스(**Laurent Fabius**), 알렝 쥐뻬(**Alain Juppé**), 리오넬 죠스뺑(**Lionel Jospin**) 등의 수상들 그리고 수많은 장·차관과 공·사기업의 장들이 이 학교를 졸업하였다.

프랑스 엘리트 교육의 문제점

삐에르 부르디유(**P. Bourdieu**)는 프랑스대혁명 200주년을 기념하는 해에 1989년 모니끄 드 생 마르땡(**M. S. Martin**)과 공동으로「국가 귀족, 그랑제꼴과 연대의식 *Noblesse d' État, grandes écoles et esprit de corps*」을 저술하였다. 그 책에서 부르디유는 현대적 의미의 '국가 귀족 *noblesse d' État*' 이라는 단어를 사용한다. 그랑제꼴이 프랑스대혁명이 폐지시킨 귀족을 정점으로 한 계급제도를 재생산하고 있으며, 현대 사회에서 앙시앵 레짐(**Ancien Régime**) 귀족 계층의 구조적 상속자인 '국가 귀족'을 만들어낸다는 것이다. 물론 현대 프랑스 사회의 정치·경제의 지도자들은 혈연관계나, 가문의 이름으로 그들의 위치를 차지한 것이 아니라, 대부분의 경우 그랑제꼴에서 얻은 학업의 결과를 통해 자신들의 위치를 획득한 것이다. 더군다나 그들의 학업의 결과는 상속받은 것이 아니라 그들의 힘든 노력과 얼마간의 재능 때문에 얻어진 것이다. 간단히 말해 그들의 '귀족적' 경력은 개인적인 노력과 개인적인 재능 때문에 가능한 것처럼 보인다. 그런데 그랑제꼴에 재학 중인 학생들의 출신 계층을 비교해 보면 대부분이 상류계층 출신이라는 것이 확인된다. 부르디유는 그것에 대한 원인을 상류층 구성원들의 사회적 경향에 치우친 입학시험에서 찾았다. 달리 말하면, 그랑제꼴의 입학시험은 그 자체로는 모든 사람에게 기회를 부여하고 있어 평등하게 보인다. 하지만 부르주아 계층의 지식과 처세술(고전문학, 사업 및 경영)이 중요하게 평가된다는 점에서 입학시험은 근본적으로 불평등하다는 것이다.

이러한 근본적인 문제점에 그랑제꼴 출신들이 하나의 이익단체를 형성한다는 사회적 문제점이 제기된다. 대기업체들이 위약금을 물어주면서까지 그랑제꼴 출신들을 고용하고자 하는 원인이 무엇이겠는가? 그것은 우리 사회에서 대기업이나 대형 로펌에서 고위직 공무원들 또는 고위직 법조인들을 채용하는 이유와 다름 아니다. 같은 그랑제꼴을 졸업했다는 인맥을 통해 정당하지 못한 영향력을 행사하려는 의도가 사회 속에서 또 다른 차별과 불평등을 낳는 것이다. 그럼에도 불구하고 프랑스 사회에서 이렇게 비민주적이기조차 한 그랑제꼴이 존속하는 데는 몇 가지 이유가 있다. 첫째는 **대중매체의 감시자 역할이다.** 정치적 성향이 어떠하든 대중매체는 사회의 파수병 역할을 기본적으로 수행한다. 그러한 의미에서 대중매체는 그랑제꼴 출신들의 모든 불법적인 개인적 이해관계 및 거래 등을 속속들이 파헤치고 고발하는 것이다. 만일 그 대중매체마저 그랑제꼴 또는 여타의 사회 엘리트 이익집단과 결부된다면 어떠한 힘도 그들의 파행을 견제할 수 없을 것이다. 둘째는 **엘리트 교육의 기본 정신이다.** 엘리트가 자신이 속한 사회를 위해 봉사한다는 기본적인 정신이 결여된다면 엘리트 집단은 너무 강한 이익집단으로 전락할 것이다. 국가와 사회, 공동체를 위해 봉사하고, 봉사의 대가만큼의 영향력을 행사할 수 있다는 생각, 자신의 꿈을 사회를 통해 실현할 수 있다는 이상적인 지도자의 모습과 관련된 교육이 있기 때문에 그랑제꼴의 존속은 가능할 것이다. 셋째는 **일반인들의 기초적인 삶의 보장이다.** 학력이 높지 않아도 사회구성원으로 기초적인 생활이 보장된다면, 예컨대 5주의 유급휴가와 여타의 휴가들이 보장되고 주택 및 자녀를 위한 보조금을 지불받으며 의료보험과 연금 등의 혜택을 받을 수 있다면, 자신의 개인적인 삶을 희생하고 더 큰 영향력을 갖는 엘리트의 존재를 인정할 수도 있을 것이다.

중요한 것은 엘리트 집단이 노력하지 않고 쉽게, 출신학교의 이름으로 이익을 얻으려는데 문제가 있는 것이지, 사회 전체 구성원들을 위해 끊임없이 노력하며 그에 대한 반대급부로 정당한 영향력을 행사한다면, 엘리트 집단의 존재는 지금 유럽공동체 안에서 유럽공동체의 이익을 위해 일하는 프랑스 그랑제꼴 출신의 관료들처럼 공동체의 근간이 될 것이다.

프랑스어 회화 표현 :

Tu vas où?   - Je vais à l'école. Et toi?
Je vais à la poste.

과제 또는 토론 :

❶ 프랑스의 엘리트 교육과 우리의 엘리트 교육에 대해 이야기해봅시다.
❷ 지역사회에 대한 대학의 개방과, 대학이 대학 문화를 지역사회와
  어떻게 함께 나눌 수 있는지 토론해보시오.
❸ 프랑스 어린이의 예능교육에 대해 좀 더 상세히 알아봅시다.

참고자료 :

<신프랑스 대혁명 - 프랑스는 지방분권국가인가?>, KBS 1TV,
KBS스페셜, 2003. 08. 03. ENA 관련 자료
<그랑제꼴 1부 - 파리고등사범학교>, KBS 1TV, 세계는 지금.
<그랑제꼴 2부 - 파리이공과대학, ENA> KBS 1TV, 세계는 지금.
<유럽의 아동교육 - 프랑스 편>, KBS 1TV, 세계는 지금.
www.adacparis.com
www.ena.fr
www.ens.fr
www.polytechnique.fr

013.

la société
qui partage
avec les autres

더불어 함께 하는 사회

출산장려정책

예전에, 프랑스 여성들은 미모 때문에 아이 낳기를 꺼려한다든가, 동거가 커플로 하여금 아이를 갖는 것을 어렵게 만든다는 말을 했다. 모두 출산율이 유럽에서 가장 낮은 프랑스를 설명하기 위한 말들이었다. 하지만 오늘날 프랑스는 유럽(유럽 평균 1.52)에서 최고의 출산율(2.0)을 기록했다. 한국(1.08)의 거의 두 배에 해당하는 수치이다. 무엇이 이렇게 프랑스를 변화시켰을까? 물론 가장 중요한 것은 **여성의 사회활동에 대한 배려**일 것이다. 임신과 출산이 직장 생활에 전혀 장애가 되지 않는다면, 아니 오히려 출산과 더불어 일정 기간 휴식을 취할 수 있다면 여성은 출산을 기피할 이유가 없는 것이다. 16주의 출산휴가 동안 월급과 직장에 대한 염려를 하지 않을뿐더러, 두 번째 아이를 출산하는 경우는 아이들을 키울 수 있도록 배려한 1년의 유급 양육휴가를 사용할 수 있다. 세 아이를 키운 여자들은 다른 직업을 갖지 않더라도 퇴직연금을 받을 수 있다. 남녀평등의 원칙에 입각하여 남자들 또한 양육휴가의 혜택을 받을 수 있고, 2주의 아빠를 위한 출산휴가를 사용할 수 있다. 아마 한국 여성들의 결혼 연령이 늦어지고, 첫 출산 연령이 늦어지는 가장 커다란 이유 중의 하나가 사회활동인 것을 비춰보면, 여성의 사회활동에 대한 배려가 출산율에 가장 커다란 영향을 미치는 요인 중에 하나라는 것을 알 수 있다. 또 다른 출산율 증가의 중요한 요인은 **출산과 보육에 대한 정부의 직접적인 지원**일 것이다. 출산보너스로 100만 원 정도의 금액을 받고, 아이가 세 살이 될 때까지 매달 20만 원 정도의 양육비를 지원받는다. 물론 임신 때부터 출산에 이르기까지의 초음파 검사를 비롯한 검사비용과 진찰료, 출산 및 입원비 등의 모든 비용을 국가가 담당한다. 더군다나 아이들이 많을수록 더 많은 세금 혜택, 교통 및 문화비 할인, 장학금 등을 받을 수 있으니 엄청난 경제적 혜택을 누리는 것이다. 또 다른 중요한 출산증가의 요인은 **동거 커플에 대한 동등한 지원**일 것이다. 전체 커플의 15% 정도가 동거 커플이고 50%에 가까운 아이들이 혼외 커플에서 탄생한다는 것을 고려할 때, 동거 커플에 대한 국가의 법적인 보호 및 동등한 경제적 지원은 출산율 증가에 커다란 영향을 미쳤다고 볼 수 있다.

보육제도

Crèche

보육제도에 해당하는 프랑스 단어 '크레쉬'는 본래 '여물통' 또는 '구유'라는 뜻이다. 또, 아기 예수가 말구유에서 태어났다 하여, 아기 예수와 마리아 그리고 동방박사들이 함께 있는 마구간의 소형 또는 실물 크기의 형상을 크레쉬라고 부른다. 그리고 마찬가지로 아기 예수의 탄생과 관련지어 **3세 미만(보통 2.5세 미만)의 어린 아이들을 돌보는 보육기관을 총칭하여 크레쉬**라 한다. 생후 10주부터 유치원에 들어가기 전까지의 아이들을 돌보는 프랑스 보육시설은 두 가지 탄생의 역사를 갖는다. 하나는 18세기 말에 만들어져 19세기 초에 특히 성행한 유모소개소이다. 유모와 아이 부모를 연결해주던 중개업자의 남용을 막기 위해 만들어진 유모소개소는 중개업자를 대신해 유모의 건강을 확인하고 유모가 받게 되는 비용 등을 명확히 하였다. 이러한 제도는 지금의 가정 보육원(**Crèche familiale**)으로 연결되어 존속한다. 가정 보육원은 보모가 자기 집을 보육시설로 이용하여 시의 허가와 검사를 받고 2-3명의 아이를 돌보는 것이다. 다른 하나는 산업혁명과 더불어 만들어진 집단 탁아시설이다. 산업혁명과 더불어 여성들이 공장에서 일을 하게 되자, 일부의 여성들은 다른 여성들의 아이들을 돌보는 일을 맡게 되었다. 이러한 집단 탁아제도는 오늘날 단체 보육시설(**Crèche collective**)의 기원이 되었다. 프랑스에서 집단 보육원은 일반적으로 시에서 운영하는 시립 보육원(**Crèche municipale**)을 지칭한다. 하지만 재정적 어려움이 있는 경우에 도에서 재정을 담당하여 설립하므로 도립 보육원(**Crèche départementale**)이라 부른다. 시립이나 도립 보육원의 경우 인구 10,000명에 하나씩 세워져야 하고, 부모가 모두 직장에 다니는 아이를 우선적으로 받아들인다. 특히 부모가 학생인 경우, 또는 시나 도립 보육원에 아이를 보내지 못한 부모의 경우, 부모가 보육과 보육시설 유지 등에 직접 참여하는 경우에는, 예외적 보육 시스템인 부모 보육원(**Crèche parentale**)에 아이들을 보낸다. 이 외에도, 자녀를 집에서 돌보는 부모가 하루 또는 일주일에 일부 시간(하루에 4시간, 일주일에 8시간을 초과 못함)을 맡기는 임시보육시설(**Halte-garderie**) 등이 있다.

프랑스 어린이들은 부모에 의해 한 번 태어나고 사회에 의해 다시 태어난다는 말이 있다. 사회가 미래의 주역인 어린이들의 건강과 안전 그리고 정서 등을 위해 최대한의 노력을 기울인다는 말일 것이다. 특히 프랑스가 우리와 다른 점은 **어린이에 대한 인격체로서의 존중**이다. 한 살이 채 되지 못한 어린이들, 기껏해야 두세 살밖에 되지 않은 어린이들을 상대로 그들의 의사를 존중하고, 대화를 통해 자율성을 키워가는 모습은 어떤 물질적 구조보다 중요한 것 같다. 한두 살은 고사하고 중·고등학교에 다니는 자녀의 의사조차도 무시하고 모든 것을 결정해서 강요하는 우리 부모들이 꼭 배워야 할 점 같다.

사회단체

프랑스는 의료보험제도, 실업수당, 최저임금 등 많은 사회복지제도가 발달한 나라이다. 하지만 프랑스 사회에도 여전히 이러한 혜택마저도 받지 못하고 버려진 많은 사람들이 있다. 집이 없어 거리를 배회하는 사람들, 건강과 삶의 의욕을 잃고 공동체 밖으로 내몰린 사람들, 또는 외국으로부터 불법이민 온 사람들, 국가는 그러한 소수의 소외된 사람들에게 충분한 배려를 하지 못한다. 그래서 생긴 것이 시민단체들이다. 분노한 한 신부에 의해, 모순 덩어리인 사회를 풍자하는 한 예술인에 의해 그리고 뜨거운 가슴의 젊은이들에 의해 만들어진 단체들은 자본과 법률과 집단이익이 판을 치는 현대 사회에서 소외되어 응지에 머물러 있는 이들에게 따뜻한 손을 내밀고, 스스로 설 수 있는 기회를 만들어주려 노력한다.

돈키호테의 아이들
Les Enfants de Don Chichotte

'돈키호테의 아이들' 사이트를 열면 첫 페이지 광고가 나온다. '공공건물 중에서 빈 곳이 있으면 연락해주세요.' (**www.lesenfantsdedonquichotte.com**) 정부, 때로 군 소유의 건물 중에서 오랫동안 비어 쓰이지 않는 건물을 차출하여 노숙자들을 위해 사용하겠다는 것이다. 실제로 사병들의 감축으로 사용되지 않는 건물이나 외인부대원의 임시 휴식처로 사용되는 건물들이 노숙자들을 위해 자리를 마련하고 있다. 뜨거운 가슴을 가진 젊은이들의 외침에 군마저도 적극적으로 동참하고 나선 것이다.

2006년 겨울, 파리 시내 10구, 바스띠유 오페라하우스에서 멀지 않은 곳에 생 마르땡(**ST Martin**) 운하가 있다. 영화 〈아멜리에〉의 주인공 아멜리에가 홀로 기분을 풀기 위해 평소에 주머니에 넣어둔 돌로 물수제비를 뜨는 곳이기도 하다. 이곳 운하 주변에 노숙자들의 텐트가 쳐졌다. '돈키호테의 아이들' 이 주가 되어 노숙자들에게 거처할 수 있는 주거공간을 만들어달라고 데모를 하는 것이다. 특히 대통령선거와 맞물려 대선후보들에게 선거공약을 요구하고, 정치인들에게 '주거권' 입법화에 대한 압력을 넣기 위해서이다. 노숙자들이 원하는 것은 추운 겨울 일시적으로 피할 수 있는 노숙자구호센터가 아니라, 지속적으로 머물 수 있는 주거지인 것이다. 2006년 말부터 시작된 이런 압력은 언론의 호응을 등에 업고 효과를 발휘하여 정부는 돈키호테의 아이들과 생 마르땡 운하 데모에 굴복하고, '2007년도 실천 보충 계획' 을 발표하였다. 그리고 실제로 많은 노숙자들이 그나마 살만한 주거공간을 찾아 나갔다. 아주 저렴한 가격의 월세를 절반은 국가가 부담하고 절반은 본인이 부담한다는 조건하에서이다. 특히 주택을 임대할 때에 필요한 보증금과 보증을 국가나 사회단체가 대신 서주는 것이다.

이 부분에서 주택 소유자들이 워낙 까다롭게 굴기 때문에 노숙자들이 특히 주택을 구하는데 어려움을 겪었다. 지금도 노숙자들을 위한 많은 공간들이 속속들이 만들어지고 있다. 매년 겨울 프랑스에서 볼 수 있는 진풍경이다. 그런데 중요한 것은 이러한 시민운동이 일시적으로 끝나지 않고 지속되며, 법으로 정해진다는 것이다. 물론 프랑스라고 정부가 시민단체의 요구를, 또는 자신들의 약속을 액면 그대로 들어주거나 지키는 것은 아니다. 언론의 관심이 사라진다든지, 시간이 지나 여론의 관심이 없어지면 여전히 노숙자들은 임시 숙소를 비참하게 드나들어야 한다. '우리들 중에 일정한 주거가 없이 살아가야 하는 사람들이 처하는 비인간적인 상황을 우리는 거부한다.' 로 시작하는 돈키호테 아이들의 헌장은 200여만 명이 사인을 하고 참여하고 있다.

주택의 권리

프랑스에서는 사회적으로 소외된 사람들을 위한 법률들이 만들어져 왔다. 때로 일시적으로 국민들의 항의를 피하기 위해, 때로 진정한 연대의식의 발전으로 시민들의 요구는 법률화 되었다. 베송(**Besson**)법, 소외투쟁법, 연대 및 도시쇄신법(**SRU**), 주택을 위한 국가 참여에 관한 법률 등이 그러한 것들이다. 하지만 정치적 의지의 부족으로 이러한 법률들은 본래의 의도대로 적용되지 못하고 있다. 2006년 말부터 돈키호테의 아이들은 정부에 압력을 가해, **국가가 국민의 실질적이고 일반적인 주거의 권리를 인정**하도록 했고, 법안은 각료 회의를 통과하였다. 하지만 돈키호테의 아이들과 연대 사회단체들은 도시쇄신법 55조가 정하는 각 도시는 20%의 사회복지주택을 마련해야 한다는 규정이 먼저 준수되어야지, 단지 하나의 텍스트가 추가되는 것을 원하지는 않는다. 긴급구호센터라든지, 가장 가난한 사람들만을 위한 주택이 아니라 모두가 누릴 수 있는 주택의 권리를 원하는 것이다. 많은 사람들은 이 법이 아베 삐에르(**Abbé Pierre**)의 이름을 따서 '아베 삐에르법' 이 되기를 원한다.

la société qui partage
avec les autres

엠마우스 운동
Emmaus

1949년, 당시 국회의원이었던 일명 아베 삐에르(삐에르 신부)인 앙리 그루(**H. Grouès**)는 뇌이 쁠레장스(**Neuilly Plaisance**)에서 허름한 집을 수리해 거주한다. 만남의 장소이기도 한 이 집이 국제유스호스텔이 되고, 엠마우스라 이름 붙여진다. '각 인간, 각 사회, 각 국가가 교환과 나눔 그리고 동등한 존엄성 가운데 살아가고, 표현하고, 완성되어질 수 있도록 행동하는 것'을 목표로 하는 엠마우스 운동은 이렇게 시작된다. 그리고 엠마우스 연맹은 1953년 이러한 운동을 조직하고 발전시키기 위해 파리 부르도네街에서 탄생된다.

제2차 세계대전의 폐해가 다 복구되기도 전인 1954년 겨울, 거주할 곳이 없는 사람들은 혹심한 추위로 죽어간다. 그때 아베 삐에르가 라디오 채널 라디오 뤽상부르(**Radio Luxembourg**)를 통해 '친구들이여, 도움이 필요합니다. **Mes amis, au secours!**' 라는 유명한 호소문을 던진다. 프랑스 전국에서 엄청난 성금이 답지하고 국민들의 관심이 가난한 이들에게 향하는 계기가 된다. 그리고 뒤이어 엠마우스 내에 엠마우스 공영주택, 엠마우스 연맹, 주택총연맹, **SOS** 엠마우스 가족 등 많은 조직이 생겨난다. 자발적으로 세계 각지에서 조직된 단체들이 1969년 스위스 베른에서 처음으로 모임을 갖고, 엠마우스 운동의 근간이 되는 선언문을 채택한다. 그리고 1971년, 20개국의 95개 단체를 통합하는 국제 엠마우스 연합이 탄생한다. 지금은 세계 41개국에 퍼져 있으며, 자율적 행동을 존중하며 서로 도움을 주고받는다. 엠마우스 프랑스는 국제 엠마우스 연합의 한 단체이다. **엠마우스는 삐에르 신부님에 의해 만들어졌지만 종교적 색채를 띠지 않는 비종교 단체**이다.

다양한 형태의 사회적 소외에 효과적으로 대항하고, 활동에 통일성을 기하기 위하여 엠마우스 프랑스는 세 가지 분야로 나누어 활동한다. 첫째는 **공동체의 형성**이고, 둘째는 **구호 및 주택**이며, 셋째는 **공동 경제와 동화**이다.

프랑스에는 115개의 엠마우스 공동체가 있다. 이곳은 무엇보다도 도움과 지지가 필요한 사람들을 받아들이는 곳이고, 삶과 일과 협력이 있는 곳이다. 도움을 얻기 위해 들어온 사람들은 다른 이들을 돕는 프로젝트에 참여하면서 재활을 이루어간다. 일반인들은 엠마우스 공동체에 사용하지 않는 재활용 가능한 물건들을 갖다 놓을 수 있고, 창고를 비우거나 물건을 정리할 때 부를 수도 있다. 공동체마다 25-30명 정도의 자원봉사자들이 함께 하고, 정신과 의사를 비롯한 사회적 도움이 동반된다. 엠마우스 프랑스는 소속단체인 '아베 삐에르 재단', '희망의 지붕', '엠마우스 아비따'를 통해 집이 없는 사람들을 받아들이기도 하지만, 집을 짓거나 보수하고, 기숙사를 만들고, 외국에 주택건설을 보조한다. 뿐만 아니라 사회적 권리를 찾아주고, 무이자로 부채 탕감을 도와주며, 3-24개월의 임시 거처를 마련해준다. 경제적 활동은 사회동화에 필수적 요소이다. 그래서 엠마우스 프랑스는 가입한 기업체 등의 조직망을 통해 오랫동안 직업을 갖지 못한 이들이 다시 사회적으로 동화할 수 있게 하며, 자체적으로 재활용품의 회수, 보수, 판매 등의 활동을 통해 회원들이 직업 행위를 할 수 있게 한다. 그리고 총 매상고의 5%는 항상 재난을 당한 사람들이나 국제적 도움을 위해 사용한다.

엠마우스 프랑스의 한 단체인 엠마우스 연맹의 경우 파리 공동체에 100여 명 가까운 '동반자 compagnon'들이 있다. 이들은 잠자리, 음식, 보조 비용 등의 도움을 받기도 하지만 엠마우스 공간의 유지나 여타의 행사 등에 도움 및 책임을 진다. 그리고 연맹에 속한 47개의 공동체에는 337명 정도의 유급직원이 있다. 이들은 재활용품의 보수와 판매를 통해 월급을 받고 일하며, 공동체에 많은 도움을 준다. 그리고 의사, 법률인, 교사 등의 전문인을 비롯한 500여 명의 자원봉사자들과 30,000에 달하는 증여자들이 엠마우스 연맹을 위해 규칙적으로 또는 기회가 닿는 대로 일한다. 그리고 250여 명의 회원이 연회비 10유로(12,000원 정도)를 내며 엠마우스 연맹의 정신적 지주로서 연맹 운영의 방향을 결정하고, 이끌어간다. 이들 모두가 가난과 굶주림과 탄압과 사회적 소외에 대항하여 함께 일하고 있는 것이다.

마음의 식당,
레스또 뒤 꾀르
Restos du coeur

'자본주의는 인간이 인간을 착취하는 것이다. 공산주의는 그 반대다.', '신은 따뜻한 우유 안의 설탕 같다. 거기 있지만 보이지는 않는다. 하지만 찾을수록 더 보이지 않는다.', '두 가지 正義가 있다. 당신이 법을 잘 아는 변호사를 알거나, 아니면 판사를 잘 아는 변호사를 아는 것이다.', '독재는 입을 다물게 한다. 민주주의는 여전히 수다를 떨게 한다.' 80년대 프랑스 최고의 코미디언인 꼴뤼쉬(**Coluche**)가 한 말 중에 나오는 몇 가지 문장이다. 상스러운 말들, 혹독한 현실 정치에 대한 비판, 가난한 사람들에 대한 따뜻한 마음, 엠마우스로부터 선물 받은 멜빵 청바지와 노란 티셔츠 차림의 꼴뤼쉬는 유머와 언어를 통해 끊임없이 사회를 선동했고, 1981년 대통령 선거에 출마를 시사해 16% 정도의 지지도를 확보함으로써 행동으로 사회를 자극했다.

그런 그가 1985년 9월 라디오 채널 '유럽 1(**Europe 1**)'에 나외 처음으로 '마음의 식당'을 제인하고, 그 해 12월 처음으로 문을 열고 전국으로 확산된다. 처음의 목표는 하루에 20만 식사를 제공하고, 이 첫 겨울에 8백 50만 식사를 제공하는 것이었다. 가수 장 자끄 골드만(**J. J. Goldman**)이 노래를 만들어 돕고, **TV** 방송은 수익에 달하는 기금을 모을 수 있게 한다. 그리고 꼴뤼쉬는 1986년 2월 유럽의회에서 잉여농산물의 재고관리 및 파괴처분이 가난한 사람들에게 무료로 나누어주는 것보다 비용이 많이 든다고 주장하여 호응을 얻는다. 자끄 브렐(**Jacques Brel**)의 표현처럼 아베 삐에르와 꼴뤼쉬는 '같은 배를 타지는 않았지만 같은 항구를 찾아가고' 있었다.

마음의 식당은 전국 2,100여 개의 센터를 운영하고 있으며, 겨울철 12월부터 3월까지 **가난한 사람들에게 따뜻한 식사를 제공하거나 헐벗은 가정에 식사할 수 있는 재료들(사람 숫자에 따라 정확한 양을 계산하여 완전하고 균형 잡힌 식사를 할 수 있게)을 나누어주는 일**을 주로 한다. 뿐만 아니라 추운 겨울을 피할 수 있는 긴급주거시설로부터 임대를 돕는 일까지 소외된 이들이 사회적으로 안정된 주거에 정착할 수 있도록 경제적으로 정신적으로 동반자의 역할을 한다. 특히 '마음의 식당 정원'과 '마음의 아뜰리에'는 소외된 이들이 고독한 생활을 깨고 진정으로 사회에 융화될 수 있는 욕구와 가능성을 주기 위해 애쓴다. 1989년에 문을 연 100여 개의 '정원'에서 사람들은 채소, 과일 등을 키우고, 이것을 마음의 식당에서 재료로 사용하여 식사를 준비한다. 같은 해 문을 연 80여 개의 '아뜰리에'는 전문적인 일을 배우고 실제로 작업하는 것으로부터, 마음의 식당의 일을 도와 고치고, 짓고, 수리하는 일 등을 통해 일에 대한 규칙성과 사회정착의 욕구를 키워나간다. 특히 260여 개의 아기를 위한 마음의 식당에서는 매년 27,000여 명의 생후 7일부터 18개월 된 아기들을 위하여 필요한 물품 모두를 지급한다. 이처럼 긴급한 일 외에도 휴가를 함께 보낸다거나 영화관을 함께 찾는 일, 소풍을 가는 일 등을 자원봉사자들과 함께 준비하고 참여한다. 지금은 1,900여 개의 센터가 운영되고, 5만여 명의 자원봉사자가 참여하며, 한 해 700여만 명에게 8천 5백만 식사를 나눠주고 있다. 4천 5백만 유로(5백 5십억 정도)의 후원금이 걷히고 있는데, 그 중 40%가 개인들의 참여이고, 30%는 '얼간이들의 저녁' 수익금이며, 10%는 유럽연합 후원금이고, 20% 정도는 여타의 지방자치 및 사회단체의 후원금이다.

얼간이들
Les Enfoirés

꼴뤼쉬는 특히 자신과 친구들의 이미지를 십분 활용하였다. 즐겁게, 기쁘게, 축제 속에 돕는다는 의미로 가수들을 비롯한 연예계 및 각계의 인사들이 참여하는 '얼간이들'을 만들었다. 장 자끄 골드만과 이브 몽땅(**Y. Montand**), 미셸 플라티니(**M. Platini**), 나딸리 베이(**N. Baye**), 미셸 드뤼께(**M. Drucker**) 등이 첫 모임에 참석하였고, 그로부터 나오는 입장료와 앨범 판매료를 비롯한 모든 수익금을 전액 '마음의 식당'에 기부하였다. 1986년 꼴뤼쉬가 교통사고로 죽자 그의 아내가 다시 시작한 '얼간이들'은 하나가 되어 사회적으로 소외된 이들을 위해 공연을 하였다. 관객 참여율, 시청률, 앨범 판매량 등이 매년 기록을 갱신하며, 20년 이상 계속된 얼간이들과 함께 하는 저녁의 수익금은 마음의 식당 수익금의 30% 정도를 차지하게 되었고, 쇼 비즈니스임에도 불구하고 사람들의 가슴에 꼴뤼쉬가 남기고 간 메시지를 전달한다. 엔지니어든, 화가든, 요리사든, 계산원이든, 가수든, 누구든지 헐벗고 가난한 사람들을 위해 뭔가를 함께 할 수 있다는 것은 아름다운 일이다.

꼴뤼쉬 법
Loi de Coluche

마음의 식당을 시작하면서 꼴뤼쉬는 부유하지 않은 사람들이 더욱 너그럽다는 것을 깨닫고, 그들에게 돕는 만큼의 세제 혜택을 줘야한다고 생각했다. 예전에는 커다란 금액의 증여에 대해서만 세제의 해택을 주었었다. 그래서 적은 양의 기부금일지라도 소외된 사람들을 위해 기부한 금액의 일부를 되돌려주는 법률을 제안하고, 1988년 하원과 상원은 거의 만장일치로 법률을 통과시켰다. 법률은 개인이 어떤 단체나 재단을 위해 기부하는 경우 과세소득의 20% 범위 내에서, 기부 금액의 66%까지 세금 감면을 허용한다. 수정된 꼴뤼쉬 법(일반세법 200-1조 3항)은 특히 '마음의 식당' 처럼 어려움에 처한 사람에게 무료로 식사를 제공하거나, 주거를 제공하거나, 무료로 보살피는 단체에 기부하는 금액은 75%의 세제 혜택을 받을 수 있도록 정하고 있다. 1995년부터 2005년까지 10년 동안 프랑스인들의 기부액이 80% 증가하였고, '마음의 식당'의 기부액은 91% 증가하였으며, 평균 기부액이 52유로에서 85유로로 63% 증가한 것을 보면 **증여자들에 대한 세제 혜택은 일반 시민들이 다른 이들을 돕는 일에 적극적으로 참여할 수 있도록 권장한다**는 것을 잘 보여준다.

프랑스어 회화 표현 :

Coluche est chanteur?   **- Non, il est comédien.**
Et les enfoirés?   **- Oui, ils sont chanteurs.**

과제 또는 토론 :

❶ 우리나라의 출산율을 향상시키기 위해 현실적으로 가능한 정책은 무엇이 있는지 토론해보시오.
❷ 프랑스어로 'SDF'는 무엇을 의미하는지 알아보시오.
❸ '주택의 권리'에 대해 각자의 생각을 표현해봅시다.
❹ 예술인들의 사회적 영향력과 사회적 책임에 대해 토론해보시오.

참고자료 :

<가정의 달 특별기획, 보육선진국 프랑스를 가다>, KBS 1TV, 2003.
<유럽의 아동교육, 프랑스 편>, KBS 1TV, 세계는 지금.
www.emmaus.asso.fr
www.emmaus-france.org
www.emmaus-international.org
www.enfoires.fr
www.lesenfantsdedonquichotte.com
www.restosducoeur.org

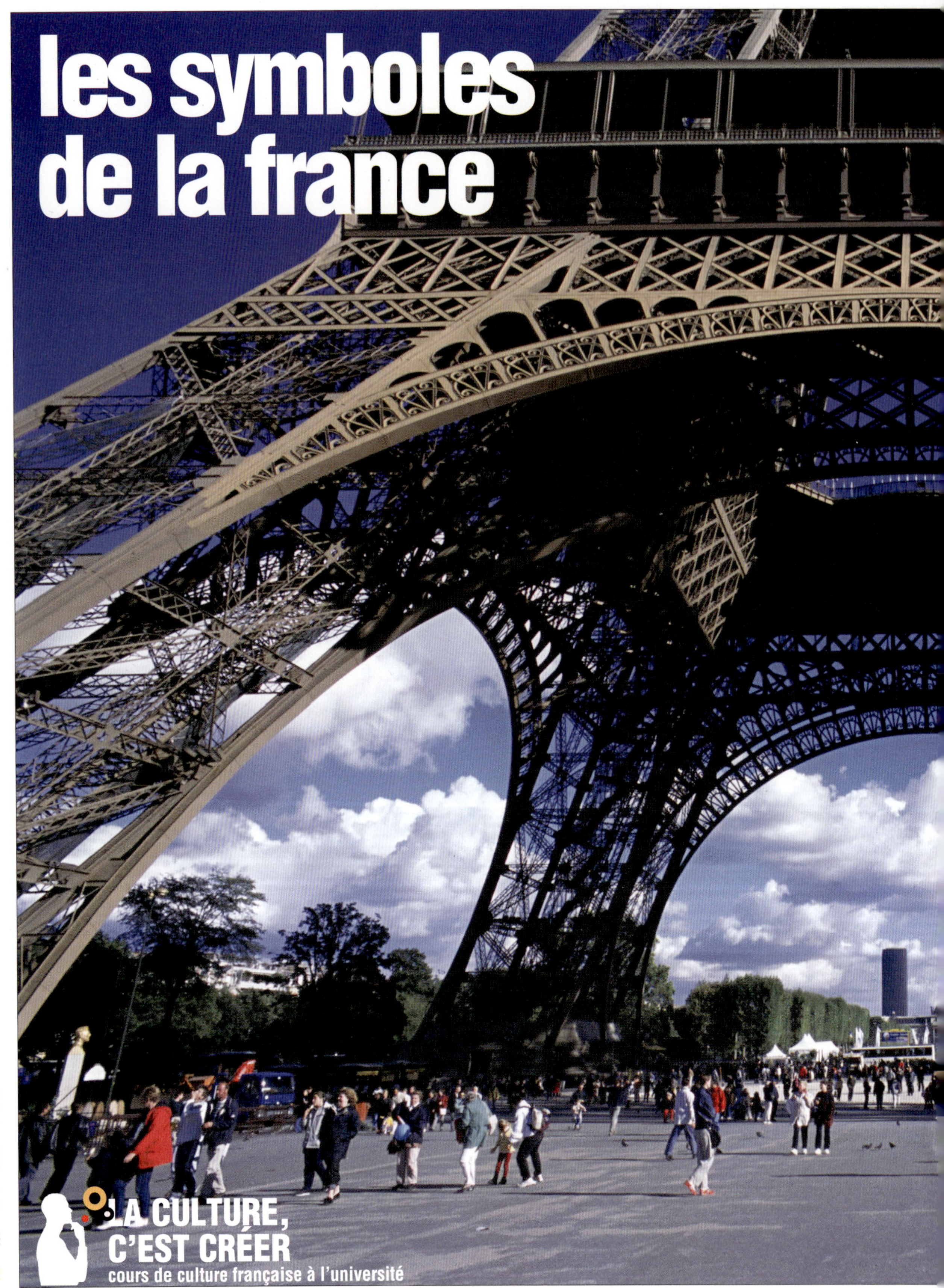

les symboles
de la france
LA CULTURE,
C'EST CRÉER
cours de culture française à l'université

014

**LA CULTURE
ET SA DIVERSITÉ**
cours de culture française à l'université

**LA CULTURE,
C'EST PARTAGER**
cours de culture française à l'université

**LA CULTURE,
C'EST CRÉER**
cours de culture française à l'université

les symboles de la france

프랑스를 상징하는 것들

우리 안의 프랑스

〈파리의 노틀담성당 *Notre-Dame de Paris*〉, 〈십계 *Les Dix commandements*〉를 비롯한 코미디 뮤지컬, '루오(**Rouault**)전', '뒤뷔페(**Dubuffet**)전', '오르쎄(**Orsay**)전'을 비롯한 수많은 각종 전시회들, 프랑스가 아닌 **서울에서도 다양한 프랑스 예술 및 문화행사를 경험**할 수 있다. 그만큼 한국과 프랑스의 문화적 교류가 많아졌고, 다채로워졌다는 의미일 것이다. 특히, '장 뤽 고다르(**Godard**)전'을 비롯한 영화제와 '프랑스 음악축제', '한·불 도서전시회' 등을 통해 프랑스 문화를 정기적으로 맛볼 수 있게 한다. 서울 한복판인 방배동에서 프랑스인들의 생활공간(서래마을)을 만날 수 있는가 하면, 가나아트센터, 판교의 독특한 아파트, 예술의 전당 옆의 육교 등 이곳저곳에서 눈에 띄는 독특한 건축양식을 통해 프랑스 현대 건축과 건축가를 만나게 된다. 프랑스 **TGV**의 한국형인 **KTX**와 '파리 바게뜨', '뚜레주르' 등 우리가 모르는 사이에 사용하는 수많은 프랑스어 어휘들, 프랑스는 더 이상 샤넬, 장 뽈 고띠에, 향수 등의 먼 나라, 고급 브랜드만의 이야기가 아니다. **프랑스 문화는 우리 일상생활 속에 자연스럽게 흡수되어 있다.** 베르나르 베르베르(**Bernard Werber**)의 「개미 *Les Fourmis*」를 비롯한 많은 프랑스 현대소설과 〈그랑 블루 *Grand bleu*〉, 〈아멜리에 *Le Fabuleux destin d' Amélie Poulain*〉 등의 다양한 영화는 고전문학과 지루한 '프랑스적' 영화가 아닌, 대중적인 현대 프랑스 문학과 영화의 새로운 측면을 일반인들에게 접할 수 있게 한다.

프랑스는 더 이상 젊은이들의 낭만적인 사랑의 공간으로, 가난한 예술인들이 자유를 만끽하는 예술의 나라로만 존재하지 않는다. 성공적인 출산장려정책과 복지정책으로 **유럽에서 가장 높은 출산율을 보이는 나라**이며, 유럽연합을 이끌며 유럽에 평화를 정착시키는데 앞장서고, 그래서 동북아 평화 정착에서 우리가 해야 할 일들을 제시하는 나라이기도 하다. 소외된 사람들을 위해 소리치며, 적극적으로 활동하는 많은 사회단체들이 있는 나라로서 프랑스는, 극단적인 이기심이 교육과 주택 등 사회문제를 야기시키는 우리 사회가 지향해야 할 방향을 제시한다. 프랑스는 무엇보다도 **세계 환경 자원의 보호에 앞장서는 나라**이기도 하다.

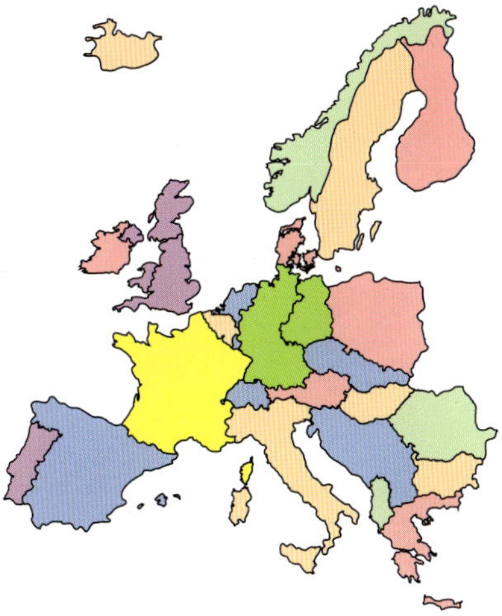

엑사곤　　Hexagone

지형학적으로 우리나라를 한반도라고 부르는 것처럼 **프랑스를 '엑사곤' 이라 부른다. 육면체의 모양을 하고 있기 때문이다.** 여섯 개의 면 중에서 삼 면은 바다와 접하고, 삼 면은 이웃나라와 국경을 접하고 있다. 바다와 접히고 있는 삼 면 중에서 북쪽과 서쪽의 두 면은 대서양과 접하고 있으며, 남쪽의 한 면은 지중해와 접하고 있다. 남서쪽의 피레네 산맥은 스페인과 자연스럽게 국경을 형성하고 있으며, 동쪽의 알프스, 쥐라, 보주 산맥은 이탈리아, 스위스, 독일과의 국경을 이루고 있다. 그리고 북동쪽의 나머지 한 면을 통해 프랑스는 벨기에, 룩셈부르크와 이웃하고 있다. 흔히 **프랑스를 유럽의 노른자**라고 말한다. 서유럽의 중심부에 위치하기 때문이기도 하지만, 풍부한 농산물을 비롯한 자원과 살기에 적합한 기후 때문이기도 할 것이다. 로마인, 게르만족, 바이킹, 아랍인을 비롯한 수많은 이민족 침입의 역사적 배경에는 그러한 자연적 요인이 크게 작용하였을 것이다. 밀, 옥수수, 포도를 비롯하여 다양한 작물과 과일들이 전 국토에서 생산되며, 산악지역은 낙농업이나 스키장을 중심으로 한 관광산업이 발달해 있다. 프랑스가 세계 제2의 농업국가라고 하면 조금 낯설게 들릴 것이다. 하지만 패션과 영화, 향수 등 우리가 떠올리는 프랑스 이미지 뒤에는 밀밭, 옥수수밭, 포도밭, 그리고 젖소 등으로 풍요로운 농촌 풍경이 배경을 이룬다. **프랑스는 유럽에서 제1의 농업 생산국이며, 세계 제2의 농업 수출 국가이다.** 육지와 바다를 함께 접하고 있는 프랑스는 북대서양 기후, 대륙성 기후, 그리고 남쪽의 지중해성 기후 등 여러 가지 기후를 띠고 있으며, 그러한 기후 조건은 다양한 문화와 예술 형성의 원인이 된다. 파리를 통과하여 북대서양으로 흘러 들어가는 쎈강, 프랑스를 남북으로 나누며 역사적으로 전략적 요충지를 형성한 루아르강, 동쪽의 라인강, 지중해로 흘러드는 론강, 그리고 보르도와 뚤루즈를 지나는 가론강 등이 프랑스의 젖줄을 이루며, 대도시의 탄생과 발달에 크게 기여하였다.

다양한 인종

지리적인 풍요로움보다 더 큰 풍요로움이 있다면 프랑스를 이루는 다양한 민족, 종교, 문화일 것이다. 단일민족, 단일문화의 전통에 익숙한 우리에게 파리 지하철의 풍속도는 쉽게 적응이 되지 않는다. 다채로운 얼굴 색깔, 전혀 다른 언어들, 다양한 복식과 종교적 표상들… 이 나라가 어떻게 돌아가나 걱정스러울 정도이다. 하지만 **프랑스의 힘은 바로 다양한 문화와 다른 민족들을 수용하는 능력으로부터 나오는 것 같다.** 낯선 것, 다른 것을 자신의 것으로 만들어가는 과정에서 프랑스는 새롭게 태어나고, 새로운 지평을 열어나간다. 전혀 다른 문화적 지평에서 온 수많은 예술인들, '파란색, 흰색, 붉은색'의 삼색기 대신에, '흑인, 백인, 아랍인'을 외치며 우승을 차지했던 예술축구(**Art soccer**)의 대명사로 불린 프랑스 축구팀 등 로마인들과 함께 갈로 · 로만 문화를 형성한 이후, 프랑스는 지속적으로 다른 민족들을 받아들이며 그들과 함께 프랑스를 만들어갔다. 이웃하고 있는 게르만 민족이 전쟁을 비롯한 여러 가지 이유로 프랑스 역사와 프랑스인의 일부를 이루고 있다면, 스페인, 포르투갈, 이탈리아 사람들은 경제적인 이유로 일찍부터 프랑스에 이주해 정착하였다. 정치적, 역사적, 경제적 이유로 인한 아프리카인들의 지속적인 이주와, 아랍인, 중국인, 베트남인들의 이주는 갈등이 전혀 없는 것은 아니지만, 프랑스대혁명의 인권선언과 공화국의 가치 아래 새롭고 풍요로운 정체성을 형성해가며 이루어지고 있다. 한 가정에서 몇 가지 언어를 배우며 사용할 수 있고, 다른 종교에 대해 서로 관용을 베풀고, 음식을 비롯한 다른 생활 습관을 배우는 기쁨은 한 가정뿐만 아니라 프랑스 사회가 갖는 특권일 것이다.

라 마르세이에즈　　　　　　　　　La Marseillaise

프랑스 국가를 '라 마르세이에즈'라고 부르는 데는 그만한 이유가 있다. 라 마르세이에즈는 스트라스부르에서 루제 드 릴(**Rouget de Lisle**)이라는 젊은 장교에 의해 '라인강 부대의 군가'로 작곡되었다. 프랑스 대혁명 시기에 혁명을 열렬히 지지했던 남쪽의 항구 도시 마르세유는 500명의 지원병을 파리로 파견하기로 하고, 그들을 위해 연회를 열었다. 연회 도중 스트라스부르에서 전해진 그 군가를 누군가가 부르기 시작하자 지원병들이 모두 그것을 열정적으로 따라 부르며 암송하였다. 마르세유 지원병은 파리에 도착해 거리를 행진하며 그 곡을 특유의 악상으로 부르기 시작하였고, 파리 시민들을 열광시켰다. 그 뒤로 루제 드 릴이 작곡한 그 곡은 라 마르세이에즈라 불리었고, 프랑스 국가가 되었다. '피 묻은 깃발', '아내와 자식들의 목을 조르려', '더러운 피로 산하를 적시자' 등의 지나치게 폭력적이고 적대적인 라 마르세이에즈의 가사는 예전에 프랑스와 전쟁을 벌였던 국가들 출신의 프랑스인들에게 혐오감을 주며 반감을 사고 있어, 가사를 고쳐 쓰자는 의견이 일고 있을 정도이다.

블루, 블랑, 루주

Bleu, Blanc, Rouge

프랑스 공화국의 표상인 삼색기는 **프랑스 혁명 당시 왕가의 색채인 흰색과 파리를 상징하는 색깔인 파란색과 붉은색의 결합으로 만들어진다.** 1789년 7월 바스티유가 함락되고 파리에는 대혼란이 일어난다. 민병대가 조직되고, 그들은 파리의 옛 색깔인 파랑과 빨강으로 구성된 휘장을 그들의 표지로 삼는다. 7월 17일 루이 16세는 파리로 돌아와 새로운 국민병을 정식으로 인정한다. 그는 파란색과 붉은색, 그리고 국민병의 지휘관인 라파이에트가 첨가한 흰색으로 된 휘장을 두르게 된다. 1794년 2월 15일자 법률은 삼색기를 국기로 삼고, 신고전주의의 선구자이며 궁정화가였던 화가 다비드(**J. L. David**)의 권고에 따라 깃대를 흰색으로 할 것을 명시한다. 19세기에는 정통 왕당파의 흰색과 혁명의 유산을 이어받은 삼색이 충돌하는 것을 볼 수 있다. 제정 복구 시기에 흰색기가 다시 등장하여 명예를 회복한 반면, 루이 필립은 삼색기를 택하고 골의 수탉을 그 위에 장식한다. 1848년 혁명기에 임시 정부가 다시 삼색기를 채택한다면, 민중들은 항거의 표시로 바리케이드 위에서 붉은 기를 휘두른다. 제3공화국 하에 여론은 삼색기로 통합된다. 1880년부터, 7월 14일 혁명 기념일에 군대에 삼색기를 수여하는 것은 애국심을 고양시키는 커다란 계기가 된다. 샹보르백작이 프랑스의 왕위를 요구하면서 삼색기를 인정하지 않지만, 왕당파는 결국 1차 세계대전을 계기로 삼색기를 인정하게 된다. 1946년과 1958년의 헌법은 삼색기를 공화국의 상징으로 삼는다. 하지만 유럽연합이 강화되고 평화가 정착된 현대사회 속에서 국기는 국가와 더불어 예전의 위상을 갖지 못하고, 국가 정체성이 상징으로서의 기능을 점차 잃어간다.

프랑스의 연인, 마리안느

Mariane

자유와 공화국의 상징으로 프리지아 모자를 쓴 '마리안느' 라는 여인의 상징물이 처음으로 나타난 것은 프랑스 대혁명기이다. 마리안느라는 명칭의 어원은 확실히 알려지지 않는다. 18세기에 프랑스에서 가장 널리 쓰인 이름으로 '마리' 와 '안느' 는 민중을 표현하는 것 같다. 그래서 반혁명주의자들은 공화파들을 어중이떠중이가 모여서 이루어진 집단이라고 조롱삼아 그렇게 불렀다. **마리안느가 쓰고 있는 자유의 상징인 프리지아 모자는 그리스나 로마에서 해방된 노예들이 썼다.** 이러한 유형의 모자는 해군이나 지중해의 도형수들이 착용했었고, 프랑스 혁명기에는 남부 프랑스에서 온 혁명군들이 착용한 듯하다. 제3공화국 시대에 마리안느의 조각물과 흉상이 특히 시청을 중심으로 널리 퍼졌다. 1958년의 헌법에 따라 삼색기가 프랑스의 상징이 되지만 마리안느는 여전히 공화국 프랑스를 구현하며, 대표적인 상징물 중의 하나로 남는다.

마리안느의 형상은 혁명의 특성을 살리느냐 또는 마리안느의 지혜로운 성격을 살리느냐에 따라 여러 형태로 나누어진다. 이따금 프리지아 모자가 너무 선동적이라 여겨져서 머리띠나 왕관으로 대체되기도 한다. 들라크루아의 1830년 작품 「민중을 이끄는 자유의 여신 *La Liberté guidant le peuple*」에서 구체적인 모델로 나타나는 마리안느는 주화나 우표 등을 통해 널리 유포되기도 하였다. 마리안느의 흉상은 전국 3만 7000여 개의 市(꼬뮌)의 시청 로비마다 자리 잡고 있으며, 프랑스 전국의 시장들은 10년마다 우편 투표를 통해 마리안느를 상징하는 프랑스의 대표적인 여성을 선정한다. 69년에는 여배우 브리지트 바르도(**B. Bardot**), 79년에는 가수 미레이 마티유(**M. Mathieu**), 89년에는 카트린 드뇌브(**C. Deneuve**)가 그리고 99년에는 레티시아 카스타(**L. Casta**)가 마리안느의 모델로 선정되었다.

자유, 평등, 박애   liberté, égalité, fraternité

17세기 페늘롱(**Fénelon**)이 만든 프랑스 공화국의 표어인 '자유, 평등, 박애'는 계몽주의 시대에 널리 유포되며, 프랑스 혁명기에 다른 표어들과 함께 등장한다. 1946년 그리고 1958년 헌법에 명시되어 지금까지 이어지고 있으며, 프랑스 공동의 이상과 정신적 자산을 형성한다. 1790년, 국민병의 조직에 관한 연설에서 로베스삐에르(**M. de Robespierre**)는 '프랑스 민족'과 '자유, 평등, 박애'를 유니폼과 깃발에 새기기를 제안하지만 채택되지 않는다. 1793년부터 다른 도시 주민들을 본떠서 파리 사람들도 집의 정면에 '분열될 수 없는 통일된 공화국 : 자유, 평등 아니면 죽음'과 같은 단어들을 썼다. 그런데 마지막 단어가 지나치게 공포감을 조성한다고 하여 지울 것을 권장하였다. 많은 혁명의 상징물들처럼 표어는 제정 하에 사용되지 않는다. 1848년 헌법이 만들어질 때 '자유, 평등, 박애'의 표어는 공화국의 '원칙'으로 정의된다. 제2제정에 의해 버려졌다가 제3공화국 시기에 다시 나타난다. 그런데 시대가 변화함에 따라 똑같은 표현이 공화국 지지자들에게서도 약간의 반감을 일으킨다. 사회적인 균일을 의미하는 평등보다는 단결이 선호되고, 박애의 종교적인 의미는 모든 사람들의 일치를 보지 못한다. 특히 **20세기 후반에 들어 '박애'는 '똘레랑스 tolérance(관용)'라는 어휘로 종종 대체**되어 쓰인다. '자유, 평등, 박애'는 동전이나 우표처럼 공적으로 널리 유포되는 물건들에서 찾아볼 수 있다.

수탉

Gallus

수탉은 고대부터 골족의 주화에 나타난다. **골족을 의미하는 라틴어 '갈뤼스 gallus'는 동시에 수탉을 의미하기도 한다.** 그래서 더욱이 수탉은 골족의 상징이 되었다. 중세 초기에 사라졌다가 14세기부터 독일에서 프랑스 왕들을 지칭하기 위하여 경멸적인 의미로 사용된다. 16세기부터 프랑스의 왕들은 조각이나 주화에 이 날짐승을 새겨 넣었다. 그리고 프랑스 대혁명 시기에 수탉은 프랑스의 상징물로서 아주 폭 넓게 사용되었다. 특히 프랑스 대혁명기 총재정부의 관인과 접시들에 많이 표현된 것을 볼 수 있다. 하지만 나폴레옹은 '수탉은 정력이 부족하다. 이러한 짐승이 프랑스와 같은 제국의 상징이 될 수는 없다.'라고 말하며 수탉을 프랑스의 상징으로 사용하기를 거부한다. 1830년부터 수탉은 새롭게 평가된다. 1830년 7월 30일자 명령으로 골족의 수탉은 의복의 단추 위에 새겨지고, 국민병(1789-1871)의 깃발 위에 자리 잡는다. 나폴레옹 3세로부터 또다시 멸시를 받은 수탉은 제3공화국 하에서 거의 공식적인 상징물이 된다. 19세기 말에 만들어진 엘리제궁 정원의 담 쇠창살은 수탉으로 장식되었고, 1899년 주조된 주화 역시 수탉을 담고 있다. 프랑스 공화국이 수탉보다는 마리안느를 주된 상징으로 사용한다면, 수탉은 여전히 제2공화국의 관인이기도 한 국새를 장식하고 있다. **현대에 들어 수탉은 프랑스 축구대표팀 등, 특히 스포츠 분야에서 프랑스를 상징**하는데 종종 사용된다.

지방분권형 국가

1958년 헌법 이래 프랑스는 제5공화국의 정치체제를 유지하고 있다. 몇 번의 헌법 개정을 통해 프랑스는 국민의 직접선거에 의해 대통령을 선출하고(1962년), 대통령의 임기를 7년에서 국회의원의 임기와 동일하게 5년으로 단축(2000년)하였으며, **'지방분권형 국가'**임을 명확히 하였다(2003년). 프랑수아 미테랑(**F. Mitterand**) 대통령이 1981년부터 1995년까지 14년 동안 두 번에 걸쳐 대통령을 역임했고, 자크 시락(**J. Chirac**) 대통령은 1995년부터 2002년까지 7년의 임기와 2002년부터 2007년까지 5년의 임기를 합쳐 12년 동안 대통령직을 맡았다. 2007년 5월 선거를 통해 니콜라 사르코지(**N. Sarkozy**)가 5년 임기의 대통령에 선출되었다. 프랑스 대통령은 수상의 임명권을 갖고 있고, 국회를 해산할 수 있는 권한을 갖는다. 국회의 다수석을 대통령과 다른 정파가 차지하는 경우 대통령은 다른 정파의 대표자를 수상으로 임명하며, 동거정부(**cohabitaion**)에 들어가게 된다. 미테랑 대통령은 두 차례에 걸쳐 동거정부를 겪어야 했고, 시락 대통령도 사회당 출신의 리오넬 죠스빵 수상과 동거정부를 경험했다. 프랑스 국회는 상원과 하원으로 나누어져 있으며, 직접선거에 의해 선출된 임기 5년의 하원이 간접선거에 의해 선출된 임기 6년의 상원보다 더 실질적인 권한을 갖는다. 하원의사당은 부르봉궁전에 있고, 상원의사당은 뤽상부르궁전에 있다. 헌법을 개정하는 경우, 국민들의 직접투표를 통해 이루어지기도 하지만, 상원과 하원이 베르사유궁전에 모여 결정하기도 한다. 프랑스의 정당은 크게 좌파와 우파로 나뉜다. 하지만 프랑스 정당구조의 특징은 극좌에서 극우까지 다양한 스펙트럼을 허용하고 있다. 트로츠키의 노선을 추구하는 극좌파와 공산당 연합 또는 노동자의 투쟁을 대표하는 당처럼 이데올로기를 추구하는 정당, 환경에 커다란 가치를 부여하는 정당들까지 좌파의 색깔이 다양하다면, 인종차별주의적인 발언을 서슴지 않는 극우파로부터 사냥의 권리를 주장하는 정당 등, 우파 역시 다양한 모습을 보이고 있다. 때로 사회적 위험을 초래할 수도 있지만, **시민들이 가진 다양한 정치적 색깔을 표현하도록 허락하는 프랑스의 정치제도는 프랑스 문화만큼이나 인간의 다양한 모습을 대변한다**고 할 수 있다.

프랑스는 농업 국가

프랑스는 국민총생산량으로 보아 세계에서 네 번째 가는 경제대국이고, 수출 국가이다. 농업 분야에서는 세계에서 두 번째 수출 국가이고, 유럽에서는 첫 번째 농업 생산 국가이면서, 수출 국가이다. 프랑스가 이렇게 세계적인 경제 대국임에도 불구하고 그러한 이미지를 갖지 않는 것은 패션이나 화장품과 같은 고부가가치 상품과 세계 제일의 관광 국가로서의 명성이 너무 높은 탓도 있고, 특히 일상적으로 세계인들에게 알려진 프랑스 제품이나 상표가 상대적으로 적기 때문일 것이다. 그리고 프랑스 대외 무역의 70%는 유럽연합의 국가들과 이루어진다. 독일은 프랑스의 첫 번째 무역 상대국이며, 미국과 영국, 이탈리아 등이 뒤를 잇는다. 고급 인력, 높은 연구 수준, 첨단의 기술, 안정된 화폐 등은 프랑스로 하여금 세계에서 두세 번째로 해외 투자 자본을 유치할 수 있게 만들었다. 프랑스 산업의 주된 경쟁 분야는 철도와 우주 · 항공 산업, 자동차 산업, 전화 및 통신 산업, 식량 및 농업, 제약 산업, 관광, 전통적인 고부가가치 산업 등이다. **주요 농산물로는 밀과 옥수수가 있고, 유럽연합에서 이탈리아 다음으로 많은 포도주를 수출한다.** 에너지 분야에서 프랑스는 충분하지 못한 자원에도 불구하고 원자력 에너지의 개발을 통해 50% 정도의 필요량을 자급하고 있다. 특히 원자력 에너지는 전기 생산량의 78%를 충당하며, 수출까지 가능하게 한다. 뚤루즈를 중심으로 한 우주 · 항공 산업은 미국과의 경쟁에서 결코 뒤지지 않으며, 가장 역동적인 산업 분야 중의 하나인 자동차 산업에서 **PSA**(뿌조 · 씨트로엥)과 르노(**Renault**) 자동차는 생산품의 50%를 수출하며, 프랑스를 세계에서 세 번째 자동차 수출국가로 만들었다. 프랑스는 세계에서 가장 빠른 기차 **TGV**를 소유하고 있으며, 프랑스와 영국 사이의 유로스타(**Eurostar**)를 시작으로, **TGV**를 중심으로 한 미래의 유럽 철도망을 꿈꾸고 있다. 매년 8000만 명에 가까운 관광객과 함께 **프랑스는 세계 제일의 관광 국가**이기도 하다.

프랑스어권 Francophonie

프랑스어는 중국어나 힌디어처럼 많은 사람들이 사용하지는 않지만, **영어 다음으로 5대륙에 널리 퍼져 있는 세계적인 언어**이다. 세계 50여 개 국가에서 1억 5천여만 명이 프랑스어를 프랑스나 퀘벡에서처럼 모국어로, 카메룬에서처럼 행정언어로, 마다가스카르나 코트디부아르에서처럼 교육언어 또는 모로코나 튀니지에서처럼 별도의 외국어로 사용하고 있다. 프랑스어는 북아프리카에서 문화적 정체성을 확인하게 하고, 사하라 이남에서는 교육의 바탕을 이루며, 발전과 현대성을 상징한다. 중앙 및 동유럽에서 프랑스어는 유럽연합과 연결되며, 유럽연합의 가장 중요한 도시인 브뤼셀과 룩셈부르크 그리고 스트라스부르는 프랑스어 상용지역이다. 프랑스어는 **국제연합, 유럽연합, 올림픽 단체 등에서 영어와 더불어 실질적으로 가장 많이 사용되는 언어**이기도 하다.

프랑스어권이라 말하면 프랑스어 및 프랑스어가 전달하는 문화의 장려 행위와 관련되는 국가, 도시 또는 공동체를 가리키며, 좀 더 좁은 의미로 프랑스어권이라면 56개 국가 및 정부로 형성된 단체(**OIF**)에 가입된 국가들을 가리키는 말이다. 프랑스어권이라는 용어는 지리학자인 오네짐 르끌뤼(**O. Reclus**)가 처음 사용하였으며, 그 안에는 언어적, 지리적, 정신적, 제도적인 의미가 모두 포함된다. 프랑스어는 특히 프랑스 식민지였던 아프리카 국가의 국민들에게 자신들의 특성을 표현할 수 있는 수단이 되었고, 세네갈의 레오폴드 생고르(**L.S. Senghor**)와 같은 작가를 낳게 했다. 아시아를 비롯한 아랍 문화권의 많은 영화감독들, 프랑스어권의 많은 작가 및 음악가들은 프랑스 문화를 살아있는 실체로 느낄 수 있게 만드는데 커다란 기여를 한다.

cours de culture française à l'université　　liberté égalité fraternité

프랑스어 회화 표현 :	**Tu es français?**　　- **Oui, je suis français. Et toi?** **Je suis coréenne.**

과제 또는 토론 :

❶ 우리나라에 들어와 있는 대표적인 프랑스 기업체와 브랜드에 대해 조사해봅시다.
❷ 프랑스 지도를 그리고 대표적인 산맥과 강들을 그려 넣으시오.
❸ 현대 프랑스 사회 속에서 '똘레랑스' 라는 표현이 갖는 의미를 알아봅시다.

참고자료 :

〈북미 대륙의 프랑스 백합 - 캐나다 퀘백〉, 걸어서 세계속으로,
KBS 1, 2006. 2. 18.
〈2002 월드컵, 그 열기의 현장을 가다! - 프랑스편〉, 위성 KBS 월드넷,
KBS 1, 2002. 5. 10.

cours de culture française à l'université

015.
프랑스 사람들의 일상

LA CULTURE, C'EST PARTAGER

cours de culture française à l'université

Le quotidien des français

미디어

1631년, **최초의 정기간행물 중의 하나인** 「라가제뜨 *La Gazette*」가 **탄생한 프랑스**는 미디어의 전통이 오래 된 국가이다. 그리고 1863년, 「르 쁘띠 주르날 *Le Petit journal*」의 탄생과 함께 대중을 상대로 한 신문이 일반인에게 선을 보인 곳도 프랑스이다. 프랑스에서 미디어는 특히 정치의 역사와 밀접하게 연결되었다. 프랑스 혁명기에 난무한 수백 개의 일간지가 그러하고, 1830년 7월 혁명 전야, 파리 신문들의 봉기에 대한 호소가 그러하다. 그러서인지 모르지만 프랑스에서 국가는 대중매체와 관련하여 독특한 위치를 갖고, 갖가지 규제와 텍스트를 통해 깊숙이 관여한다. 프랑스 미디어는 정치, 사회, 문화적인 측면에서 많은 깊이 있는 토론의 장이 되기도 한다. 18세기 계몽주의 철학자들에 의해 제기된 언론의 자유가 그렇다면, 제1차 세계대전 이후의 검열에 대한 문제가 또한 그러하다. 최근에는 기자들의 직업윤리와 언론의 사회적 책임 또한 문제로 제기되었다.

프랑스인들의 일상에서 대중 매체는 중요한 역할을 차지한다. 대부분의 프랑스인들이 매일 3시간 10여 분 정도 **TV**를 보고, 거의 같은 시간 정도 라디오를 듣는 반면에, 일간신문을 읽는데 보내는 시간은 30분 정도로 상대적으로 적다. 인터넷에 할애하는 시간은 매주 거의 7시간 정도로 점차 증가 추세에 있다. 거의 대부분의 프랑스인들이 **TV**를 보고 잡지를 읽는 것에 반해, 라디오는 80% 정도가 듣고, 일간지는 36%로 점차 감소 추세에 있다. 일간지 구독의 감소에 비해 긍정적인 요소는 프랑스인 한 명당 평균 7종의 잡지를 읽으므로 **세계에서 가장 많이 잡지를 읽는 국민**이라는 것이다. 프랑스 여성들은 8.2종의 잡지를, 18-20세 사이의 젊은이들은 8.3종의 잡지를 읽으므로 더 높은 잡지에 대한 관심도를 보인다.

TV

프랑스에는 7개의 대형 **TV** 채널이 있다. 공영방송으로 네 개의 채널, **France 2**, **France 3**, **France 5**와 프랑스와 독일의 문화 채널인 아르떼(**Arte**)가 있고, **TF1**, **M6**, **Canal +**와 같은 세 개의 민영 방송이 있다. **TF1**의 시청률이 가장 높고, **M6**는 음악의 비중이 높은 방송이며, **Canal +**는 유료 채널이다. 가장 시청률이 높은 프로는 뉴스이고, 스포츠, 토론, 게임 등도 높은 시청률을 보인다. **프랑스 TV에는 드라마가 적다**는 말이 있다. 단기간에 만들어져, 비용에 비해 완성도가 높지 않은 드라마 대신 프랑스 **TV**는 많은 영화를 방영하기 때문일 것이다. 그리고 절약되는 돈으로 영화제작에 많은 투자를 한다. 프랑스 영화 중에서 **TV**사의 도움으로 제작된 영화들이 적지 않은 것이 그러한 이유이다. **TV** 프로 중에서 가장 특징적인 것은 **정치 대담을 비롯한 많은 토론 프로**일 것이다. 특히 프랑스 정치인들은 토론과 자기 생각을 표현하는데 익숙하다. 감정과 선입견에 사로잡혀 토론에 진전이 없는 우리의 경우와는 사뭇 다르다. 특히 고위 정치인일수록 지식, 판단력, 표현력 등에서 탁월함을 보이기 때문에, **TV** 토론 프로는 많은 시청자들의 관심을 끈다. 그리고 정치인과의 생방송 토론은 **TV**, 신문, 라디오 등 언론사 자체의 사적인 견해나, 기자들의 편파적인 보도를 상대적으로 줄일 수 있어서 국민들이 올바른 정치적 견해를 갖는데 많은 도움을 준다.

프랑스 **TV**의 저녁 뉴스 시간은 보통 8시에 시작하여 8시 30분 정도에 끝난다. 이때쯤 아이들은 잠자리에 들기 시작하고, 어른들은 보통 한 편의 영화나 쇼프로를 보고 10시 20분쯤 잠자리에 든다. 한번은 프랑스 **TV**에서 〈야회복 *Tenue de soirée*〉이라는 영화를 방영하는 문제로 논란이 인적이 있다. 창녀와 남창이 등장하고, 동성애를 다루기 때문에 방영을 금지하거나, 10시 30분 이후에 방영하여야 한다는 것이다. 8시 30분에 방영을 시작하면 어린이와 청소년들이 볼 수 있기 때문에 교육상 좋지 않다는 것이었다. 그러자 그날 뉴스 시간에 문화부 장관인 자끄 랑(**Jack Lang**)이 인터뷰를 하였다. 장관의 대답은 워낙 인간의 섬세한 감정을 다루는 명작이기 때문에 많은 사람들이 봐야 하는데, 10시 30분에 시작하면 다음날 출근 때문에 볼 수 없다는 것이다. 그래서 8시 30분에 방영하되 이날만은 아이들의 양해를 구해 일찍 잠자리에 들게 하고, 많은 사람들이 시청을 했으면 한다는 것이다. 영화는 장관의 의견이 그래서가 아니라 방송사의 결정으로 8시 30분에 방영되었다. 몇몇 사람들에 의해 빼어난 작품들이 잘리고 방영이 금지되는 우리의 풍토와는 거리가 먼 이야기이다. 규율을 정하고 금하는 것보다 더욱 좋은 것은 가정, 직장, 사회에서 올바른 상식을 갖는 것일 것이다. 프랑스가 방송인들과 시청자들에게 얼마나 많은 **자율권을 주고, 그들의 생각과 판단을 존중**하는지 보여주는 일화라고 할 수 있다.

일간신문

프랑스 신문과 관련하여 가장 특이한 점은 **배달이 없다**는 것이다. 조간신문이든 석간신문이든 끼오스끄(kiosque)라 불리는 가두 판매점에서 사야 한다. 그러므로 출·퇴근 시간에 신문을 사보는 것이 가장 일반적이며, 빵을 사러 가는 길에 신문을 사러 들르는 것이 보통이다. 그리고 또 하나의 특이점은 **전국지에 비해 지방지가 결코 덜 읽히지 않는다**는 것이다. 가장 많이 읽히는 신문이 「웨스뜨 프랑스 *Ouest-France*」라는 지방지인 것을 보면, 그리고 전국지를 읽는 사람이 20%가 안 되는데 비해, 지방지를 읽는 사람이 40% 가까이 되는 것을 보면 프랑스 사람들이 중앙정치나 먼 곳의 이야기보다, 자신이 살고 있는 지역에 얼마나 많은 관심과 애착을 갖는지 알 수 있다. 대표적인 전국지로는, 발행부수 순으로 스포츠 전문지인 「레끼쁘 *L'Equipe*」, 「르 빠리지엥 *Le Parisien*」, 「르 피가로 *Le Figaro*」, 「르 몽드 *Le Monde*」, 「리베라씨옹 *Libération*」 등이 있고, 지방지로는 「웨스뜨 프랑스」 외에, 「라 봐 뒤 노르 *La Voix du Nord*」, 「르 프로그레 *Le Progrès*」, 「르 도핀 리베레 *Le Dauphine libéré*」 등이 있다.

프랑스 언론, 일간지의 특성 중의 하나는 **개인의 사생활을 다루지 않는다**는 점이다. 특히, 정치인을 비롯한 공적인 위치에 있는 사회적 인사들의 애정문제나 가정문제 등이 법에 접촉되지 않는 경우, 언론이 문제 삼지 않는다는 것이다. 오히려 미테랑 대통령의 과거의 애정문제를 들춰내 폭로했던 「파리 마취 *Paris-Match*」라는 잡지가 집단적으로 비난을 받았을 만큼 프랑스 언론은 사생활의 보호에 엄격함을 보여주고 있다.

관련 기자의 전문화나 깊이 있는 기사의 보도 또한 프랑스 일간지의 특징이라 할 수 있다. 외국 특파원의 경우 몇십 년을 지속하는 경우가 허다하며, 각 분야의 기사들은 대학교수 수준의 전문적인 소양과 경험을 갖추고 있다. 특히 「르 몽드」紙의 경우 일반인들이 읽기 힘들 정도의 깊이 있는 분석이 담긴 기사들을 싣는다. 「르 몽드」紙가 발행부수가 상대적으로 적음에도 불구하고 세계적인 신문으로서 명성을 유지하는 것은 바로 그러한 이유 때문이다. 프랑스 신문들은 정치적 성향을 공개적으로 드러내지만, 상대적으로 중립성을 유지한다. 그리고 기사들과 편집진이 갖는 독립성은 대중 매체로서의 객관적인 시각을 갖고 사회를 분석, 감시할 수 있게 한다.

잡지 magazine

거리의 가판대에 전시되어 있는 프랑스 잡지의 양과 다양한 종류를 보면 정말 놀라울 지경이다. 주간 또는 월간으로 발행되는 잡지들은 일간지처럼 시사적인 것을 다루는 잡지들(「파리 마취」, 「르 누벨 옵쎄르바떼흐 *Le Nouvel Observateur*」, 「렉스프레스 *L'Expresse*」)로부터, 사냥, 낚시 등의 갖가지 취미나, 자동차, 건강 등의 주제를 담고 있는 잡지들, 청소년 계층을 비롯한 특정한 나이를 겨냥한 잡지들 그리고 포르노 잡지 등 정말 다양하다. 프로마주와 포도주를 통해 프랑스인들의 음식문화의 다양성을 읽을 수 있다면, **잡지는 프랑스인들의 지적인 성향과 개인적 취향의 다양성을 읽을 수 있게 한다.** 가판대에서 버젓이 포르노 잡지를 판매하는 것이 놀랍기도 하지만, 외설적인 잡지들을 똑같이 전시해 놓지 않는 경우 고발당하기까지 하는 것을 보면, 프랑스인들의 검열에 대한 경계심, 다양한 문화에 대한 성향을 잘 읽을 수 있다.

결혼과 결혼식

프랑스인들에게도 가정을 이루는 가장 보편적인 방식은 결혼이다. 물론 1/30에 해당하는 성인들이 독신으로 살아가고 있고, 적지 않은 커플이 동거의 형태를 선호하는 것을 보면 결혼이 가졌던 예전의 위상에는 많은 변화가 있다. 특히, **프랑스는 유럽의 국가 중에서 가장 적게 결혼을 하는 국가 중에 하나이다.** 공식적으로 인정받기 위해서 결혼은 필요한 서류를 제출하고, 반드시 시청에서 치러져야 한다. 보통 시장이 주례를 보고, 친지들과 증인들이 함께 하며, 아주 간결하게 이루어진다. 결혼식이 끝나면 가난한 이들을 위한 모금이 이루어진다. 시청에서 공식적인 결혼을 마친 이들 중에서 절반 정도는 관례에 따라 성당에서 결혼 미사를 드린다. 들러리들이 서고, 성당을 나설 때 쌀을 뿌리며 다산을 축복하는 모습은 여전하다. 프랑스에서 결혼 연령은 점차 늦어지고 있다. 많은 커플이 우선 오랜 기간 동안의 동거를 거친 후에, 또는 아이가 생긴 후에 결혼을 하기 때문이다. **결혼 선물을 위해 신랑과 신부는 백화점에 선물 리스트를 작성**해 놓기도 한다. 하객들은 그 중에서 적당한 것을 골라 선물하고, 신혼부부를 위한 축의금을 내는 경우 이름을 쓰지 않고 내는 것이 보통이다.

동거

프랑스에서는 젊은이들이 결혼 전에 동거하는 모습을 어렵지 않게 볼 수 있다. 직장인이건 대학생이건 그것은 마찬가지이다. 특히 20대 후반까지는 결혼한 커플보다는 동거하는 커플이 더 많을 정도이다. 동거 커플은 제2차 세계대전 후부터 가족수당의 혜택을 받았다. 1970년대 말부터 급속도로 확산된 동거의 주된 원인은 두 가지일 것이다. 하나는 **결혼이라는 전통관습에 대한 반발**이다. 두 사람 사이의 사랑을 꼭 사회적 관습을 통해 확인한다는 것이 젊은이들의 자유로움을 추구하는 성향과 대립되는 듯하다. 결혼이 결코 당연하고 보편적인 것이 아니라, 변화될 수 있는 관습에 지나지 않는다는 사실이 널리 인식되기 때문이기도 하다. 또 다른 하나는 **경제적인 독립에 대한 욕구일 것이다.** 대부분의 프랑스 젊은이들은 일찍부터 부모로부터 독립하는데, 특히 경제적인 독립을 원한다. 사실 정신적인 독립은 경제적 독립 없이 가능하지 않을 것이다. 하지만 홀로 사회적, 경제적 독립을 이룬다는 것이 쉬운 일은 아니다. 그렇기에 프랑스 젊은이들은 다른 파트너와 함께 힘을 합해 독립을 이루어간다고 할 수 있다. 아파트 주거비용, 자동차 유류비, 휴가비용 등을 동등하게 나누며 함께 사는 것이다. '몸은 하나가 되어도 지갑은 서로 섞지 않는다.' 는 표현이 프랑스인들의 동거를 가장 단적으로 표현한다고 볼 수 있다. 동거 커플이 전체 커플 중에 15% 정도에 이르고, 50%에 가까운 아이들이 혼외 관계로부터 태어나는 것을 보면 동거커플은 결코 일시적인 현상이거나, 일정한 연령에 한정된 현상이라고 할 수 없다. 국가는 민법(515조 8항)에서 **'안정성'과 '지속성'이 있는 이성 또는 동성 사이의 동거를 사실혼으로 인정**하고 있으며, **동거부부는 직업, 의료, 주택 등과 관련하여 법적으로 결혼한 커플과 동등한 대우를 받고, 많은 사회보장제도의 혜택을 누리고 있다.**

시민연대계약
PACS, Pacte civile de solidarité

시민연대계약은 **이성이든 동성이든 관계없이 성인인 두 사람 사이에 공동의 삶을 위해 체결되는 계약으로**, 1999년 죠스뺑(**L. Jospin**) 정부에서 통과된 법령이다. 시민연대계약은 동성애자를 포함하여 결혼하지 않은 커플을 둘러싼 법률적 공백을 메우기 위해 만들어진 것이다. 얼마간의 자유가 보장되고, 동거와 결혼의 중간단계에 위치하며, 최소한의 법적인 안정성을 보장한다. 결혼과 달리 시민연대계약은 어느 한 편의 요구만으로 계약이 파기될 수 있다. 게다가 **동성애자들에게까지 열려있다**는 것이 결혼과의 큰 차이점 중의 하나이다. 법령이 발표되고 2004년까지 5년여 동안 20만이 넘는 커플이 시민연대계약을 체결하였으며, 2006년에는 결혼한 커플의 20%에 해당하는 숫자만큼의 커플이 시민연대계약을 체결하였다. 하지만 초기의 개념으로부터 실제 적용에 이르기까지는 많은 어려움이 있었다. 시민연대계약은 시청에서 2명의 증인이 참석한 가운데 신고하면 간단하게 이루어진다. 재산과 관련해서 결혼한 부부와 같은 체제를 따르는데, 재산세의 경우는 계약과 동시에 곧바로, 소득세는 계약 후 3년 후부터 공동과세대상이 된다. 주택 계약이나 육아 휴직 등의 사회보장제도의 혜택도 결혼한 부부와 마찬가지이다. 지금까지의 계약자들 중에서 계약을 해지한 경우는 12-3% 정도이다.

프랑스의 가정

프랑스에서 아침 출근시간에 많은 남성들이 아기들을 보육시설에 맡기거나, 어린이들을 학교에 데려가는 모습을 볼 수 있다. 아침 일찍 바게트를 사오거나, 아침식사를 준비하는 모습 또한 어렵지 않게 볼 수 있다. 남성들의 이러한 가사에 대한 참여가 많아진 것의 가장 큰 원인으로 여성의 사회활동 참여를 들 수 있을 것이다. **여성들의 사회적 참여가 현대 프랑스 가정을 특징짓는 가장 커다란 요소**라 할 수 있다. 유치원 등의 어린 나이부터 성적인 차별을 받지 않고 자라는 프랑스 여자들은 가정 및 사회의 업무와 의사결정 능력에서 남성과 동등한 대우를 받기를 원한다. 웬만한 일이 아니면 남성의 도움을 구하지 않고, 성적인 차이를 그렇게 대수롭게 여기지 않는다. 특히, 임신과 출산이 여성에게 직업적인 손해를 끼치지 않도록 법적으로 보장하고 있기 때문에 여성의 사회적 참여는 더욱 가능한 것이다. 예컨대, 지난 대선에서 사회당의 대통령 후보였으며, 예전에 사회당 정부의 환경부 장관이었던 세골랜 화이알(**Ségolène Royale**)은 임신 기간 동안 배가 부른 상태에서도 국회의 대정부 질의에서 아무 어려움 없이 응답하였고, 출산 후에 다시 장관 업무를 보았다. 하지만 아직도 여성이 남성의 두 배 가까운 가사 노동을 담당하고 있으며, 비중 있는 직책에 여성의 사회적, 정치적 참여가 상대적으로 뒤떨어지는 것을 보면 프랑스는 유럽에서 상대적으로 마초(**macho**) 국가에 속하는 것이 틀림없다. 프랑스 가정을 특징짓는 커다란 또 다른 요소는 **가정의 취약성**이다. 절반에 가까운 높은 이혼율, 홀로 자녀를 키우는 미혼모의 증가, 재혼 가정의 증가 등은 가정의 경제력을 약화시키고, 가정을 취약하게 만든다. 프랑스 가정의 경제력을 키우고, 가정의 역할을 확대시키려는 노력은 결손가정수당이나 노부모부양수당 등을 통해 국가적인 차원에서도 이루어지고 있다.

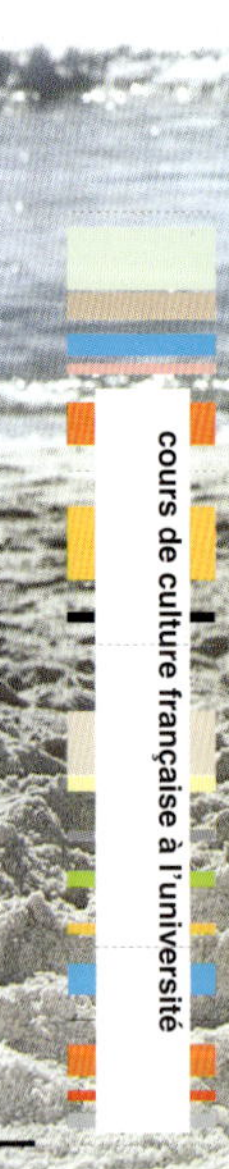

프랑스인의 바캉스

프랑스 지하철, 도서관의 풍경과 우리의 풍경 중에서 가장 크게 다른 점은 프랑스 지하철이나 도서관에는 졸거나 자는 사람이 없다는 것이다. 과음을 비롯한 식습관의 차이도 중요한 요인 중의 하나일 것이다. 하지만 무엇보다도 프랑스 사람들은 충분히 수면을 취하는 것 같다. 어린이의 경우 9시면 잠자리에 들고, 어른들도 11시를 넘기는 경우가 많지 않다. 특히 늦게까지 창밖으로 **TV** 불빛이 보이는 집들은 많지 않다. 대부분의 가게는 7시면 문을 닫아, 그 이후에는 물건을 구입하는 것이 쉽지 않다. 늦게까지 문을 여는 아랍 가게도 10시면 문을 닫는다. 주중에 규칙적으로 충분히 수면을 취할 뿐 아니라, 주말에 또한 충분한 수면과 휴식을 취한다. 주 5일 근무에 토요일과 일요일 오전은 '살찌는 아침(**Grasse matinée**)'이라는 표현처럼 늦게까지 잠을 잔다. 그래서 토요일이나 일요일 프랑스 가정에 전화를 거는 일은 실례가 된다. 여름 휴가철은 어떨까? 해변 파라솔 밑에 간이침대를 놓고 잡지책을 읽거나 낮잠을 즐기는 것, 프랑스인들 휴가의 단면이다. 이러니 늦게까지 **TV**를 보거나, 학원을 다니고 또는 늦게까지 술을 마시는 우리와 어떻게 비교가 되겠는가?

1년에 5주의 유급휴가를 갖는 프랑스인들은 여타의 공휴일과 더불어 충분한 바캉스를 보낸다. 가장 중요한 휴가는 무엇보다도 여름 바캉스일 것이다. 2주 또는 3주, 지중해나 대서양 해안 또는 스페인이나 영국을 포함한 유럽 국가들이 프랑스인들이 선호하는 휴양지이다. 매년 7-8월 3천만이 넘는 사람들이 휴가를 떠난다고 하니 여름휴가가 프랑스인들의 삶 속에서 차지하는 비중을 짐작할 수 있다. 실제로 여름휴가 동안에 파리와 근교는 외국인들이 대신 채워주고, 많은 스포츠 시설 등은 한산하기 이를 데 없다. 크리스마스를 전후한 1-2주 역시 프랑스 사람들에게 중요한 바캉스 기간이다. 우리나라의 설이나 추석처럼 프랑스인들은 크리스마스에 가족을 찾는다. 멀리 떠나 있던 자녀들이 부모를 찾아와 성탄의 기쁨을 함께 나눈다. 그리고 크리스마스 휴가는 2월의 스키 바캉스와 더불어 겨울 스포츠를 위한 계절이기도 하다. 10%가 넘는 프랑스인들이 알프스 산맥 또는 쥐라 산맥 등의 스키장을 찾아 겨울 스포츠를 즐기며 휴가를 보낸다. 수영과 수상 스포츠, 길고 짧은 산책, 자전거 등이 주된 활동이라면, 고성이나 성당 등을 포함한 문화재 탐방 또한 중요한 몫을 차지한다. 디즈니랜드나 아스떼릭스 또는 퓌뛰로스꼬쁘와 같은 테마 공원의 방문, 센터 파크와 같은 휴식공원에서의 체류 등도 새로운 바캉스 양식으로 자리 잡았다. 하지만 **여전히 40%의 프랑스인들이 휴가를 떠나지 못하는 것을 보면 사회 계층 간의 괴리가 점차 심해지고 있다는 것을 알 수 있다.**

프랑스인의 종교

1905년 이래 프랑스는 정교가 분리된 국가이다. 헌법 제1조에서도 '정교가 분리된(**laïque**)' 국가이며, 모든 종교를 존중한다는 것을 명시하고 있다. 하지만 프랑스가 오래된 가톨릭 전통과 문화를 가지고 있는 국가임은 부인할 수 없다. 노틀담성당을 포함해서 전국 각 도시와 마을에 헤아릴 수 없이 많이 있는 성당과 수도원 등은 프랑스가 유럽에서 가장 중요했던 가톨릭 국가 중의 하나였음을 보여준다. 실제로 496년 끌로비스(**Clovis**)의 세례와 함께 프랑스는 공식적으로 첫 번째 가톨릭 국가가 되었으며, **사람들은 오랫동안 프랑스를 '(로마) 교회의 장녀'라고 불렀다.** 프랑스가 갖는 이러한 문화적 전통은 건축뿐만 아니라, 미술과 음악 그리고 문학 등 다양한 예술 장르에서 나타난다.

오늘날 프랑스인들의 주된 종교는 가톨릭, 이슬람, 유대교, 개신교 등이다. 전체 인구의 2/3에 해당하는 프랑스인이 가톨릭이라 자처한다면, 결혼하는 사람들의 절반이 성당에서 결혼식을 올리고, 그 정도의 프랑스인이 자녀에게 세례를 받게 한다. 그리고 **실제로는 프랑스인의 10% 정도만이 규칙적으로 미사에 참석한다.** 이슬람교는 프랑스에서 두 번째로 많은 신도를 거느린 종교이다. 4백만 정도의 이슬람교도 중 많은 사람들이 북아프리카 출신이다. 대부분이 비종교적인 사회 체제에 잘 적응하고 있으나, 일부 가정은 여성의 복식이나 교육 등의 문제로 프랑스 사회와 갈등을 빚기도 한다. 프랑스에서 개신교는 백만이 넘지 않는다. 종교전쟁이 두 종교 간의 갈등을 심화시켰다면, 17세기 말, 낭뜨 칙령이 폐지되면서 수십만의 개신교도들이 프랑스를 떠났다. 프랑스는 서유럽에서 가장 많은 유대교도들(60여만 명)이 거주하는 국가이다. 특히 그들이 갖는 미디어를 비롯한 사회적, 정치적인 영향력은 결코 적지 않다.

프랑스어 회화 표현 :

Tu prends le métro?　　　- Non, je prends le taxi.

과제 또는 토론 :

❶ 결혼과 동거에 대해 토론해봅시다.
❷ 대중매체, 또는 예술 표현에 대한 사회적 검열에 대해 이야기해보시오.
❸ 파리 시장 베르트랑 들라노에(Bertrand Delanoë)는 자신이 동생애자임을 밝히고도 파리 시장에 당선되었습니다. 각자의 의견을 말해보시오.

참고자료 :

<마음을 멈추고 천천히 걸어라 - 프랑스 불교마음>, KBS 1, 수요기획, 2002. 08. 21.
<세계는 지금 - 프랑스 보혁갈등 동성애>, KBS 1TV, 1998. 12. 15.
<세계의 여성 : 프랑스 - 이자벨 라깡 그리고 사랑 이야기>
<동전을 잊지 마세요 - 프랑스 결혼식>, EBS, 지구촌에티켓
www.france2.fr
www.lefigaro.fr
www.lemonde.fr
www.liberation.fr
www.tfi.fr

liberté égalité fraternité

cours de culture française à l'université

liberté égalité fraternité

cours de culture française à l'université

cours de culture française à l'université
cours de culture française à l'université

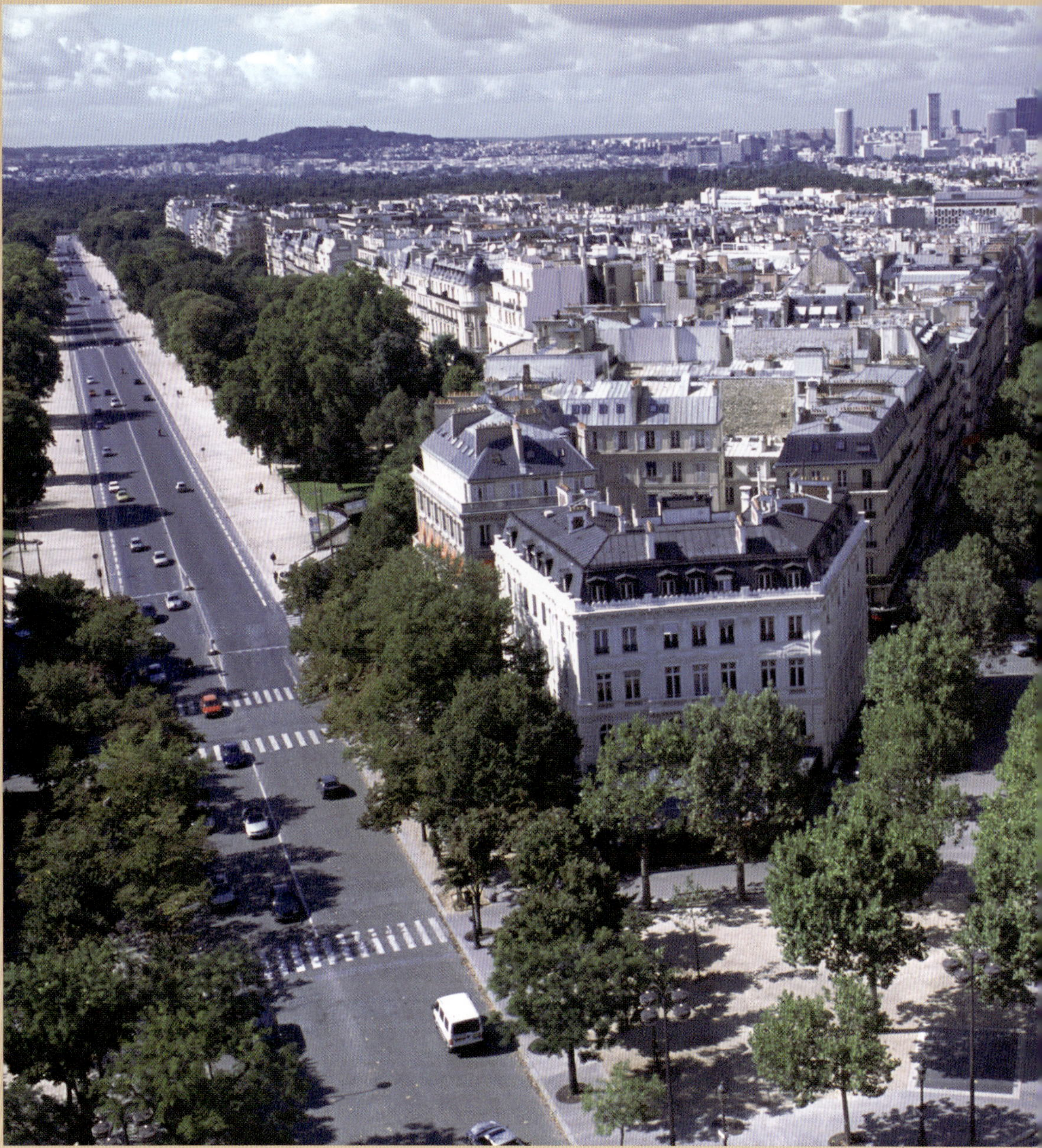

LA CULTURE,
C'EST PARTAGER

cours de culture française à l'université

la france est décentralisée

프랑스는 지방분권형 국가

중앙집권형에서 지방분권형으로

프랑스는 2003년 헌법 제1조 제1항을 바꿨다. 프랑스는 '중앙집권형 국가이다.'에서 프랑스는 '지방분권형 국가이다.'로 바꾼 것이다. 나폴레옹이 헌법을 제정한 이래 지속되어 온 프랑스의 중앙집권형 정치체제가 지방분권형으로 바뀐 것이다. 중앙집권형과 지방분권형, 얼른 실감이 나지 않는 정치체제를 말하는 용어들이다. 프랑스가 역사적으로 중앙집권형 국가라는 것이 명확하게 드러나는 것은 문화정책을 통해서이다. 프랑스에 중앙집권형 국가체제를 처음으로 도입한 프랑수아 1세는 지금 프랑스국립도서관의 전신인 왕립도서관을 만들고, 출판되는 도서들을 장려하기 위해 재정적인 지원을 했으며, 일부를 기증받아 도서관에 보관했다. 언뜻 보아 문화장려정책인 듯 보이는 이러한 정책은 지방을 비롯한, 모든 지식인과 언론을 국가가 통제하려는 의도에서 나온 것이다. 또 다른 예로, 지방에서 활동하는 예술가들이 지방에서 영향력을 행사하는 정치인들과 교류하는 독일과 다르게, 프랑스의 예술인들은 주말에 파리로 올라와 파리의 정치인들을 만나며 로비를 했다고 한다. 독일에서는 상상도 못하는 일이 프랑스에서는 가능한 것이다. 파리를 중심으로 한 국가 권력이 지방문화의 행정까지도 좌지우지하기 때문에 지방에서 활동하는 예술가들마저 파리 정치권의 눈치를 보는 것이다.

권력의 중앙집권화를 억제하고, 지방이 자치적인 권력을 행사하고, 독자적인 경제 및 문화의 발전을 꾀하는 것, 이것이 바로 지방자치화의 핵심이라고 할 수 있다.

지방자치단체

지방자치, 유럽공동체 등에도 불구하고 프랑스인들에게 국가는 여전히 중요하다. 교육과 건강, 퇴직 등의 기본적인 필요를 충족시켜주고, 실업과 빈곤 등의 사회적 소외로부터 시민을 보호하는 것이 국가이기 때문이다. 하지만 지방자치화와 더불어 국가의 역할도 변화하고 있다. 프랑스의 각 지방은 학교, 문화기관, 병원, 보육시설, 사회복지 등을 책임질 뿐만 아니라, 경제와 고용 또한 담당한다. 지방자치단체 중의 하나인 **100개의 道(데빠르뜨망 département)**가 프랑스대혁명 이후 국가의 효율적인 통제를 위해 만들어졌다면(1790년), 몇 개의 도를 합친 규모의 **26개의 레지옹(région)**은 1972년 법에 의해 만들어진다. **가장 작은 단위의 지방자치단체인 市(꼬뮌 commune)**는 때로는 파리처럼 대도시일 수도 있지만, 대부분의 경우는 인구가 500명 넘지 않는 마을들(20,000만여 개)이며 **37,000여 개**에 달한다. 역사적으로 중앙집권형 체제를 옹호했던 우파와 다르게, 지방분권형을 지지했으며 지방자치를 주장했던 좌파가 1981년 집권하자, 프랑스의 지방자치는 1982년 입법화 과정을 거쳐 실질적으로 시작된다.

레지옹   Région

특히 레지옹은 가장 광범위한 지방자치단체로서 정치적이며, 예산과 관련된 실질적인 권력을 갖는다. 도로건설과 고등학교 교육, 문화와 스포츠 관련 시설 등을 관리하며, 레지옹은 농업, 산업, 상업, 관광 등 특히 경제에 관련된 정책들을 추진한다. 다른 레지옹과의 관계와 국제적 관계 또한 레지옹 자체의 권한에 속한다. 레지옹 의회를 구성하는 의원들은 6년마다 직접선거에 의해 선출된다. 가장 대표적인 레지옹으로는 파리를 둘러싸고 있는 일 드 프랑스(**L'île-de-France**)를 들 수 있다. 파리(파리는 역사적 특성 때문에 하나의 꼬뮌이면서, 하나의 도이기도 하다.)와 오 드 쎈느(**Hauts-de-Seine**)를 포함한 8개의 도로 이루어졌고, 우리나라 수도권처럼 프랑스 인구의 20% 정도에 해당하는 1,100만이 이곳에 거주하고 있다. 일 드 프랑스는 '작은 프랑스' 란 뜻으로, 프랑스의 영토가 지금의 영역으로 확대되기 전, 10세기 까페(**Capet**)왕조에 의해 형성된 곳으로서 프랑스 왕의 권력이 직접적으로 미쳤던 지역을 말한다. 파리를 둘러싼 세 개의 도, 오 드 쎈, 쎈 생드니(**Seine-Saint-Denis**), 발 드 마른(**Val-de-Marne**)道가 작은 관을 형성하고, 그 밖을 둘러싼 네 개의 도, 발 두와즈(**Val-d' Oise**), 에손(**Essonne**), 이블린(**Yvelinnes**), 센 에 마른(**Seine-et-Marne**)道가 큰 관을 형성한다. **일 드 프랑스에 거주하는 사람들을 특별히 프랑실리엥(Franciliens)이라고 부르며**, 일 드 프랑스는 파리를 포함하고 있어서, 프랑스에서 정치, 경제 및 행정의 중심으로서의 역할을 하고 있다. 퐁뗀느블로(**Fontainebleau**), 랑부이에(**Rambouillet**)와 같은 커다란 숲이 있고, 퐁뗀느블로 근처에는 밀레(**J. F. Millet**), 꼬로(**C. Corot**), 때오도르 루소(**T. Rousseau**) 등이 활동했던 **바르비종(Barbizon)**이 있다. **풍경을 위주로 사실적 묘사를 주로 한 이들을 바르비종 유파**라 흔히 부른다. 디즈니랜드와 아스떼릭스 공원 등이 자리 잡고 있으며, 베르사이유(**Versailles**)와 보 르 비꽁뜨(**Vaux-le-Vicomte**)와 같은 성과 마돈나의 공연으로 유명한 쏘(**Sceaux**) 공원이 있는 곳도 일 드 프랑스이다. 레지옹의 발달과 더불어 나타나는 가장 커다란 특성 중의 하나가 레지옹과 레지옹의 중심도시들이 전문화되어 간다는 것이다. 미디 피레네(**Midi-Pyrénées**) 레지옹의 중심도시인 뚤루즈는 항공 및 우주에 관련된 산업의 전문도시로 발달하였고, 알자스 레지옹의 중심도시 스트라스부르는 유전자 공학 분야와 파리 못지않은 문화도시로 거듭났다.

데빠르뜨망   Département (道)

데빠르뜨망, 즉 도 역시 지방분권화와 함께 전혀 새로운 행정 및 자치단체 체제로 변화하였다. 도는 두 가지 기능으로 나뉜다. 하나는 100개로 나뉜 행정구역의 하나로 **국가의 권한을 대행하는 전통적인 기관이며, 정부가 임명한 도지사(프레페 préfet)가 대표**한다. 다른 하나는 직접선거에 의해 선출된 도의회 의원들에 의해 구성된 도의회이다. 의원의 임기는 6년이고, 3년마다 절반씩 선출한다. 도의회는 도의회 의장이 대표한다. 우리나라와 다른 것은 **도 단위의 실질적인 경제적, 정치적 권력을 갖는 것은 도의회**이다. 사회보장제도에 관련된 일들을 맡고 있고, 도 단위의 도로, 중학교 교육, 도가 운영하는 문화기관과 도서관 등의 운영을 맡는다. 도의회가 도민들의 일상적이고 실질적인 일들에 관한 일을 계획하고 실행한다면, 도청과 도지사는 예컨대 운전면허의 발급이나 체류증(**carte de séjour**)의 발급과 같이 국가를 대행하는 기존의 업무들을 수행한다. 그리고 **국가를 대신하여 지방자치단체인 도의회를 감시하는 역할**을 한다. 다시 말하면, 지방자치단체가 자신만을 위하여 국가 전체의 이익을 훼손하지는 않는지, 특히 환경을 훼손하는 일은 없는지 감시한다. 그리고 모든 일들이 합법적인 범위 내에서 이루어지는지, 때로는 재정적인 지원과 삭감을 통해, 때로는 법이라는 수단을 통해 지원하고 감시한다.

미래전시관,
퓌뛰로스꼬쁘

Futuroscope

도의회에 의해 추진된 사업 중에 대표적인 것으로 파리와 보르도의 중간에 있는 뿌아띠에(**Poitiers**)市 근처의 미래전시관을 들 수 있다. 비엔(**Vienne**)道 의회의 의장이었던 르네 모노리(**R. Monory**)의 주도에 의해 1987년에 만들어진 퓌뛰로스꼬쁘는 멀티미디어, 첨단의 시청각 및 로봇 전시장이라고 할 수 있다. **점차 경쟁력이 떨어져가는 농촌들로 구성된 道에 꿈과 경쟁력을 부여하기 위하여 첨단의 기술들을 보고, 즐길 수 있는 전시 공간을 만든 것이다.** 특히, 2000년에 개통된 **TGV**는 무엇보다도 이곳을 찾는 광관객의 숫자를 급증시켰다. 물론 **TGV**의 개통은 지방 도시의 발전에 역기능으로 작용할 수도 있다. 편리한 교통 때문에 이곳에 직장을 둔 사람들이 파리에 거주하면서 지방으로 출퇴근할 수 있기 때문이다. 하지만 **지방도시가 제공할 수 있는 탁월한 주거조건과 잘 준비된 교육시설 등으로 대도시 거주민들로 하여금 지방 도시로의 이전을 유도할 수도 있다.** 뿌아띠에市는 뿌아띠에 대학의 공과대학을 이곳으로 이전하고, 탁월한 시설의 교육기관들을 설립함으로써 첨단의 교육 분위기를 조성하였다. 그리고 국가와 지방자치단체는 국영기업체를 비롯한 수많은 기업체들이 이전·정착할 수 있도록 지원을 아끼지 않았고, 많은 혜택을 제공하였다. 교통의 편리함과 비용 절감, 그리고 자녀들을 위한 훌륭한 교육시설 등이 미래전시관의 특성과 어울리는 기업들로 하여금 이곳으로 이주하여, 자리 잡게 하였다. **TGV의 개발과 미래전시관을 둘러싼 새로운 기술도시의 조성은 분명 지방의 발전에 새로운 모형을 제시한다.**

꼬뮌   Commune (市)

가장 작은 지방자치단체인 꼬뮌은 무엇보다도 초등교육을 담당한다. 보육시설, 유치원, 초등학교 교육을 근거리에서 실질적으로 책임지는 것이다. 또한 건축과 관련된 업무를 담당하고, 상수와 도로 및 교통과 관련된 일들을 맡고, 국가를 대신하여 호적(출생, 사망, 결혼, 이혼)과 관련된 업무를 대행한다. 6년 임기의 시의원들이 구성하는 시의회가 꼬뮌의 정책 및 행정을 이끌고, 시의원들이 시장을 선출한다. 꼬뮌 역시 1789년 프랑스 대혁명과 함께 만들어졌다. 파리, 마르세유, 리옹과 같은 거대한 도시들은 다시 구청으로 나뉘며, 각 구가 하나의 꼬뮌과 같은 역할을 한다. 그리고 인구 60-80명 정도의 작은 꼬뮌들도 존재한다. 지방자치제도에서 기억해야 할 중요한 요소는 **각 지방자치단체들이 별도의 독립성과 자율성을 갖는다는 것이다.** 지리적으로 도가 레지옹에, 꼬뮌은 레지옹과 도에 속해있지만, 정책을 결정하고 시행하는데 있어서 완전히 독립되어 있다. 그리고 프랑스의 경우 국회의원과 장관의 겸직을 제외한 겸직이 가능하다. 그러므로 시민들은 대통령, 국회의원, 유럽의회의원, 레지옹, 데빠르뜨망, 꼬뮌 등에 해당되는 빈번한 선거를 통해 수시로 정치인들을 평가 및 견책할 수 있다.

유럽의 중심, 스트라스부르   Strasbourg

20세기에 들어와 변화하는 유럽과 프랑스의 지방분권화 흐름의 와중에서 가장 많은 혜택을 입고, 변화를 보이는 도시 중의 하나가 알자스 지방의 중심도시인 스트라스부르일 것이다. 라인강 좌안, 프랑스와 독일의 접경지역에 자리 잡고 있기 때문에 양국 영토분쟁의 대상이 되기도 했지만, 지금은 독일과 프랑스 양쪽 문화의 풍요로움을 바탕으로 가장 독특한 도시 색깔을 유지하면서도, 유럽을 대표하는 도시로 성장하고 있다. 르 아브르(**Le Havre**)와 함께 중심가가 유네스코에 의해 세계문화제로 지정된 드문 도시 중에 하나이고, 뉴욕, 제네바, 몬트리올처럼 한 국가의 수도도 아니면서 국제기구의 본부건물이 자리 잡은 도시이다. 무엇보다도 **스트라스부르에는 유럽국회의사당 건물이 자리하고 있다.** 지리적으로 유럽의 중심에 위치하는 이점과 유럽공동체를 이끄는 가장 커다란 두 국가의 국경에 접해 있다는 것이, 독일과 프랑스의 지속적인 유대관계와 유럽의 화해와 통합을 위해 상징적 의미를 갖는다. **독일과 프랑스가 합작하여 만든 문화 채널 아르떼(ARTE)의 본사가 자리 잡고 있으며,** 1992년 결정된 프랑스국립행정학교의 이전은 2006년에 완료되었다. 프랑스의 정치, 행정, 경제를 이끄는 엘리트들이 유럽의 중심부인 스트라스부르에 자리한다는 것은 그것으로도 의미가 있다. 국가의 주요기관이 지방으로 이전함으로써 지방분권화가 실질적으로 이루어질 수 있다고 판단한 사회당 정부의 에디뜨 크레송(**Edith Cresson**) 수상의 결정이 구체화된 것이다.

우파를 비롯한 기득권 계층의 엄청난 반대에도 불구하고 이루어진 프랑스국립행정학교의 지방이전은 지방분권형 국가로의 헌법 개정에 이를 수 있었던 신호탄이었던 셈이다. 1994년 처음으로 개통된 전철 이후, 모두 4개의 전철이 개통됨으로써 친환경적인 도시의 면모를 잘 보여주고 있다. 알자스 특유의 건축 양식과, 고색창연한 스트라스부르성당, 그리고 최첨단의 디자인으로 만들어진 전철, 예전의 우유공장을 매입해 만든 문화센터 등 **스트라스부르는 파리와 더불어 시의 예산 중에서 20%에 달하는 문화예산을 집행하는 문화도시이다.** 문화도시인 스트라스부르에서는 연중 5-6,000개의 문화행사가 열린다. 대부분의 예술행위가 실내에서 이루어지는 프랑스 다른 지역과 다르게 스트라스부르는 독일의 영향을 받아, 많은 옥외 문화행사가 열리기도 한다. 미래 유럽의 수도를 목표로 하는 스트라스부르는 세계화와 더불어 도시 고유의 특성을 잃지 않고 문화도시로 발달하는 대표적인 도시라 할 수 있다.

포세아인의 도시 마르세유　　　　Marseille

지중해의 태양과 거친 남부 도시의 억양, 그리고 바다, 마르세유를 특징짓는 것은 무엇보다도 지리적 특징이다. 마르세유는 프랑스의 남쪽에 위치하며, **지중해를 향해 열린 프랑스 최고의 항구 도시**이고, 파리 다음으로 프랑스 제2의 도시이다. 마르세유의 구항은 마르셀 빠뇰(**Marcel Pagnol**)의 유명한 3부작, 〈마리우스 *Marius*〉, 〈파니 *Fanny*〉, 〈세자르 *Cézar*〉의 무대가 되었으며, 선술집 마린느(**Marine**)에서 들리는 레뮈(**Raimu**)의 남부 프랑스 특유의 악상은 영원히 프랑스인들의 머릿속에 각인되어 남아 있다. 마르세유를 우리는 현대 소설가의 묘사 속에서도 만난다. 베르나르 베르베르의 소설 「뇌 *L'Ultime secret*」는 마르세유와 「몬테크리스토 백작 *Le Comte Monte-Cristo*」의 배경이기도 했던 이프(**If**) 섬의 묘사로 시작한다. 기원전 7세기, 마살리아(**Massalia**)라고 불리던 소아시아의 도시 포세아(**Phocée**)에서 온 그리스 선원들에 의해 개척되었다고 해서 지금도 **포세아인의 도시(Cité phocéenne)**라고 불리고, 마르세유 역시 마살리아에서 온 듯하다. 프로방스 알프 꼬뜨 다쥐르(**Provence-Alpes-Cote d'Azur**) 레지옹의 중심도시이고, 부쉬 뒤 론(**Bouches-du-Rhone**)道의 도청소재지이기도 하다. 면적으로는 프랑스 최대의 도시이며, 파리나 리옹처럼 16개의 구청으로 나뉘었다. 마르세유를 상징하는 음식이 있는데, 부이아베스(**Bouillabaisse**)라 불리는 해물잡탕 요리가 그것이다. 로마 신화 속에서 비너스가 군신과의 만남을 위해 불카노스에게 먹여 잠들게 했다는 요리가 바로 부이아베스이다. 어부들이 좋은 생선들은 다 팔고 그물에 남은 잡어들을 가지고 만들었다는 요리로, 우리의 생선찌개와 유사한 요리이다. 먹는 방법은 먼저 수프를 먹고 다음으로 생선을 먹는다.

노르망디   Normandie

우리가 흔히 말하는 노르망디 지방은 오뜨 노르망디(**Haute-Normandie**)와 바스 노르망디(**Basse-Normandie**)의 두 레지옹으로 구성된다. 물론 각 레지옹은 다시 두세 개의 데빠르뜨망으로 형성된다. 북대서양과 접해있는 노르망디 지방은 우리가 아는 것처럼 **제2차 세계대전 당시 노르망디 상륙작전으로 유명**하다. 페깡(**Fécamp**)에서부터 디에쁘(**Dieppe**)에 이르는 바닷가 해안을 통해 영국으로부터 연합군이 프랑스를 회복하기 위해 상륙작전을 감행한 곳이다. 오뜨 노르망디의 주요도시인 **루앙(Rouen)은 100년 전쟁 당시 영국군에게 넘겨진 잔 다끄가 화형당한 곳으로 유명**하다. 로렌지방의 동레미(**Donrémy**)에서 태어난 잔 다끄는 신의 계시를 받고 쉬농(**Chinon**)으로 미래의 샤를르 7세를 찾아가, 그를 도와 오를레앙(**Orléans**)을 영국군으로부터 회복하고, 랭스(**Reims**)에서 샤를르 7세의 대관식을 갖게 한다. 그 후, 부르고뉴인들에 의해 영국인들에게 팔린 잔 다끄는 루앙에서 화형을 당한다. 그리고 이곳에는 마네가 연작으로 그린 고딕양식의 루앙성당이 자리 잡고 있다. **지베르니(Giverny)는 인상파 화가 모네(Monet)의 집이 있어 유명한 곳으로서**, 모네는 1883년부터 1926년까지 이곳에 머물며, 일본식 연못을 만들고 그림을 그렸다. 유명한 〈수련 *Nymphéas*〉들이 그려진 곳이기도 하다. 또한, 바닷가에 아름다운 항구도시들이 많이 있는데 그 중에서 특히 많은 화가들이 그려서 유명한 에트르따(**Étretat**)라는 곳의 풍경이 뛰어나며, 옹프뢰르(**Honfleur**) 또한 많은 화가들이 그림으로 그린 항구도시이다. 이곳은 **옹플뢰르에서 아메리카 대륙으로 이주하는 프랑스인들이 처음 배를 출발한 곳**이기도 하다. 바스 노르망디의 북쪽 끝에 있는 셰르부르(**Cherbourg**)는 영화 〈셰르부르의 우산 *Le Parapluie de Cherbourg*〉의 배경이 되어 유명한 도시이다.

몽 생 미셸   Mont Saint-Michel

바위산인지 바위섬인지 모를 바다 위에 그려진 아름다운 실루엣, 작은 만, 찬란한 수도원... 8세기 초, 아브랑쉬(**Avranches**)의 주교 오베르(**Saint Aubert**)가 대천사장 성 미카엘로부터 성소를 세울 것을 계시 받고 처음으로 예배당과 교회를 세운다. 이곳은 곧바로 중세의 유명한 성지 순례지 중의 하나가 된다. 그리고 10세기에 리처드 1세가 베네딕트 수도원을 세울 것을 결정하고, 13세기 필립 오귀스뜨가 불타버린 수도원을 재건하였다. 점차적으로 몽 생 미셸에 작은 마을이 형성되고, 수도사들은 성당과 부속건물들을 덧붙인다. 루이 11세가 감옥을 세운 이후, 앙시앵 레짐과 혁명기에 몽 셍 미셸은 감옥으로 사용된다. 1979년에 유네스코는 이곳을 세계문화제로 지정하였다. 브르따뉴 지방과 노르방디 지방은 매년 300만 정도의 관광객이 찾는 몽 생 미셸을 서로 자기 지방으로 귀속시키기 위해 다툴 정도였다.

몽 생 미셸은 프랑스에서 루브르와 에펠탑과 더불어 가장 많은 사람들이 찾는 관광명소 중의 하나이다. 오랜 시간을 두고 지어지고 변형되었기 때문에, 몽 생 미셸은 카롤링거, 로마네스크, 고딕 양식이 뒤섞여 있다. 지금은 몽 생 미셸 대공사가 진행 중이어서, 2010년까지 계속해서 쌓여온 진흙과 모래를 파내어 완전히 섬으로 만들려 한다. **수도원이 갖는 고립된 이미지를 다시 부여해서 본래의 모습을 갖게 하려는 것**이다. 몽 생 미셸은 '보석'이라 불리던 13세기에 세워진 수도원을 비롯하여, 로마네스크 양식의 성당, 숙소 14-5세기에 만들어진 행정건물, 가장 먼저 만들어진 성당인 지하 노틀담성당, 11세기의 수도원성당, 회랑 등으로 구성되어 있다. 그 중 섬세하고 아름다운 아르카드로 만들어진 회랑과 13세기 고딕양식의 수도원이 특히 빼어나다. 매년 8월이면 바위섬 전체를 배경으로 빛과 소리의 축제가 열린다. 바다의 아름다운 정경을 바라보는 것도 몽 생 미셸이 주는 기쁨 중의 하나이고, 수도원 안팎을 산책하거나 골목길을 거니는 것도 커다란 즐거움이다.

발 드 루아르   Val-de-Loire

프랑스 중부 산악지대의 동쪽 아르데쉬(**Ardèche**)로부터 시작하여 오를레앙과 낭뜨를 지나 대서양으로 흘러 들어가는 1,000km에 달하는 프랑스에서 가장 긴 강이 루아르(**la Loire**)강이다. 다뉴브강이나 라인강 또는 론(**la Rhône**)강과 다르게 루아르강은 자연 그대로의 원시적인 모습을 지닌 강이다.

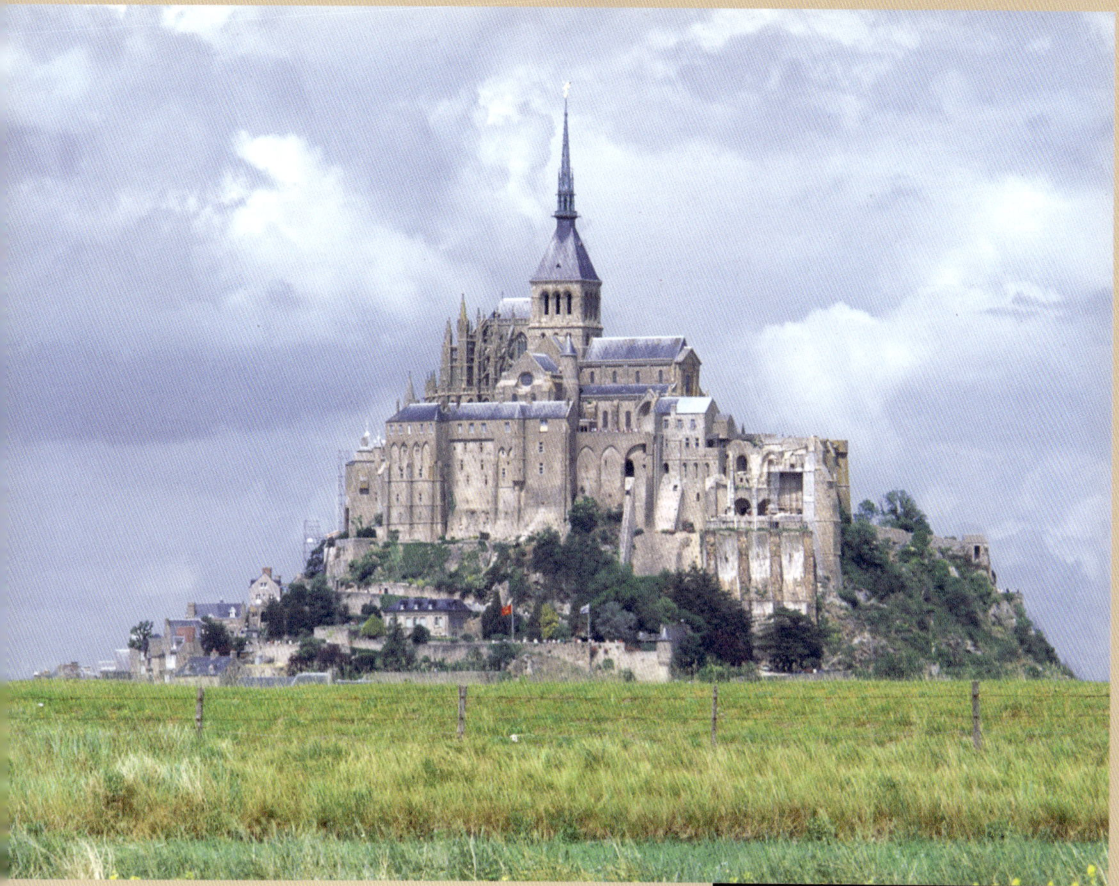

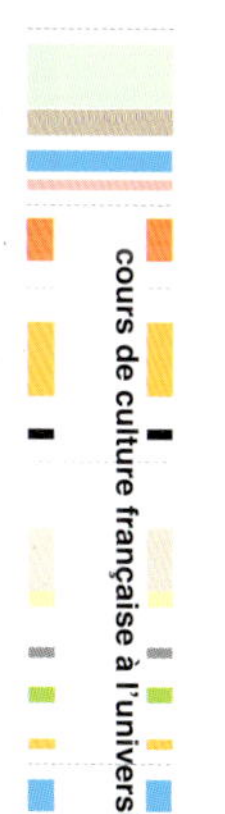

Mont Saint-Michel

발자끄(**H. de Balzac**)의 소설들, 특히 「골짜기의 백합 *Le Lys dans la vallée*」의 배경을 이루기도 하며, 다양한 목적으로 수많은 성들이 세워진 곳이다. 파리가 함락되었을 때를 대비해 **제2의 방어 요충지로 전투용 성들**이 세워진 곳이고, **왕가가 머물던 왕궁인 성들**이 있는 곳이며, **왕과 왕비, 왕의 애첩들 그리고 귀족들을 위한 별장으로 성들**이 세워진 곳이다. 쉴리 쉬르 루아르(**Sully-sur-Loire**)로부터 오르레앙을 지나, 앙제(**Angers**) 그리고 샬론 쉬르 루아르(**Chalonnes-sur-Loire**)에 이르는 지역은 유네스코에 의해 세계문화제로 지정된 발 드 루아르이다. 상트르(**Centre**)와 뻬이 드 라 루아르(**Pays de la Loire**) 두 레지옹을 통과하고, 셰르(**le Cher**)강, 앵드르(**l' Indre**)강, 비엔(**la Vienne**)강이 합류하고 **루아르강의 계곡 중에서 생물학적으로 다양하고 풍부하며, 가장 많은 역사와 문화유산들을 간직하고 있는 지역**이다.

이곳은 특히 르네상스 시기에 발달하게 된다. 루이 11세가 뚜르(**Tour**)를 프랑스의 수도로 정한 후, 앙리 4세가 다시 파리로 옮겨갈 때까지 발 드 루아르는 프랑스 권력의 중심에 선다. 이곳의 거류민들은 이탈리아 르네상스의 발달된 문명을 받아들이고, 수많은 예술가들과 장인들을 오게 한다. 「가르강뛰아 *Gargantua*」와 「빵따그뤼엘 *Pentagruel*」로 유명한 르네상스 작가 라블레(**F. Rabelais**)는 뚜르 출신으로 이 지역의 대표적인 작가이다. 수도사이며, 의사이기도 했던 그는 당시의 문화를 자신의 작품 속에서 풍자적으로 아주 재미있게 그리고 있다. 왕궁으로서의 앙부아즈와 브루아 성이 재건되고, 쉬농소처럼 아름다운 성이 세워진 것이 바로 이 시기이다.

샹보르　　Chambord

가장 대표적인 성인 샹보르는 1519년 프랑수아 1세의 요구로 시작된 성이며, 앙리 3세 때 완공된다. 프랑수아 1세는 영국이나 독일의 합스부르크 왕가에 비해 뒤지지 않을 거대한 성을 원했다. 400여 개의 방과 3600여 개의 페치카, 800여 개의 기둥머리, 14개의 대형 계단과 700여 개의 작은 계단은 상보르 성의 규모를 짐작하게 한다. 특히 건축학적으로 빼어난 부분은 내부 중앙 계단이다. 네 개의 커다란 방이 만나는 곳에서 **두 개의 난간이 나선형을 이루며 형성된 계단은 탁월한 아름다움과 빼어난 기술을 보여준다.** 일설로는 레오나르 다빈치가 설계했다고 하기도 한다.

블루아　　Blois

블루아市에 자리 잡고 있는 블루아성은 앙부아즈에서 어린 시절을 보낸 프랑수아 1세가 아내인 끌로드 드 프랑스(**Claude de France**)와 주로 시간을 보낸 왕궁이다. **네 번에 걸쳐 지어졌기 때문에 성을 이루는 각 부분들의 양식이 시대에 따라 다르게 표현되어서 특징적이다.** 블루아성을 통해 프랑스 고딕전통과 이탈리아의 화려한 장식이 시대를 달리하며 결합된다. 블루아성은 이탈리아 르네상스의 생동감과 영향력을 잘 보여준다. 그리고 그것은 프랑스 르네상스의 존재를 잘 말해주는 왕궁이기도 하다. 기즈(**Henri de Guise**)공작이 암살된 곳이기도 하고, 앙리 4세의 두 번째 부인이며 루이 13세의 어머니인 마리 드 메디치가 아들과의 권력 투쟁에서 패하고 감금된 곳이기도 하다.

Chambord

쉬농소　　　　　　　　　Chenonceau

남성적인 샹보르나 블루아에 비해 쉬농소는 **발 드 루아르의 성 중에서 가장 우아한 성 중에 하나**이다. 다른 성들이 숲이나 전쟁의 요지에 지어진데 비해 쉬농소는 물 위에 지어졌다. 쉬농소는 셰르(**le Cher**)강을 다리처럼 가로지르고 있다. 16세기 초에 지어져서, 앙리 2세 때는 왕의 총애를 받던 디안느 드 뿌아띠에(**Diane de Poitiers**)가 주로 거주하였다. 앙리 2세가 죽자 아내인 까뜨린 드 메디치가 빼앗았다. 남편 앙리 3세가 암살된 후, 시어머니인 까뜨린 드 메디치로부터 성을 물려받은 루이즈 드 싸부아(**Louise de Savoie**)는 침실을 검은 색으로 칠하고, 남편을 잃은 슬픔 때문에 눈물로 세월을 보냈다고 한다.

앙부아즈　　　　　　　　Amboise

루아르강 언덕 위에서 앙부아즈市를 내려다보며 위용을 자랑하듯 서있는 성이 앙부아즈성이다. 이곳에서 프랑수아 1세와 누이인 마르그리뜨 드 나바르가 어린 시절을 보냈다. 루이 12세가 블루아성을 선호한데 비해, 프랑수아 1세는 앙부아즈성의 화려함을 복원시켰다. 그리고 프랑수아 1세는 끌로 뤼쎄(**Clos-Lucé**)의 이웃 저택에 레오나르 다빈치를 머물게 했고, 그가 죽은 후 생 뛰베르(**Saint Hubert**) 예배당에 레오나르 다빈치의 유해를 안장시켰다. 앙부아즈성은 종교전쟁 당시 위그노들이 기즈파들을 암살하려다 오히려 몰살당한 끔찍한 **'암부아즈 음모'의 무대**가 되기도 했다. 고딕 양식을 간직하고 있으며, 르네상스 양식으로 만들어진 발 드 루아르의 첫 번째 성이기도 하다.

Amboise

프랑스어 회화 표현 :

Tu fais quoi?   **- Je suis professeur. Et toi?**
Je suis étudiante.

과제 또는 토론 :

❶ 프랑스 지도를 그려 22개의 레지옹을 표시하고 이름을 기록하시오.
❷ 프랑스와 우리나라 지방도시의 특성화 또는 전문화에 대해 알아보시오.
❸ KTX의 개발이 지방도시 개발에 어떻게 기여할 수 있는지 토론하시오.
❹ 브르따뉴(Bretagne) 지방에 대해 알아보시오.

참고자료 :

<화가가 사랑한 도시, 프랑스 니스>, KBS 1TV, 세상은 넓다, 2007. 02. 08.
<태양과 색채의 강렬한 유혹 - 프랑스 아를>, KBS 1TV,
걸어서 세계속으로, 2006. 05. 13.
<바다 위에 살아 있는 중세 역사 - 몽 생 미셸>, KBS 1TV, 세상은 넓다,
2003. 10. 07.
<꽃으로 수놓은 해변 - 프랑스>, KBS 1TV, 세상은 넓다, 2003. 10. 06.
<신프랑스 대혁명 - 프랑스는 지방분권국가인가?>, KBS 1TV,
KBS스페셜, 2003. 08. 03.
<예술과 낭만의 땅, 프로방스>, KBS 1TV, 세상은 넓다, 2003. 06. 05.
<남프랑스 순례 - 마르세유, 아비뇽>, KBS 1TV, 세상은 넓다, 2000. 08. 29.
<남프랑스 순례 - 칸>, KBS 1TV, 세상은 넓다, 2000. 08. 28.
<그림의 도시 - 프랑스 아를>, KBS 1TV, 세상은 넓다, 2000. 08. 25.
<프랑스 지방자치 이렇게 한다>, KBS 1TV, 세계는 지금, 1995. 06. 22.

la france et

017. 시간 속의 프랑스

la france et le temps

le temps

역사 이전 시기부터

영화 〈2001 스페이스 오디세이 *2001 A Space Odyssey*, 1968〉를 보면 인류의 조상으로 상정되는 유인원들이 무리를 지어 싸움을 하고, 한 유인원이 던진 뼈다귀가 공중으로 날아가 400만 년의 단절을 넘어서 우주선으로 변화한다. 그리고 아름다운 우주선은 요한 스트라우스의 '푸른 다뉴브강'에 맞추어 우주 공간에서 발레를 하듯 미끄러진다. 400만 년의 단절, 인간이 과학과 상상의 힘으로 채우려는 공간, 예술로 표현된 가장 긴 단절의 시간일 것이다. 프랑스에도 그런 시간과 공간이 있다. 많은 유적들이 예전의 인간의 삶의 흔적들을 보여주고 있지만, 특히 라스꼬의 동굴과 까르낙의 열석은, 한편으로 역사시대 이전의 인간들의 삶을 짐작하게 하고, 다른 한편으로는 여전히 많은 의문들을 우리에게 남겨준다.

라스꼬의 동굴   Lascaux

기원전 17,000년경, 흔히 구석기 시대라고 일컫는 시기의 유물이다. 돌로 날카로운 무기를 만들 줄 알았으며, 동물의 뼈로 갈고리와 투창을 만들었고, 옷을 만들기 위해 가죽을 깁는 바늘을 만들어 사용했을 것으로 추측되는 시기이다. **예술의 초기 형태가 이때에 발달되는데, 세계적으로 알려진 라스꼬의 동굴 벽화가 그 대표적인 예이다.** 라스꼬의 동굴은 1940년 9월 12일 아끼뗀느(**Aquitaine**)라 불리는 레지옹(**région**)의 북쪽에 있는 도르도뉴(**Dordogne**)道에 위치한 몽띠냑(**Montignac**)市로부터 2km 떨어진 곳에서, 놀이를 하던 아이들에 의해 우연히 발견된다. 프랑스 중부산악지대(**le Massif central**)의 서쪽 경사면과 피레네 산맥의 북쪽 경사면이 만나는 이 주변은 1200여 개의 선사시대 동굴이 집중되어 있는 곳이다. 라스꼬 동굴은 그 중에서 가장 빼어난 동굴 벽화를 보여주는 곳이다.

120m가 넘는 동굴에는 넓은 공간과 좁은 통로가 잇달아 나타나고, 깊은 우물과 경사 등으로 이루어져 있다. 동굴 벽에는 기원전 17,000년경에 그려진 다양한 색채의 그림들이 수많은 동물의 형태들을 보여주고 있다. 커다란 공간에 그려진 네 마리의 수소 중에 가장 큰 것은 5,50m나 된다. 좀 더 멀리 4m 높이에 붉은 색 암소들이 있고, 다른 공간에는 300여 마리의 말들이 그려져 있다. 입구에는 뿔 하나와 환상적인 짐승이 그려져 있는데, 그 뿔은 지워진 다른 짐승의 뿔로 짐작된다. 벽화와 관련된 수수께끼는 동굴 안에서 발견된 많은 유물들에 의해 설명된다. 라스꼬 동굴의 인간들은 식물로 만든 심지와 기름을 원료로 한 등잔 빛으로 벽을 밝히고, **광물성의 다양한 색채로 그림을 그렸을 것으로 추측**된다. 몇몇 선사시대 학자들에 의하면 이러한 **벽화는 사냥을 위한 주술의 일종**이라 한다. 사냥을 떠나기 전에 미리 멀리서 사냥감에 주문을 거는 것이다. 그런데 왜 이렇게 접근하기 힘든 동굴 속에 벽화를 그렸는지, 순록의 뼈는 많은데 왜 순록을 그린 그림은 적은지 우리의 이해를 초월한 것들이 적지 않다.

라스꼬 동굴은 1963년 일반인들의 방문으로 동굴이 훼손되는 것을 막기 위해 완전히 폐쇄되었다. 대신 그곳으로부터 200m 떨어진 곳에 짐승들이 그려져 있는 갤러리를 비롯하여, 두 개의 갤러리를 똑같이 재현하였다. 자연과학의 힘과 천연 색소를 사용하여 17,000년 전처럼 작업한 부조와 그림들은 일반관객들로 하여금 본래의 라스꼬 동굴과 다름없는 모습을 구경할 수 있게 해준다.

까르냑의 열석   Carnac

기원전 3,500년경의 유물인 까르냑의 열석은, 브르따뉴 지방의 모르비앙(**Morbihan**)道에 있는 **까르냑市에서 볼 수 있는 거석문화의 유적**을 말한다. 4km에 달하는 까르냑의 열석은 지역의 이름을 따서 메넥(**Ménec**)과 께르마리오(**Kermario**), 께를레스깡(**Kerlescan**)의 열석 등, 세 개의 그룹으로 나뉘며, 0,5m에서 6,40m에 이르는 2,934개의 선돌을 지칭한다. 동에서 서로 향한 10에서 13개로 이루어진 선돌의 열은 꼭 평행선을 이루지는 않는다. 5세기경 아일랜드 수도사들에 의해 브르따뉴 지방에 널리 퍼진 전설에 의하면, 선돌은 꼬르넬리 교황과 관련된다. 로마에서 추방당한 꼬르넬리 교황은 이교도 병사들에게 쫓기어 까르냑에 도착한다. 바다에 다다른 그는 주문을 외우고 모든 추적자들은 돌로 변화한다. 열석들 중 몇몇은 30톤이 넘는다. 고인돌은 무덤이라는 것이 잘 알려진 것과 달리, **거석 기념물들의 기능이 무엇인지는 여전히 수수께끼**이다. 어떤 이들은 까르냑에서 점성술의 지표들을 찾는다. 예컨대, 께르마리오의 열석은 하지 때 태양이 떠오르는 곳을 향하여 있고, 께를레스깡의 선돌들은 춘·추분의 선과 나란히 늘어서 있다. 열석의 구조가 특별한 방향, 일정한 기하학적 시스템을 보이고 있는 것은 사실이다. 하지만 열석들의 구조를 가능하게 한 동기는 여전히 알려져 있지 않다. 확실한 것은 그러한 열석들의 건축이 기원전 3,500년경에 시작되었다는 것이다. 몇몇 선돌들은 19세기에 발견되었고, 이러한 열석은 오랫동안 돌 채석장으로 사용되었다. 초기에 더 많은 선돌이 있었을 것으로 추측되며, 까르냑의 열석은 8km에 이르렀을 것이라고 확신한다.

베르생제또릭스와 골족의 저항   Vercingétorix

프랑스인들의 선조인 **골족(갈리아인)은 기원전, 프랑스를 포함한 유럽 북부를 지배하던 켈트족의 일부**이다. 그리스 · 로마 문화와 더불어 유럽 문화의 커다란 축을 이룬 켈트 문화는 골족을 점령한 로마인들의 글을 통해 부분적으로 전해질 뿐이다. 기원전 52년, 알레지아(**Alésia**) 전투에서 패배할 때까지 호전적인 골족은 로마인들에게 대항하였다. 그리고 그 중심에 아르베른의 젊은 족장이며, 훗날 르네 고시니(**R. Goschinny**)와 알베르 우데르조(**A. Underzo**)조의 만화 「아스떼릭스 *Astérix*」에 영감을 준 베르생제또릭스가 있었다. 모르방의 켈트족 요새인 비브락뜨에서 골족의 모든 부족들은 로마인을 상대로 함께 투쟁할 것을 맹세하고, 베르생제또릭스를 최고 우두머리로 삼는다. 베르생제또릭스는 전략적으로 불을 질러 로마군단의 식량과 말먹이를 부족하게 만든다. 쥘 쎄자르는 겨울에 세벤느를 넘고, 5월에 제르고비(**Gérgovie**) 요새로 후퇴한 베르생제또릭스를 포위한다. 하지만 골 부족들의 단합에 성공한 베르생제또릭스는 로마인을 상대로 승리를 거둔다. 그 후, 디종 근처에 진을 친 10개 로마 군단을 공격한 15,000명의 골족 기사들은 점멸되고, 베르생제또릭스는 알레지아의 이웃 요새로 후퇴한다. 로마인들에게 포위된 베르생제또릭스는 응원군이 오지 않고 식량이 떨어지자, 노인과 여자들 그리고 아이들을 요새 밖으로 내보낸다. 하지만 쥘 쎄자르가 그들을 거부함으로서 그들은 두 진영 사이에서 굶어죽는다. 밀고 밀리는 싸움 끝에 군사들의 전멸을 막기 위해 베르생제또릭스는 항복하고, 쥘 쎄자르의 발 아래 무기를 던진다. 기원전 46년 9월 말 알레지아 전투가 있은 6년 뒤에, 베르생제또릭스는 쥘 쎄자르의 승리를 위한 기념식에 끌려나와 그날 저녁 교수형에 처해진다. **알레지아 전투는 켈트족의 골(갈리아)지방이 로마인의 골지방으로 변화하는 계기가 된다.** 그리고 부족들의 분열에도 불구하고 골족의 단일성을 보여준 사건이기도 하다.

갈로 · 로만 문화   Gallo-Romain

알레지아에서 패배한 골족은 2세기 반 동안 '팍스 로마나 **Pax romana**'를 겪어야 했다. 독립적인 몇몇 저항도 '팍스 로마나'를 뒤흔들지 못했다. 격심한 변화가 그 사이 이루어진다. 로마인들의 통치 아래 골족의 전사들은 건축가로 변신한다. 그들은 로마인들의 도로를 넓히고, 투우장과 극장 그리고 온천이 갖추어진 도시를 건축한다. **골족은 로마인의 풍습과 언어를 배우며, 갈로 · 로만인이 된다.** 기원전 12년경 지금의 프랑스 지역은 아끼뗀느(**Aquitaine**), 벨지끄(**Bélgique**), 리오네즈(**Lyonnaise**)의 3개의 골 지방으로 나뉜다. 세 지방이 함께 하는 회의는 지금의 리옹인 루그두눔(**Lugdunum**)에서, 로마 행정을 지지하거나 비판하기 위해 일 년에 한 번씩 열린다. 이때부터 루그두눔은 세 골 지방의 수도가 된다. 로마의 상원은 마르세유를 중심으로 한 나르보네즈(**Narbonnaise**) 지방을 관할하고, 로마 군단은 변경 요새지역에 경비를 강화한다. 라인강 국경, 즉 변경 요새지역 감시의 소홀과 라인강 군단의 아시아 군사작전에의 활용, 그리고 로마 제국의 황권을 노리는 귀족들 사이의 대립은 팍스 로마나에 커다란 위협을 가한다. 4세기와 5세기, 변경 요새지역의 진지가 비워지자 훈족과 반달족 등, 야만인들이 골지방을 침략한다. 로마인들이 직접 관할한 나르보네즈, 지금의 남부 프랑스 지역에는 온천, 극장, 원형경기장의 로마 유적들이 많이 남아 있고, 파리에도 온천장이나 원형경기장과 같은 갈로 · 로마의 유적들이 남아 있다.

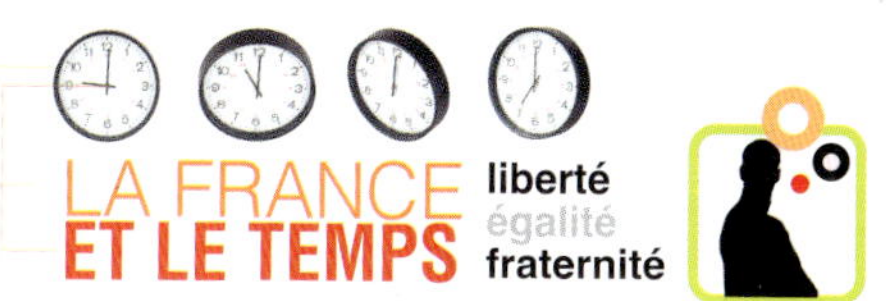

국립중세박물관 Musée national du Moyen âge

끌뤼니 국립중세박물관은 1-3세기 갈로 · 로만 온천과 15세기의 끌뤼니 사제관 위에 자리 잡고 있다. 1843년 중세문화 애호가의 소장품 덕택에 설립된 박물관은 갈로 · 로마 문화에서 16세기 초까지 골지방의 역사와 예술을 한눈에 볼 수 있게 전시해놓고 있다. 박물관 지하에 위치한 갈로 · 로마의 온천은 갈리아지방에 보존된 갈로 · 로마 유적 중에서 가장 눈길을 끄는 것이다. 당시의 파리는 씨떼섬과 쎈강 좌안 두 지역으로 나뉘었고, 거대한 빌라와 기념물들은 쎈강 좌안, 생뜨 주느비에브(**Sainte-Geneviève**) 언덕 주변에 자리했다. 수플로(**Soufflot**)街의 광장과 몽주(**Monge**)街의 원형경기장, 게이 뤼삭(**Gay-Lussac**)街의 남쪽 온천장, 꼴레주 드 프랑스 밑의 동쪽 온천장 그리고 끌뤼니라 불리는 북쪽 온천장이 그것이다. 끌뤼니 온천이 다른 건축물들에 비해 잘 보존되어 있는 것을 보면 중세까지도 계속해서 같은 용도로 사용되었을 것이라고 추측할 수 있다. 실내훈련장, 냉탕, 온탕, 열탕, 휴게실 등으로 구분된 온천은 대중들에게 무료로 제공되었고, 휴식과 여가와 만남의 장소로 활용되었다. **온천은 여타의 기념물들과 마찬가지로 골족들을 로마인화하려고 만들어졌다.**

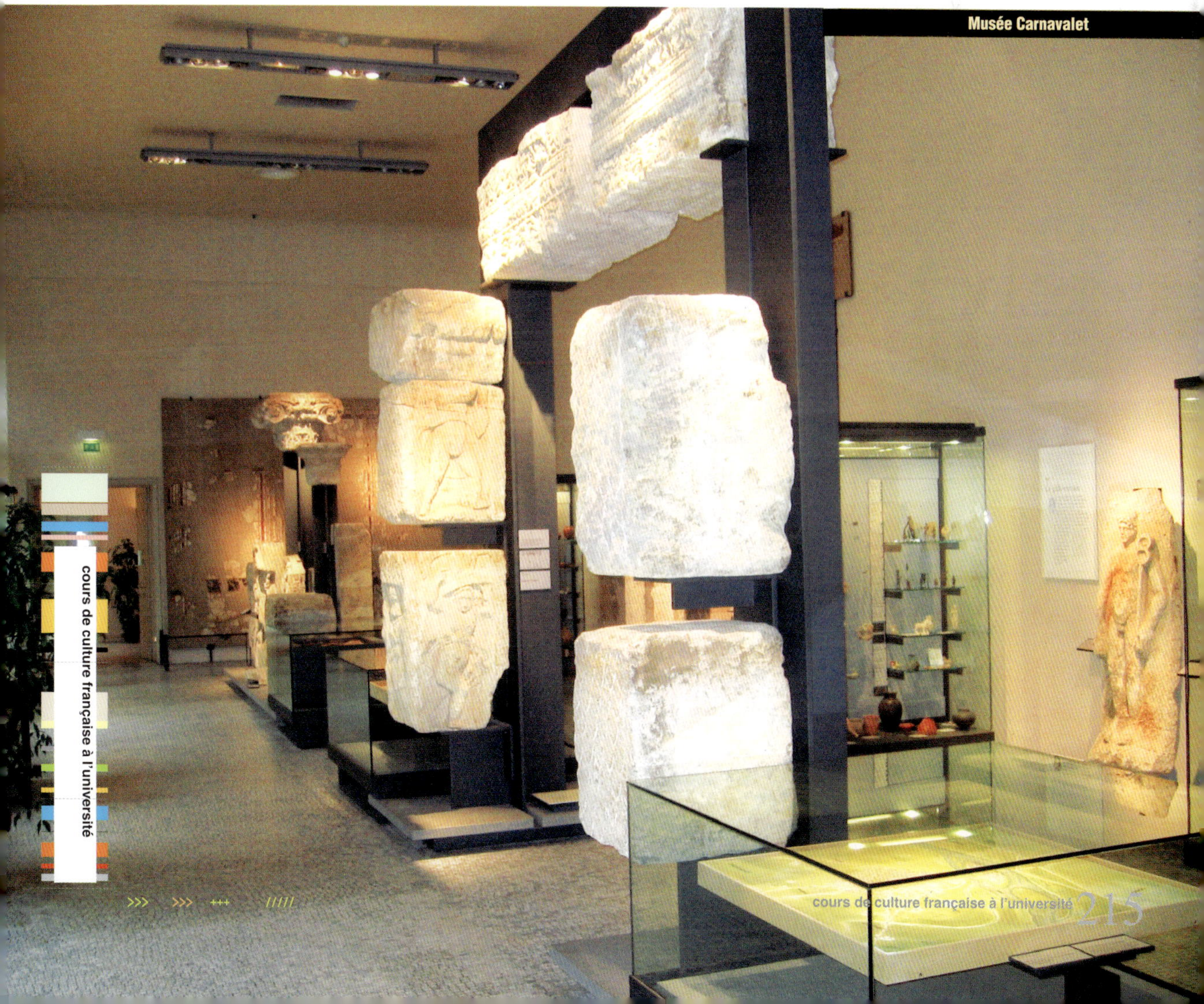

Musée Carnavalet

님므의 원형경기장 Nîmes

로마와 스페인 문화가 교차하고, 까마르그(**Camargue**)와 세벤느(**Cévennes**) 그리고 프로방스(**Provence**)와 랑그도끄(**Languedoc**)의 특성을 함께 가지고 있는 도시가 님므이다. 그렇기 때문에 님므는 2,000년의 역사와 건축, 예술과 열정을 자랑한다. 님므의 가장 큰 자랑거리는 역시 원형경기장이다. 기원후 1세기 말에 만들어진 님므의 원형경기장은 플라비우스 시대의 파인 구조의 원형경기장에 속한다. 특히 님므의 원형경기장은 이러한 건축물의 개념과 구조가 지니는 복잡성에도 불구하고 로마의 건축가들이 얼마나 완벽하게 설계하고 작업했는지를 보여준다. 타원형의 님므 경기장은 133m의 길이에 101m의 폭, 21m의 높이에 달하며, 근처의 바뤼뗄(**Barutel**)과 로끄마이에르(**Roquemaillère**) 채석장에서 캐낸 돌로 만들어졌다. **로마제국 이후에는 경기장으로서의 기능을 잃고, 때론 방어용 성채로, 때론 건물들이 들어선 거주지로 이용되었다.** 중세에는 두 개의 성당과 220여 채의 집이 들어서기도 했다. 1809년 이후 내부에 지어졌던 건물들이 모두 헐리고 본래의 목적으로 돌아오게 된다. 조립식 지붕까지 갖춘 현재의 님므 원형경기장은 다양한 행사를 위해 사시사철 이용되고 있다. 연극과 음악 공연을 비롯하여, 투우경기나 테니스 경기도 이곳에서 열린다.

뽕 뒤 가르 Pont du Gard

원형 경기장과 더불어 로마인의 흔적을 가장 잘 표현하는 것이 뽕 뒤 가르일 것이다. 뽕 뒤 가르는 위제스(**Uzès**)부터 님므(**Nîmes**)까지 **물을 운반하던 고가식 수로의 일부**이다. 3개의 층으로 나뉘어져, 분수대와 기념물 그리고 개인용 용수를 공급한 뽕 뒤 가르는 50km에 달하는 전체 수로 중에서 가장 아름답고, 인상적인 부분이다. 근처 로마인의 채석장에서 캐낸 돌로 1세기 초에 만들어진 뽕 뒤 가르는 360m에 걸쳐 가르동(**le Gardon**) 강을 가로지르고 있다. 48m 높이에 달하는 뽕 뒤 가르는 로마인이 만든 수로 중에서 가장 높은 것이기도 하다. 루소, 스땅달, 메리메 등이 로마인들의 작업의 거대함과 자신들의 왜소함, 그리고 놀라움을 표현하였다. 프랑스에서 베르사유와 더불어 가장 많은 관광객이 찾는 곳이기도 하며, 1985년 이후 유네스코에 의해 인류문화유산으로 지정되었다.

르네상스 시대

고대 문화의 재발견, 인쇄술의 발명에 힘입은 서적의 유포, 비판 정신의 발달, 라틴어가 아닌 다른 언어의 사용 등은 인본주의를 탄생시킨다. 그리고 예술에서 원근법, 색채, 인체 등의 새로운 발견은 미술에서 르네상스를 가져온다. 또한, 신대륙의 발견과 지구의 일주 등은 과학의 발전과 더불어 인류의 시각을 한층 넓혀준다.

이탈리아 전쟁

이탈리아는 15세기 초부터 예술의 놀라운 르네상스를 경험한다. 그런데 각기 다른 크기의 수많은 공국으로 형성된 이탈리아는 이웃 국가들로 하여금 군침을 삼키게 한다. 앙주가의 소유이며 1481년부터 프랑스 국왕들이 상속한 나폴리에 대한 샤를 8세의 왕위 요구가 이탈리아 전쟁의 원인이 되었다. 샤를 8세(**Charles VIII**)의 이탈리아 원정은 비록 정치적 성과는 없었지만 막대한 전리품과 함께 이탈리아의 기술자들을 데려올 수 있었다. 이것이 **프랑스에 이탈리아 르네상스 문화가 유입되는 계기이고, 이로 인해 프랑스의 문화는 더욱 발전**할 수가 있었다. 샤를 8세를 계승한 루이 12세(**Louis XII**)도 이탈리아에 대한 야망을 이어받아, 1503년과 1513년 두 차례에 걸쳐 밀라노를 침략하였다. 루이 12세는 스포르차에 의해 축출된 비스콘티 가문의 외손자였기 때문에 밀라노 공국을 계승할 자격이 있었다. 그러나 이탈리아의 반 프랑스 동맹, 스페인과 교황의 배신 등으로 루이 12세의 이탈리아 원정은 실패로 끝났다.

프랑수아 1세   François 1er

루이 12세의 조카이자 사위인 프랑수아 앙굴렘(**François d' Angoulême**)이 왕위에 올라 프랑수아 1세 (**François 1er**, 1515-1547)가 된다. 모험심이 강한 그는 즉위하자마자 2만 6천 명을 거느리고 알프스를 넘어 이탈리아를 침략한다. 그는 마리냥(**Marignan**) 전투에서 밀라노 국경 수비를 하는 스위스군을 물리치고 밀라노를 점령한 후, 교황과 협상하여 볼로냐(**Bologna**)협약을 맺는다. 프랑수아 1세는 밀라노 점령에 만족하지 않고 신성로마제국의 황제가 되려는 야심을 품는다. 황제의 직위가 막시밀리안의 손자인 카를 5세(**Karl V**)에게 넘어가자 프랑수아 1세는 1519년 오스트리아를 공격한다. 파비아(**Pavia**) 전투에서 대패한 프랑수아 1세는 포로가 되었다가 부르고뉴 지방을 양도하고 두 아들을 인질로 보낸다는 조건으로 석방된다. 이후에도 신성로마제국의 황제에 대한 복수를 단념하지 않은 프랑수아 1세는 황제를 제압하기 위해 신교도뿐만 아니라 터키의 이슬람교도와도 손을 잡는다. 게다가 누이인 마르그리뜨(**Margurite de Navarre**)가 신교에 관용적인 태도를 보였기에 더욱 국민들의 원망을 샀다. 한편으로 국민들의 원망을 무마하고 재정적 문제를 해결하기 위해 황태자를 메디치家의 까뜨린 드 메디치(**Catherine de Médicis**)와 결혼시켰다. 이런 과정에서 정치문제와 종교문제가 복잡하게 얽혀 훗날 위그노(**Huguenot**) 전쟁의 원인이 된다.

프랑수아 1세와 레오나르 다빈치 Léonard de Vinci

이탈리아 문화를 사랑하고 예술가들을 존경한 프랑수아 1세는 당시의 대가인 티치아노(**Tiziano**)를 초빙한다. 하지만 티치아노가 프랑수아 1세보다 더욱 강한 카를 5세를 선택하자, 말년에 쓸쓸한 시간을 보내는 레오나르 다빈치를 프랑스로 불러온다.

샹보르(**Chambord**)성의 건축을 위해 불렀다고 하지만 실제로 작업하지는 않았다고 하며, 내부 나선형 2중 계단을 설계했다고 전해진다. 레오나르 다빈치를 그린 앵그르(**Ingres**)의 그림에는 노학자의 죽음을 안타까워하는 프랑수아 1세의 모습이 잘 담겨있다. 레오나르 다빈치의 유해는 앙부아즈(**Amboise**)성의 생 위베르 예배당 지하에 묻혔다.

빌레르 코트레 칙령   Villers-Cotterêts

왕권을 강화하고 프랑스가 중앙집권체제를 갖추게 되는 계기가 되는 칙령이다. 세례, 혼인, 죽음 등 호적에 관한 기록을 의무화시키고, 그 외의 모든 종교적 권한을 왕권 아래로 예속시킨다. 영장 및 행정과 관련된 문서들을 라틴어가 아닌 오일어(**langue d'oïl**)로 기록하게 함으로써 프랑스어의 위상을 높이며, 중앙으로부터의 통치를 원활하게 만든다. 뿐만 아니라 프랑수아 1세는 왕립도서관을 세우고 출판에 대한 지원을 하며, 출판물에 대한 일정량을 기증받음으로 출판물에 대한 간접적인 통제를 실시한다. 이러한 중앙행정의 출판에 대한 간섭은 훗날 중앙집권적인 프랑스 예술정책의 모태가 된다.

꼴레쥬 드 프랑스   Collège de France

프랑수아 1세는 꼴레쥬 드 프랑스의 전신인 꼴레쥬 화이알(**Collège royal**)을 설립해 유럽의 유명학자들로 하여금 언어 및 수학을 강의하게 하고, 간접적으로는 **성직자들이 장악하고 있는 소르본느를 중심으로 한 대학의 학문적 독점을 견제**한다. 1870년부터 꼴레쥬 드 프랑스라 불리고, 대통령이 임명한 석학들이 52개 과목에 걸쳐 '지금 형성되고 있는 학문'을 강의하는 것을 목적으로 한다. 강의는 전적으로 무료이며 누구나 참관할 수 있다.

종교전쟁

프랑스는 400여 년 동안 가톨릭과 개신교 사이의 지속적인 내란에 시달린다. 인쇄술의 발달과 함께 개신교의 선구자인 루터(**Luther**)와 깔뱅(**Calvin**)의 사상은 '전염병'처럼 번져간다. 많은 귀족들이 개신교에 합류하고, 까뜨린 드 메디치는 '성 바르톨로메오 축일의 대학살' 사건이 일어나기 전까지 신교도를 압박하거나 또는 관용을 베푼다. 1962년 샹빠뉴 지방 바시(**Vassy**)의 한 창고에서 신교도들이 예배를 볼 때, 기즈(**Guise**) 공작이 그들을 몰살시킨다. **깔뱅(칼빈)파 개신교도를 위그노(Huguenot)**라 칭하기 때문에 위그노 전쟁이라 불린 종교전쟁은 이렇게 시작된다. 신교도는 영국과 독일을 등에 업고, 구교는 스페인의 도움을 받는다.

성 바르톨로메오 축일의 대학살 **ST Barthélemy**

1572년 자신의 딸 마르그리뜨를 정략적으로 신교도인 앙리 드 나바르(앙리 4세)와 결혼시킨 까뜨린 드 메디치는 결혼식에 참석하기 위해 파리에 온 신교도들을 그들의 맹주인 꼴리니(**Coligny**) 제독과 함께 대량 학살한다. 위그노의 학살은 파리에만 한정되지 않고 리옹과 오를레앙까지 확산되는데, 그곳의 학살은 더욱 참담하였다. 이때 대부분의 위그노 왕족과 귀족들이 살해당했다. 앙리 드 나바르는 포로가 되어 루브르궁에 갇히는 신세가 되었다. 그 후 루브르를 탈출한 그는 나바르로 돌아가 신교의 맹주가 되어 가톨릭에 저항한다.

세 앙리의 싸움

1574년 샤를 9세(**Charles IX**)가 24세의 나이로 죽자 동생인 앙리 3세(**Henri III**)가 왕위를 계승한다. 앙리 3세는 위그노에게 유화정책을 폈다. 1576년 볼리외 칙령(l' **Édit de Beaulieu**)을 내려 위그노에게 예배의 자유와 관직에 취업할 권리를 주었다. 급진적 가톨릭 세력인 앙리 드 기즈(**Henri de Guise**)는 신성동맹을 결성하여 앙리 3세를 위협하였다. 그는 앙리 3세의 동생인 프랑수아 달랑송과 결탁하여 때를 기다렸다. 그런데 앙리 3세의 후계자인 프랑수아 달랑송이 1584년에 사망하자, 상황이 돌변한다. 이제 왕위가 위그노인 앙리 드 나바르(앙리 4세)에게 넘어가게 되기 때문이다. 다급해진 기즈는 쿠데타를 일으키고, 1588년 스페인의 지원을 받아 앙리 3세를 쫓아내고 파리에 입성한다. 가톨릭 성향이 강한 파리 사람들은 그를 열렬히 환영한다. 쫓겨난 앙리 3세는 앙리 드 나바르와 결탁하여 앙리 드 기즈를 암살한다. 그리고 1589년 앙리 3세는 도미니크 수도회 소속의 광신적인 가톨릭교도에 의해 살해당한다. 앙리 3세는 죽기 전에 앙리 드 나바르를 후계자로 지명하고, 개종을 권하는 유서를 남긴다. 이제 왕위는 발루아 왕조에서 부르봉 왕조로 넘어가게 된다.

낭트 칙령 **Édit de Nantes**

1589년 부르봉 가문의 앙리 드 나바르가 앙리 4세로 왕위에 오르며 부르봉 왕가의 문을 연다. 개종한 그는 1594년 샤르트르 대성당에서 축성식을 가졌고, 파리에 입성해 노트르담성당에서 미사에 참석한다. 앙리 4세는 이러한 과정을 거치면서 국민의 지지와 신의 축복을 받은 프랑스 국왕으로서의 위상을 굳건히 한다. 1598년 낭트칙령을 발표해 위그노에게 공직에 취업할 권리와 일정한 지역에서 자유롭게 예배 볼 권리를 허용하였다. 이로써 오랫동안 프랑스인들의 영혼과 육신을 황폐하게 만든 위그노 전쟁이 끝난다. 하지만 그 또한 1610년 광적인 카톨릭교도에 의해 암살당한다.

뽕 네프

Pont Neuf

1578년 앙리 3세가 시공의 첫 돌을 놓았다. 그의 신하 중(레 미뇽 **les Mignons** : 앙리 3세의 총애를 받았던 신하들)에 두 명이 결투로 죽었기에 그는 다리에서 눈물을 흘렸다고 한다. 그래서 처음에는 '눈물의 다리' 로 불린 이 다리가 완공된 것은 1607년 앙리 4세 치하에서이다. 최초로 다리 위에 집이 지어지지 않은 다리이고, 좌안과 우안을 잇는 돌로 된 다리이다. 영화 〈뽕 네프의 연인들 *Les Amants de Pont Neuf*〉을 인상 깊게 본 관객이라면 다리를 찾아 영화 속의 장면을 그릴 수 있겠지만, 도시의 매연에 찌든 다리를 주목하는 사람들은 별로 없다. 그런데 1985년 크리스토 자바체프(**Christo Javacheff**)와 잔 끌로드(**Jeanne Claude**)가 다리 전체를 단색의 노란 천으로 2주 동안 감아놓았다. 그 후에 일본의 디자이너 겐조(**Kenzo**)는 국화꽃으로 다리 전체를 수놓았다. 초기에 자바체프는 일상적인 그래서 무관심 속에 빠지는 사물들, 예컨대 물감 통이나 빈병 등을 천으로 감싸고 실로 묶은 다음 니스를 칠하여 더 이상 가치 없는 사물이 아니라, 예술품으로 변모시키는 작업을 하였다. **내용물을 모두 토해버려 더 이상 용도와 의미마저도 잃어버린 빈병이 자바체프에 의해 예술작품으로 탄생한다. 자바체프는 이러한 작업을 건축물과 거리 그리고 자연으로 확대시켰다.** 뽕 네프 역시 마찬가지이다. 아침, 저녁 출퇴근 길에 지나거나, 쎈강을 따라 산책을 하더라도 특별히 뽕 네프를 의식하는 사람은 없다. 하지만 일단 천으로 감싸지거나 국화로 수놓아진 뽕 네프는 우리들의 기억 속에 전혀 다른 모습으로, 한 편의 시로 또는 예술품으로 각인된다. 마이애미 비스케인灣에 있는 몇 개의 섬을 핑크빛 천으로 감싼 것 또한 이러한 **미학적 견지**에서 이루어진 작업이다. 미학적인 시각에서 이루어지는 자바체프의 작업은 베를린 장벽이 설치된 후 파리 비스꽁띠街를 빈 통으로 막는다든지(1962), 독일 제국의사당을 흰 천으로 감싸는(1995) 등의 작업을 통해 **정치적 의미**를 띠기도 한다. 그리고 오스트레일리아 해변을 천으로 가로지르거나 싸는 작업(1969)은 초기에는 환경단체의 반대에 부딪혔으나 지금은 오히려 **환경 친화적인 작업**으로 평가되고 있다. 노란 단색의 천으로 댐을 만들거나, 파란 천으로 강을 덮는 계획들 또한 환경 친화적 작업의 일종이라고 말할 수 있다. 자바체프는 자신의 작업에 드는 비용을 설계도의 판매를 통해 충당하였다.

마리 드 메디치와 루벤스　　　　Rubens

이탈리아에서 프랑스 왕가로 시집을 온 마리 드 메디치, 그녀의 부탁을 받고 뤽상부르궁에 그림을 그린 독일 출생의 벨기에(플랑드르) 화가 루벤스(**P. Rubens**), 그들은 지금의 유럽공동체가 지향하는 가장 이상적인 모습을 보여준 17세기 궁정과 예술가의 관계이다. 루브르의 리슐리유관 3층, 17세기 플랑드르 화가들의 작품이 전시된 곳 중 메디치실(室)은 루벤스가 그린 마리 드 메디치의 그림들만으로 가득 차있다. 아폴론으로부터 〈교육을 받은 어린 메디치〉, 〈마르세유항에 들어오는 메디치〉 그리고 〈앙리 4세 죽음 이후 섭정을 부탁 받는 메디치〉 등으로 주제도 다양하다. 원래 뤽상부르궁의 갤러리 메디치를 채웠던 그림들이 루브르로 옮겨진 것이다. 당대 최고의 화가 루벤스의 화려한 색채와 역동적인 인체 등은 마리 드 메디치의 권력욕과 잘 맞아떨어졌다. 루벤스는 마리 드 메디치가 권력을 잃고 블루아(**Blois**) 성에 유폐되었을 때에도 여전히 외교관으로, 그리고 예술가로 프랑스 궁전에 영향력을 행사하였다.

바로크양식　　　　Baroque

프랑스는 앙리 4세 치세 말부터 로마 바로크 예술의 영향을 받기 시작하였다. **바로크라는 말은 '비뚤어진 진주 barroco'를 의미하는 스페인어에서 비롯**되었다. 그것은 교황이 로마를 장식하기 위하여 사용했던 '반 종교개혁적인 예술'로서 불규칙하고 그로테스크한 모양을 특징으로 하였다. 당시 종교개혁으로 위협을 느낀 교황은 '예술'에 의해 가톨릭 과거의 영광을 회복하려 하였다. 그는 예술적 형태가 종교적 열정을 회복시킬 수 있다는 확신을 가지고 화려하고 장엄한 형태의 종교예술을 발전시켰는데, 그것이 바로 바로크 양식이다. 바로크 양식은 프랑스로 전해지면서 화려한 궁정예술로 탈바꿈하였다. 그 결과 웅대하고 장엄한 바로크 양식의 궁정이 건축되었다. 그러나 바로크 시대에는 건축 자체보다도 건축물의 장식과 미술이 더 강조되었다. 뤽상부르 궁전에 걸렸던, **지금은 루브르박물관 메디치室에 있는 마리 드 메디치의 생애를 그린 루벤스의 벽화 연작은 바로크 미술의 대표적인 작품**이다.

프랑스어 회화 표현 :	**Bonjour! Ça va?**　　　　　**- Très bien, merci! Et toi?** **Moi aussi, ça va très bien. Merci!**

과제 또는 토론 :

❶ 만화 「아스떼릭스」에서 묘사된 골족의 특징 중에서 잘못 묘사된
　것들을 골라 설명하시오.
❷ 갈로 · 로마 시대의 골 지방을 지도로 그려보시오.
❸ 레오 까락스 감독, 줄리에뜨 비노쉬 주연의 영화
　<뽕 네프의 연인들>을 보고 토론하시오.

참고자료 :

<루이 14세와 프랑스 고전주의>, EBS, 만화로 배워요. 세계역사, 1998. 07.
<역사의 전환점 15부 - 프랑스 혁명>, EBS, 다큐멘터리의 세계 - 전환점.
<카롤링거 왕조시대>, EBS, 만화로 보는 인류역사.
<여왕 마르고 *La Reine Margot*>, 파트리스 셰로 감독,
이자벨 아자니 주연, 1994.
<뽕 네프의 연인들>, 레오 까락스 감독, 줄리에뜨 비노쉬, 드니 라방 주연, 1991.
<2001 스페이스 오디세이>, 스탠리 큐브릭 감독, 1968.
http://christojeanneclaude.net
www.culture.gouv.fr/culture/arcnat/lascaux/fr
www.lepontdugard.com
www.museedecarnac.com
www.musee-moyenage.fr
www.nimes-romaine.com
www.peacham.com/france/carnac.htm
www.perigord.tm.fr/prehistoire/lascaux
「위대한 교양인 몽테뉴 1, 2, 3」, 홋타 요시에(김석희 옮김), 한길사, 1999.
「앙리 4세 1, 2, 3」, 하인리히 만(김경연 옮김), 미래 M&B, 1999.

018.

프랑스와 유럽연합

la france et l'union européenne

la france et l'union européenne
le cours de la culture française à l'université

프랑스와 유럽연합

la france et l'union européenne

네덜란드의 화가 루벤스(**P. Rubens**)는 이탈리아에서 프랑스 발루아 왕조로 시집 온 마리 드 메디치(**Marie de Médicis**)의 초상들을 그렸다.

네덜란드의 화가 루벤스(**P. Rubens**)는 이탈리아에서 프랑스 발루아 왕조로 시집 온 마리 드 메디치(**Marie de Médicis**)의 초상들을 그렸다. 마리 드 메디치는 앙리 4세가 마르그리뜨 드 발루아(**Marguerite de Valois**), 즉 마르고(**Margot**)와 이혼한 후 두 번째로 결혼한 부인이다. 루벤스가 마리 드 메디치의 파리 궁전인 뤽상부르 궁전 전시를 위해 그렸던 24점의 그림은 지금 루브르박물관 리슐리유관 3층에 별도로 전시되어 있다. 유럽은 훨씬 이전부터 다양함 속에서 통합의 모습을 보여 온 것 같다. 그리고 프랑스인들은 프랑스 대혁명 시기부터 도보해협 밑으로 터널을 뚫고 물물을 교환하는 꿈을 꾸어왔다. 지금의 유럽연합의 구체적인 형태가 제2차 세계대전 이후부터 드러나기 시작했다면, **유럽인들은 훨씬 이전부터 통합된 유럽, 자유롭게 오가며 물물을 교환하는 하나 된 유럽을 꿈꾸어 왔던 것 같다.** 영국과 독일, 프랑스로 대표되는 유럽 국가들은 오랫동안의 전쟁과 경쟁에도 불구하고 유럽연합을 이루어냈고, 더 많은 가능성을 꿈꾼다. 중국과 일본과 한국, 동양의 세 나라는 과거만을 곱씹으며 살 것인가? 이들에게 미래에 대한, 젊은이들을 위한 꿈은 없는가? 유럽연합은 동북아의 미래를 그리는데 좋은 모델이 될 것이다.

유럽연합 가입국가

유럽연합(**Union européenne**)은 지리적으로 유럽에 속하는 27개 국가의 경제 및 정치 연합을 말한다. 1957년 로마협정(**Traité de Rome**)을 체결하면서 6개 국가(프랑스, 독일, 이탈리아, 네덜란드, 벨기에, 룩셈부르크)로 시작된 유럽경제공동체는 1993년에 발효된 마스트리히트(**Maastricht**) 조약에 따라 12개국의 유럽연합으로 다시 태어난다. 1973년에는 덴마크, 아일랜드, 영국이, 1981년에는 그리스가, 1986년에는 스페인과 포르투갈이, 1995년에는 오스트리아, 스웨덴, 핀란드가 가입하면서 15개 국가의 유럽으로 확장된다. 2004년 폴란드, 헝가리, 체코, 슬로바키아, 슬로베니아, 리투아니아, 라트비아, 에스토니아, 키프로스, 몰타 등 10개국이 새로 가입하여 가맹국 수가 총 25개국으로 늘어났다. 2007년에 불가리아와 루마니아가 가입하면서 지금은 **27개국이 유럽연합을 형성**하고 있으며, 3개 국가(터키, 마세도니, 크로아티아)가 가입을 원하고 있다.

유럽연합의 목적

유럽연합은 매우 독특한 기구이다. 유럽연합은 이미 존재하는 각국을 대체하는 국가가 아니다. 그렇다고 해서 단순한 국제협력기구도 아니다. 유럽연합을 구성하는 국가들은 공통의 기구를 설치하고, 공동의 이익을 위한 특별한 질문에 대한 결정이 유럽차원에서 이루어지도록 주권의 일부를 유럽연합에 이양한다. **유럽연합은 유럽 민족들 간의 좀 더 긴밀한 단결을 형성하고, 평화를 유지하며, 정치적 단합을 모색하는 것을 목적으로 한다. 그리고 공통적인 행위를 통해 경제 및 사회 발달을 꾀하며, 유럽 내부에 시장을 창출하고, 사회적 단합을 강화하는 것을 목적으로 한다.**

유럽연합의 역사

역사적으로 많은 황제, 군주, 정복자들이 힘으로 유럽을 통합하기 위해 애썼다. 정신적으로 유럽은 그리스 문화와 기독교 문화, 그리고 프랑스 혁명을 포함한 인본주의적 사고를 바탕으로 형성되었다. 제2차 세계대전이 끝나자 유럽인들은 어떻게 유럽에 지속적인 평화를 가져올 것인가를 질문하기 시작했고, 그 방법과 가능성에 대해 모색하기 시작했다. 다양한 방법으로 유럽통합을 접근하려는 노력이 있어왔으나, 장 모네(**J. Monnet**)가 주장한 것처럼 '자원을 공유하면서' 유럽통합이 가능할 것이라는 실용적이며, 점진적인 노선이 채택되었다. 1951년 '석탄 및 철 유럽공동체(**CECA**)'가 프랑스, 독일, 이탈리아, 베네룩스 3국 등 6개국을 중심으로 형성되었다.

1957년, 6개국은 로마 조약을 체결하고, 유럽 공동시장의 형성을 가능하게 하는 유럽경제공동체(**CEE**)를 탄생시킨다. 공동시장의 형성으로 6개국은 산업 및 상업뿐만 아니라, 공동농업정책(**PAC**)을 채택함으로써 농업분야에서까지 급속한 발달을 꾀하게 된다.

특히 1963년 엘리제 조약으로 공식화된 프랑스와 독일 사이의 화해, 그리고 드골(**De Gaulle**)과 아데나워(**K. Adenauer**), 지스까르 데스땡과 슈미트(**H. Schmidt**), 미테랑과 콜(**H. Khol**)로 이어지는 두 나라 지도자들의 긴밀한 관계는 유럽공동체 형성에 막대한 동력을 부여한다. 특히 미테랑 대통령과 콜 수상은 그 이전의 팽배한 유럽회의주의를 깨고, 유럽통합을 가속화시킨다. 그리고 1989년 아무도 예기하지 못한 베를린 장벽의 무너짐은 유럽연합에 새로운 지평을 열어준다.

1993년 발효되기 시작한 마스트리히트(네덜란드) 조약은 12개국의 유럽연합을 탄생시킨다. 조약을 통해 **유럽연합의 국가들은 2002년 1월 1일부터 단일한 화폐를 사용하게 된다.** 뿐만 아니라 1979년부터 각국에서 직접선거를 통해 선출되고, 스트라스부르에 의사당을 갖는 유럽국회는 브뤼셀에 본부를 둔 유럽연합의 집행기구인 유럽연합집행위원회에 대한 막강한 통제 권한을 부여받는다. 프랑스에서는 시몬 베유(**Simone Veil**, 1979-1982)와 니꼴 퐁뗀느(**Nicole Fontaine**, 1999-2002)가 의장직을 맡았다. 유럽연합의 실질적인 업무를 준비하고 실행하는 것은 유럽연합 집행위원회이다. 유럽연합 집행위원회의 집행부는 각국의 원수나 행정부의 수반으로 이루어진 이사회의 결정을 좇아야 한다. 프랑스인으로는 자끄 들로르(**Jacques Delors**)가 1985-1995년 사이에 유럽연합 집행위원회의 의장을 역임했다.

1997년의 암스테르담 조약은 마스트리히트 조약을 보충하기 위해 체결된 것이다. 경제적인 측면에서 자유주의적 성향을 띠는 유럽연합에 사회적 연대 협약의 필요성을 부각시킨 것이다. 암스테르담 조약은 또한 대외정책과 공동체 방어에 대한 문제를 다루고 있다. 그리고 소비에트를 중심으로 한 동구권 공산국가 블록의 해체는 유럽연합에 영향을 끼친다. 2000년 니스 조약을 통해 유럽연합은 중앙 및 동부 유럽의 국가들에까지 확장을 준비한다.

키에슬로프스키의 〈블루 *Bleu*〉 K. Kieslowski

줄리에뜨 비노쉬(**J. Binoche**)가 주연으로 나오는 〈블루〉는 파란색을 모티프로 사용하며 다양하게 변조시키고, 배경으로 유럽통합에 대해 말하고 있다. 교통사고로 남편과 딸을 잃은 여주인공 줄리(**Julie**)는 혼자만이 살아남았다는 죄의식과 상실감에 사로잡혀 모든 것을 포기하고 극단적으로 고립된 삶을 선택한다. 그러던 어느 날 남편에게 애인이 있었고, 그 여인이 남편의 아이를 임신했다는 사실을 알게 된다.

줄리는 그녀에게 남편의 집을 넘겨주고, 아이에게 남편의 이름을 붙여줄 것을 부탁한다. 그리고 남편이 유럽통합을 위해 찬가를 작곡하는 것을 도왔던 줄리는 직접 그 곡을 마무리 짓는다. 영화 속에서 파란색은 끊임없이 변조된다. 영화 속에서 파란색은 무엇보다도 고립과 단절의 색깔로 표현된다. 홀로 남은 줄리에게 파란 방의 파란 샹들리에는 상실감을 강하게 하고, 기자와 대담할 때에 유리창에 비춰지는 파란색은 대화의 거부, 단절을 의미한다. 수영장을 통해 빈번히 비춰지는 파란색은 고립과 상실의 슬픔을 줄리의 눈물과 함께 극단적으로 그린다. 프랑스 깃발에 나타나는 자유로서의 긍정적인 의미의 파란색이 아니다. 홀로 고립되어서는 자유로울 수 없다. 유럽의 각 국가 역시 국경을 닫고, 서로를 경계하며 자유로움을 누릴 수 없다. **자유는 더불어 이루어지는 것이다.** 후반부로 갈수록 파란색은 좀 더 긍정적인 의미를 얻는다. 영화의 초반부, 남편과 딸의 장례식을 보여주는 화면을 통해 죽음을 상징하던 파란색은, 작품 말미에, 남편 애인의 초음파 검사 속에 나타나는 파란색을 통해 생명의 탄생으로 변화된다. 전쟁과 폭력으로 얼룩졌던 유럽이 새롭게 탄생하는 모습이라고 할 수 있다. 즈비그니에프 프라이즈너(**Z. Preisers**)의 음악이 파란색과 어울려 영화 속에 신비감을 자아내게 한다. 〈블루〉는 1993년 베네치아영화제에서 황금사자상을 받았고, 줄리에뜨 비노쉬는 여우주연상을 받았다.

유럽연합의 기구들

유럽이사회(**Le Conseil européen**) : 법률적으로 유럽연합의 정식기구는 아니지만 **유럽연합 회원국가의 정상회담**의 성격을 띠며, 유럽연합에 실질적으로 가장 막강한 영향을 준다. 각국의 원수와 행정부 수반 그리고 유럽위원회 위원장으로 구성되며, 각국의 외무장관과 유럽연합 집행위원회 외무담당 위원이 참석한다. 관례적으로 각국의 경제 및 재무 장관도 함께 참석한다. 각국의 원수가 6개월마다 교대로 유럽이사회 의장을 맡는다. 1년에 두 차례의 모임을 가지며, 마스트리히트 조약을 통해 유럽이사회가 유럽연합에서 갖는 역할을 의례적으로 인정하였다. 유럽이사회는 교육, 문화, 인권과 관련된 유럽연합 밖의 국제기구인 유럽심의회(**Le Conseil de l' Europe**)와 다르다.

유럽의회(**Le Parlement européen**) : 유일하게 **각국의 시민들에 의해 직접선거를 통해 뽑히는 국회위원으로 구성된 기관**이며, 유럽연합의 입법, 예산, 다른 기구의 통제를 주된 업무로 한다. 유럽연합의 27개국 4억 9천 2백만 시민들을 대표하는 가장 중요한 기구 중의 하나이다. 각국의 시민들에 의해 직접선거로 선출되기 이전에는 유럽의원이 각국의 국회의원 중에서 임명되었었다. 1979년부터 직접선거를 통해 선출되며 임기는 5년이고, 유럽의회 의원의 총수는 785명, 그 중에 프랑스의 유럽의원은 78명이다. 유럽의회의 총회는 매달 4일씩 스트라스부르에서 열리고, 위원회는 브뤼셀에서 열린다. 그리고 유럽의회 사무총장과 사무국은 룩셈부르크에 머문다. 유럽연합의 기구가 어느 한 국가나 한 도시에 편중되는 것을 막기 위한 배려인 듯하다.

유럽연합 이사회(**Le Conseil de l' union européenne**) : **유럽연합 모든 결정의 핵심기구이다.** 각국 행정부 부서의 대표(장관)들로 구성되며, 유럽의회와 각국 의회의 의견을 참고하며, 공통된 결정에 이르기 위해 타협점을 찾는 곳이기도 하다. 임원 각국은 정해진 순서에 따라 6개월씩 의장을 맡고, 이사회를 주재한다. 각국의 장관들은 각기의 부서회의에 참가하고, 지금은 '경제 및 재무부서', '농업 및 어업부서', '교육, 청소년 및 문화부서' 등 9개의 부서로 나뉘어있다. 회의는 브뤼셀과 룩셈부르크에서 교대로 열린다.

유럽연합 집행위원회(**La Comission européenne**) : 유럽연합 집행위원회는 **유럽연합의 실질적인 집행 기관이다.** 정치적으로 독립되어 있으며, 유럽연합의 전체적인 이익을 대신한다. 유럽이사회가 정한 방향 내에서 유럽연합 이사회와 유럽의회가 결정한 내용들을 실행에 옮긴다. 유럽연합 집행위원회 의장과 위원의 임기는 5년이며 각국에서 한 명씩 추천하고, 유럽의회의 청문회를 거쳐 의회에서 승인해야 한다. 유럽연합 집행위원회의 실질적 인원은 대략 15,000여 명으로 유럽연합의 최대기구이다. 80% 정도는 각 부서에서 일하고, 20% 정도는 번역과 통역에 관련된 업무를 맡고 있다. 현재(2008년) 유럽연합 집행위원회 의장은 포르투갈 출신의 마누엘 바로소이며, 2004년 11월에 임기를 시작했다. 위원회의 본부는 브뤼셀에 있다. 이밖에도 유럽재판소, 유럽공동체 감사원 등의 기구들이 있어서 공동체의 법률과 권한이 제대로 지켜지는지, 신뢰할 만한 경영이 이루어지는지를 감시한다. 유럽재판소와 유럽공동체 감사원의 구성원들은 각국을 대표하는 1명씩으로 구성되며, 본부는 모두 룩셈부르크에 두고 있다.

유럽연합을 상징하는 것들

유럽의 어원은 그리스 신화의 에우로페(Europe)로부터 나온다. 아게노르(**Agenor**)의 딸 에우로페는 흰 소로 둔갑한 제우스에 의해 납치되어 크레타섬으로 간다. 그리고 그곳에서 미노스를 낳는다. 로마의 시인 오비디우스(**Ovidius**)는 에루로페(에우로파)와 관련된 이야기를 「변신 이야기 *Les Métamorphoses*」에서 다음과 같이 노래한다.

'황소는 공주를 어르기도 하고, 푸른 풀밭을 뛰어다니기도 하고, 노란 모래 위에 그 눈같이 흰 몸을 눕히기도 했다. 공주는 점점 대담해져, 황소가 다가와 머리를 들이밀면 그 흰 손으로 쓸어주기도 하고, 꽃다발을 만들어 뿔에다 걸어주기도 했다. 그러다가는, 정말로 대담해져 이 황소의 잔등에 올라탔다. 물론 공주는, 자기가 누구의 잔등에 올라앉았는지 알지 못했다. 황소로 둔갑한 유피테르는, 처음에는 가벼운 걸음으로 해변을 걷다가 조금 뒤에는 파도가 밀려오는 곳까지 걸어 나갔다. 공주가 의심하는 기색을 보이지 않자 황소는 아예 바다로 들어가 바다 가운데를 바라보고 나아가기 시작했다.

공주는 그제야 기겁을 하고, 조금 전에 떠나온 모래톱, 조금 전에 장난하느라고 황소의 잔등을 오르던 그 해변을 돌아보았다. 처녀는 오른손으로는 황소의 뿔을 잡고 왼손은 잔등에 올려놓은 채 지향 없이 실려 갔다. 옷자락이 물에 뜬 채로 바람에 펄럭거렸다.' **「변신 이야기 1」, 오비디우스, 이윤기 옮김, 110-111쪽)**

루벤스를 비롯하여 부셰(**F. Bouchet**), 모로(**G. Moreau**) 등 많은 화가들이 흰 소에 실려 납치되는 에우로페를 소재로 그림을 그렸다.

유럽깃발 : 유럽깃발의 탄생은 1955년으로 거슬러 올라간다. 유럽연합이 석탄 및 철 유럽공동체의 형태에 지나지 않을 때, 유럽문화와 교육, 그리고 인권과 관련된 국제기구인 유럽심의회가 기구를 상징하기 위해 **파란 바탕에 12개의 금빛 별이 그려진 깃발**을 만들었다. 깃발에 그려져 있는 12개의 별이 유럽심의회나 그 후 유럽연합 회원국의 수를 의미하는 것은 아니다. **유럽인들에게 12는 완전과 충만함의 상징**이다. 일 년이 12달로 이루어져 있고, 헤라클레스의 12과업 또한 완성을 의미한다. 그렇게 때문에 12개의 별은 회원국의 숫자와 관계없이 변화되지 않는다. 유럽심의회는 유럽의 다른 기구들에게 마찬가지로 깃발을 채택할 것을 권고했고, 1983년에 유럽의회가 깃발로 채택하였고, 1985년 당시 유럽경제공동체였던 유럽연합이 각국 원수들과 수반들의 모임을 통해 유럽연합을 상징하는 깃발로 결정하였다.

유럽찬가 : 유럽찬가는 단순히 유럽연합의 노래만은 아니다. 어쩌면 유럽 전체의 노래일 것이다. 곡은 1823년 베토벤에 의해 작곡된 제9교향곡에서 따온 것이다. 교향곡의 마지막 악장에서 베토벤은 1795년 실러에 의해 쓰인 '환희의 송가'를 작품화했다. 실러는 이 송가에서 인간에 대한 이상주의적인 비전을 나타내고 있고, 베토벤 또한 실러의 그러한 비전을 함께 나누고 있다. 1972년 유럽심의회가 카라얀에게 부탁하여 유럽심의회 찬가로 만들게 했고, 1985년 유럽깃발과 마찬가지로 유럽연합의 원수와 수반들은 그 곡을 유럽의 찬가로 삼았다. 유럽찬가는 각국의 국가를 대신하지 않는다. 단지 유럽인들이 함께 나누는 가치와 다양함 속에 하나 되는 것을 찬양한다.

유럽 名句 : '다양함 속에 하나 되어' 2000년에 처음 사용된 이 명구는 2004년부터 유럽을 상징하는 다른 것들과 함께 명문화되었다.

유럽의 날(5월 9일) : 1950년 5월 9일 로베르 슈만(**R. Schuman**)은 유럽의 평화 유지에 필수적인 유럽기구의 필요성을 처음으로 제안하였다. '슈만 선언문'이라 불리는 이 제안이 유럽연합 탄생의 시초가 되었다고 볼 수 있다. 그래서 흔히 유럽의 아버지라 할 때 로베르 슈만과 장 모네(**J. Monnet**)를 꼽는다. 유럽의 날 또한 깃발, 유럽 찬가, 화폐, 명구 등과 함께 유럽을 상징하는 일부가 되었다. 이날 유럽인들은 많은 활동과 축제를 통해 유럽 시민과 유럽민족들이 더욱 가까워질 수 있는 기회를 만든다.

유럽 대학생을 위한 프로그램, 에라스무스

Erasmus

1987년에 창설된 **프로그램 에라스무스는 유럽공동체 내에 학생들의 이동을 원활하게 하기 위한 유럽교육 프로그램 중의 하나**이다. 16세기 르네상스 시기에 네덜란드의 인본주의자 에라스무스의 이름을 따서 만들어진 프로그램이다. 에라스무스는 르네상스 시기에 다른 문화들을 익히고, 자신의 인본주의를 발달시키기 위해 유럽의 많은 나라들을 여행한 것으로 유명하다. 프랑스의 경우 교양과정을 마친 학부 졸업반과 석사과정의 학생들이 적용되며, 최소 3개월에서부터 최대 1년의 외국 체류가 가능하다. 교육을 위한 유럽 프로그램 '소크라테스 **Socrates**'의 하나로 진행되고 있는 에라스무스는 유럽을 중심으로 30여 개 국가에 적용되고 있으며, '에라스무스 문두스 **Erasmus mundus**'란 이름으로 확장되어 세계적으로 시행되고 있다. 에라스무스에 참가하는 학생들은 매달 70유로(90만원) 정도의 장학금을 유럽연합 집행위원회로부터 지급받는다. 특히 론 알프(**Rhônes-Alpes**) 레지옹은 학생들의 국제교환을 위해 에라스무스 프로그램에 적극적으로 참여하며, 장학금을 지급한다. 프로그램에 참여하는 학생들은 외국대학의 강의를 소화할 수 있을 만큼의 언어능력이 겸비되어야 하고, 외국학생을 받는 대학에서는 언어를 위한 단기코스를 마련하고 학생들의 숙소문제를 책임진다.

프랑스어 회화 표현 :	**Tu habites où?** **- J'habite à Strasbourg. Et toi?** **J'habite à Paris.**

과제 또는 토론 :

❶ 유럽 지도를 그리고, 지도 위에 유럽연합 가입국가와 유럽연합 건설에 기여한 협정이 있었던 장소와 연대를 표시하시오.

❷ 키에슬로프스키 감독의 〈블루〉, 〈화이트〉, 〈레드〉는 부분적으로 유럽통합을 소재로 하고 있다. 영화를 보고 각 색채가 갖는 구체적 의미를 알아보시오.

❸ 키에슬로프스키의 〈블루〉 속에 나오는 유럽찬가와 베토벤의 제9교향곡에서 따온 '유럽찬가' 를 감상해보시오.

참고자료 :

〈EU 확대통합 1주년기획, 제2편 신가입국의 불안한 희망〉, KBS 1TV, KBS스페셜, 2005. 04. 24.
〈EU 확대통합 1주년기획, 제1편 미국에 맞서는 슈퍼파워〉, KBS 1TV, KBS스페셜, 2005. 04. 23.
http://europa.eu
www.touteleurope.fr
「유럽연합(EU) - 국가 - 신자유주의」, 이종서, 한국학술정보, 2006.
「유럽연합을 이해하는 10개의 키워드」, 송병준, 높이깊이, 2006.
「유럽연합의 이해」, 김시홍, 높이깊이, 2005.
「변신 이야기 1」, 오비디우스, 이윤기 옮김, 민음사, 1998.

liberté égalité fraternité
cours de culture française à l'université

LE GRAND HOTEL
RESTAURANT CAFE DE LA PAIX
PAIX
ACADEMIE NATIONALE DE MUSIQUE
ASSURANCES GENERALES DE FRANCE
CITI
LANCEL

cours de culture française à l'université

documents ▼
▼à consulter
cours de culture française à l'université

LA CULTURE,
C'EST PARTAGER

부록 참고자료 목록

| 부록 참고 자료 목록 |

documents à consulter
cours de culture française à l'université

documents à consulter 

| 부록 참고 자료 목록 |

cours de culture française à l'université

001

千의 얼굴을 가진 도시, 파리
paris à mille facettes

<유럽 여행 1번지 - 프랑스 파리>, KBS 1TV, 세상은 넓다, 2006. 05. 08.
<천의 얼굴을 지닌 도시 - 프랑스 파리>, KBS 1TV, 세상은 넓다, 2005. 12. 12.
<파리의 강변 풍경>, KBS 1TV, 세상은 넓다, 2002. 05. 07.
<최고의 도시 파리>, KBS 1TV, 일요스페셜, 1998. 06. 28.
<아멜리에>, 장 삐에르 주네 감독, 2001.
<파리 텍사스>, 빔 벤더스 감독, 1984.
www.paris.fr
www.sacre-coeur-montmartre.com
www.tour-eiffel.fr

002

회화의 도시, 파리
paris, ville de la peinture

<루브르박물관 - 루브르를 만든 사람들>, EBS, 다큐10, 2007. 08. 08.
<루브르박물관 - 현대 미술의 요람, 파리>, EBS, 다큐10, 2007. 08. 07.
<루브르박물관 - 꿈의 궁전 루브르>, EBS, 다큐10, 2007. 08. 06.
<평화를 외친 화가 피카소>, KBS 1TV, TV문화기행, 2005. 06. 28.
<고귀한 야만인 폴 고갱>, KBS 1TV, TV문화기행, 2005. 06. 07.
<파리는 지금 세잔느 열풍>, KBS 1TV, 세계는 지금, 1995. 11. 02.
www.centrepompidou.com
www.louvre.fr
www.musee-orangerie.fr

www.musee-orsay.fr
www.musee-picasso.fr
www.musee-rodin.fr
www.rmn.fr

003

파리, 멋과 아름다움의 명소
paris, haut lieu de la mode et de l'élégance

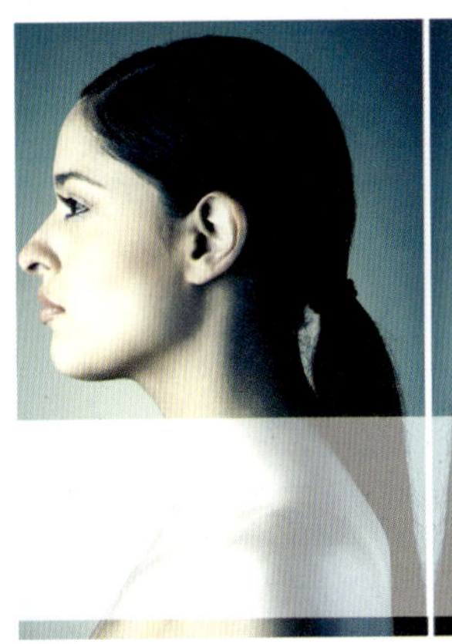

<세계 최고의 패션, 파리 오뜨꾸뛰르의 비결>, KBS1TV, 신세계견문록, 2003. 07. 18.
<패션혁명가 - 가브리엘 샤넬>, KBS 1TV, TV문화기행, 1999. 03. 17.
<세계 최고 프랑스 향수의 비결>, KBS 1TV, 세계는 지금, 1995. 09. 20.
<파리의 패션>, KBS 1TV, 세계는 지금, 1994. 11. 29.
<향수, 어느 살인자의 이야기>, 톰 위크베어 감독, 2006.
<악마는 프라다를 입는다>, 데이빗 프랭클 감독, 2006.
<제5원소>, 뤽 베송 감독, 1997.
<키카>, P. 알모도마르 감독, 1994.
<잃어버린 아이들의 도시>, 장 삐에르 주네, 마르끄 까로 감독, 1994.
<요리사, 도둑, 그의 아내 그리고 그녀의 정부>, 피터 그리너웨이 감독, 1989.
www.chanel.com
www.christian-lacroix.fr
www.jpgaultier.fr

004

프랑스 영화, 또 다른 정신으로
le cinéma français avec un autre esprit

<르네상스 한국영화 세계가 주목한다>, KBS 1TV, KBS스페셜, 2004. 06. 06.
<칸 영화제 - 50주년>, KBS 1TV, 세계는 지금, 1997. 05. 26.
<필름 위의 역사 프랑스>, KBS 1TV, 세계영화기행, 1996.
<아멜리에>, 장 삐에르 주네 감독, 2001.
<쥘과 짐>, 프랑수아 트뤼프 감독, 1961.
<네 멋대로 해라>, 장 뤽 고다르 감독, 1960.
<400대의 구타>, 프랑수아 트뤼프 감독, 1959.
www.festival-cannes.fr
www.lafemis.fr
「프랑스 영화의 이해」, 김호영, 연극과 인간, 2003.
「뉴 웨이브 1, 2」, 제임스 모나코, 권영성−민현준 옮김, 한나래, 1996.

005

축제의 나라, 프랑스
la france, pays de la fête

〈프랑스 샬롱 축제 현장 속에서〉, KBS 1TV, 세상은 넓다, 2005. 11. 24.
〈19세기로의 여행 - 빅토르 위고〉, KBS 1TV, 세상은 넓다, 2003. 02. 10.
〈거리는 무대가 되고 - 프랑스 샬롱 거리축제〉, KBS 1TV, 세상은 넓다, 2003. 02. 04.
〈빛으로 다시 태어나다 - 리용 빛 축제〉, KBS 1TV, 세상은 넓다, 2003. 02. 03.
〈프랑스에서 만나는 라틴 댄스 - 리용 댄스 비엔날레〉, KBS 1TV, 세상은 넓다, 2003. 01. 29.
www.feteducinema.com
www.feteducitron.com
www.fetedelamusique.culture.fr
www.menton.com
www.nb2006.paris.fr
www.villedementon.com
「세계축제의 경영」, 김춘식·남치호, 김영사, 2002.

006

음유시인, 샹송, 그리고 프랑스음악
les jongleurs, les chansons et la musique française

〈샹송의 여왕 - 에디트 피아프〉, KBS 1TV, TV문화기행.
〈라비앙 로즈〉, 올리비에 다한 감독, 마리온 꼬띨라르 주연, 2007.
Notre Dame de Paris, DVD, 코미디 뮤지컬.
〈노틀담의 꼽추〉, 게리 트러스데일, 커크 와이즈 감독, 애니메이션 영화, 1996.
〈노틀담의 꼽추〉, 장 들라누아 감독, 안소니퀸 주연, 1957.
http://nddparis.free.fr
「노틀담의 꼽추」, 빅토르 위고, 김영한 옮김, 2001.

007

몰리에르부터 므누슈킨까지
de molière à mnouchekine

〈왕의 춤〉, 제라르 꼬르비오 감독, 2000.

<쇼생크 탈출>, 프랭크 다라본트 감독, 1994.
<피가로의 결혼>, 모차르트, DVD.
<세비야의 이발사>, 로시니, DVD.
<제방의 북소리>, 므누슈킨, éd. arte vidéo,
프랑스어 판 DVD자료, 1999.
www.comedie-francaise.fr
www.lebacausoleil.com
www.theatre-du-soleil.fr
「타르튀프-서민귀족」, 몰리에르, 백선희 · 이연매 옮김, 동문선, 2000.

008

제9의 예술, 만화
la bande dessinée, neuvième art

<만화 영화의 모든 것, 안시>, KBS 1TV, 세상은 넓다, 2004. 09. 06.
<상상력의 경제학 1부>, MBC TV, 심야스페셜, 2003. 06. 13.
<미션 클레오파트라>, 알랭 샤바 감독, 제라르 드빠르디유 주연, 2002.
<아스떼릭스>, 끌로드 지디 감독, 제라르 드빠르디유 주연, 1999.
<프린스 앤 프린세스>, 미셸 오슬로 감독, 1999.
<키리쿠와 마녀>, 미셸 오슬로 감독, 1998.
www.asterix.tm.fr
www.cnbdi.fr
www.parcasterix.fr
www.tintin.be
「세계만화탐사」, 성완경, 생각의 나무, 2001.

009

건축은 미학이다
l'architecture, c'est l'esthétique

<예술과 첨단의 도시를 만든다 - 프랑스 재건축 기술>, KBS1,
이곳이 최고 인류 기술의 현장, 1998. 12. 07.
www.bnf.fr
www.jeannouvel.com
www.murvegetalpatrickblanc.com
www.perraultarchitecte.com
www.quaibranly.fr

www.villette.com
www.wilmotte.com
「오뒷세이아」, 호메로스, 천병희 옮김, 단국대학교출판부, 1996.

010
사랑의 열정을 글로 쓰는 것
Écrire la passion d'amour

<세계에서 가장 아름답고 쓸쓸한 풍경, 생텍쥐베리의 어린왕자>, KBS 1TV, TV문화기행, 2005. 11. 22.
<바람구두를 신은 사나이 랭보>, KBS 1TV, TV문화기행.
<빅토르 위고 레미제라블>, KBS 1TV, TV문화기행.
<트리스탄과 이졸데>, 케빈 레이놀즈 감독, 2006.
<스캔들>, 이재용 감독, 2003.
<발몽>, 밀러스 포먼 감독, 1989.
<위험한 관계>, 스티븐 프리어즈 감독, 1988.
<비제의 카르멘>, 프란체스코 로시 감독, 1984.
<카르멘의 비극>, 피터 브룩 감독, 1984.
<카르멘이라는 이름(미녀 갱)>, 장 뤽 고다르 감독, 1983.
<카르멘>, 카를로스 사우라 감독, 1983.
<위험한 관계>, 로제 바딤 감독, 1959.
「롤랑전」, 조셉 베디에, 이형식 옮김, 궁리, 2005.
「트리스탄과 이즈」, 조셉 베디에, 이형식 옮김, 궁리, 2005.
「위험한 관계」, 라끌로, 박인철 옮김, 문학사상사, 2003.
「가르강뛰아-빵따그뤼엘」, 라블레, 유석호 옮김, 아카넷, 2001.
「까르멘」, 메리메, 김진욱 옮김, 범우사, 2001.

011
프랑스 음식, 다양성의 극치
la cuisine française et sa diversité extrême

<세계인의 명품, 파리 카페>, KBS 1TV, 신세계견문록, 2003. 08. 15.
<세계의 맛 기행 - 프랑스 편 3>, KBS 2TV, 세계의 맛 기행 22회, 2002. 05. 06.
<세계의 맛 기행 - 프랑스 편 2>, KBS 2TV, 세계의 맛 기행 14회, 2002. 04. 23.
<세계의 맛 기행 - 프랑스 편 1>, KBS 2TV, 세계의 맛 기행 13회, 2002. 04. 22.
<술, 이제는 마케팅 시대 - 프랑스 보르도 주류박람회>, KBS 1TV,

세상은 넓다, 2001. 08. 28.
<축제를 위한 술, 샴페인 - 프랑스 샹파뉴>, KBS 1TV,
세상은 넓다, 2000. 08. 14.
<프랑스 코냑>, KBS 1TV, 세상은 넓다, 2000. 08. 10.
<프랑스, 식사예절 1, 2>, EBS, 지구촌 에티켓.
<바베뜨의 만찬>, 가브리엘 액셀 감독, 1987.
www.camembert-france.com
www.latourdargent.com
www.roquefort.fr

012

어린이의 아뜰리에부터 엘리트 교육까지
de l'atelier des enfants à la formation des élites

<신프랑스 대혁명 - 프랑스는 지방분권국가인가?>, KBS 1TV,
KBS스페셜, 2003. 08. 03. ENA 관련 자료
<그랑제꼴 1부 - 파리고등사범학교>, KBS 1TV, 세계는 지금.
<그랑제꼴 2부 - 파리이공과대학, ENA> KBS 1TV, 세계는 지금.
<유럽의 아동교육 - 프랑스 편>, KBS 1TV, 세계는 지금.
www.adacparis.com
www.ena.fr
www.ens.fr
www.polytechnique.fr

013

더불어 함께 하는 사회
la société qui partage avec les autres

<가정의 달 특별기획, 보육선진국 프랑스를 가다>, KBS 1TV, 2003.
<유럽의 아동교육, 프랑스 편>, KBS 1TV, 세계는 지금.
www.emmaus.asso.fr
www.emmaus-france.org
www.emmaus-international.org
www.enfoires.fr
www.lesenfantsdedonquichotte.com
www.restosducoeur.org

014

프랑스를 상징하는 것들
les symboles de la france

<북미 대륙의 프랑스 백합 - 캐나다 퀘백>, 걸어서 세계속으로,
KBS 1, 2006. 2. 18.
<2002 월드컵, 그 열기의 현장을 가다! - 프랑스편>, 위성 KBS 월드넷,
KBS 1, 2002. 5. 10.

015

프랑스 사람들의 일상
le quotidien des français

<마음을 멈추고 천천히 걸어라 - 프랑스 불교마음>, KBS 1,
수요기획, 2002. 08. 21.
<세계는 지금 - 프랑스 보혁갈등 동성애>, KBS 1TV, 1998. 12. 15.
<세계의 여성 : 프랑스 - 이자벨 라깡 그리고 사랑 이야기>
<동전을 잊지 마세요 - 프랑스 결혼식>, EBS, 지구촌에티켓
www.france2.fr
www.lefigaro.fr
www.lemonde.fr
www.liberation.fr
www.tfi.fr

016

프랑스는 지방분권형 국가
la france est décentralisée

<화가가 사랑한 도시, 프랑스 니스>, KBS 1TV, 세상은 넓다, 2007. 02. 08.
<태양과 색채의 강렬한 유혹 - 프랑스 아를>, KBS 1TV,
걸어서 세계속으로, 2006. 05. 13.
<바다 위에 살아 있는 중세 역사 - 몽 생 미셸>, KBS 1TV, 세상은 넓다,
2003. 10. 07.
<꽃으로 수놓은 해변 - 프랑스>, KBS 1TV, 세상은 넓다, 2003. 10. 06.
<신프랑스 대혁명 - 프랑스는 지방분권국가인가?>, KBS 1TV,

KBS스페셜, 2003. 08. 03.
<예술과 낭만의 땅, 프로방스>, KBS 1TV, 세상은 넓다, 2003. 06. 05.
<남프랑스 순례 - 마르세유, 아비뇽>, KBS 1TV, 세상은 넓다, 2000. 08. 29.
<남프랑스 순례 - 칸>, KBS 1TV, 세상은 넓다, 2000. 08. 28.
<그림의 도시 - 프랑스 아를>, KBS 1TV, 세상은 넓다, 2000. 08. 25.
<프랑스 지방자치 이렇게 한다>, KBS 1TV, 세계는 지금, 1995. 06. 22.

017

시간 속의 프랑스
la france et le temps

<루이 14세와 프랑스 고전주의>, EBS, 만화로 배워요. 세계역사, 1998. 07.
<역사의 전환점 15부 - 프랑스 혁명>, EBS, 다큐멘터리의 세계 - 전환점.
<카롤링거 왕조시대>, EBS, 만화로 보는 인류역사.
<여왕 마르고 *La Reine Margot*>, 파트리스 셰로 감독,
이자벨 아자니 주연, 1994.
<뽕 네프의 연인들>, 레오 까락스 감독, 줄리에뜨 비노쉬, 드니 라방 주연, 1991.
<2001 스페이스 오디세이>, 스탠리 큐브릭 감독, 1968.
http://christojeanneclaude.net
www.culture.gouv.fr/culture/arcnat/lascaux/fr
www.lepontdugard.com
www.museedecarnac.com
www.musee-moyenage.fr
www.nimes-romaine.com
www.peacham.com/france/carnac.htm
www.perigord.tm.fr/prehistoire/lascaux
「위대한 교양인 몽테뉴 1, 2, 3」, 홋타 요시에(김석희 옮김), 한길사, 1999.
「앙리 4세 1, 2, 3」, 하인리히 만(김경연 옮김), 미래 M&B, 1999.

018

프랑스와 유럽연합
la france et l'union européenne

<EU 확대통합 1주년기획, 제2편 신가입국의 불안한 희망>, KBS 1TV,
KBS스페셜, 2005. 04. 24.
<EU 확대통합 1주년기획, 제1편 미국에 맞서는 슈퍼파워>, KBS 1TV,
KBS스페셜, 2005. 04. 23.
http://europa.eu
www.touteleurope.fr
「유럽연합(EU) - 국가 - 신자유주의」, 이종서, 한국학술정보, 2006.
「유럽연합을 이해하는 10개의 키워드」, 송병준, 높이깊이, 2006.
「유럽연합의 이해」, 김시홍, 높이깊이, 2005.
「변신 이야기 1」, 오비디우스, 이윤기 옮김, 민음사, 1998.

LA CULTURE, C'EST CRÉER
cours de culture française à l'université

LA CULTURE, C'EST PARTAGER
cours de culture française à l'université

LA CULTURE ET SA DIVERSITÉ
cours de culture française à l'université

la culture, c'est créer

대학 교양 강의의 재발견!
최고의 명강의를 만나다!

전혀 새로운 모습의 교양 강의서를 만난다!
완벽한 구성과 화려한 비주얼의 명품 교재!

1. 한 학기 분량의 교양 강좌 컨텐츠!
2. 생생한 정보를 전하는 최신 자료들!
3. 완벽한 강의 지원을 위한 자료와 문헌!
4. 대학 교재를 넘어서는 글로벌 인문 교양서!

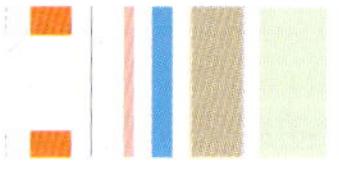

cours de culture française à l'université

LA CULTURE,
C'EST PARTAGER